Beck'sche Reihe

BsR 1123

BsR

Die 18 Beiträge dieses Bandes basieren auf einer vielbeachteten Sendereihe der RIAS-Funkuniversität (1993). Sie stellen deutsche Geschichte von der „Reformation“ bis zur „Wende“ unter einem besonderen Aspekt dar. Den Autoren geht es nicht darum zu zeigen, wie sich bestimmte politische, geistesgeschichtliche, wirtschaftliche, soziale Prozesse durchsetzten, vielmehr möchten sie gerade dort, wo die Vorgänge – zumindest in unserem historischen Bewußtsein – den Charakter des Zwangsläufigen angenommen haben, die Offenheit der geschichtlichen Situation rekonstruieren. Immer wieder, so zeigt sich hier, gab es „Weggabelungen“, an denen es keineswegs von vornherein ausgemacht war, welche Richtung die geschichtliche Entwicklung einschlagen würde.

So ist ein Buch entstanden, das neue Blicke auf wichtige Ereignisse in 400 Jahren deutscher Geschichte ermöglicht und das zugleich zum Nachdenken über Geschichte einlädt.

Hans-Ulrich Wehler ist Professor für Allgemeine Geschichte an der Universität Bielefeld.

Scheidewege der deutschen Geschichte

Von der Reformation bis zur Wende 1517–1989

Herausgegeben von Hans-Ulrich Wehler

VERLAG C. H. BECK

Die Deutsche Bibliothek – CIP-Einheitsaufnahme
Scheidewege der deutschen Geschichte:
von der Reformation bis zur Wende; 1517–1989 / hrsg. von Hans-Ulrich Wehler. – Orig.-Ausg. –
München: Beck, 1995
(Beck'sche Reihe ; 1123)
ISBN 3 406 39223 7
NE: Wehler, Hans-Ulrich [Hrsg.]; GT

Originalausgabe
ISBN 3 406 39223 7

Umschlagentwurf: Uwe Göbel, München

Gesamtherstellung: C. H. Beck'sche Buchdruckerei, Nördlingen
Gedruckt auf säurefreiem,
aus chlorfrei gebleichtem Zellstoff hergestelltem Papier
Printed in Germany

Inhalt

Hans-Ulrich Wehler

Einleitung

Die Geschichtswissenschaft orientiert sich im allgemeinen an den Ergebnissen von historischen Entwicklungsprozessen, die eine unerschütterlich wirkende „Realität“ geschaffen haben. Zum Beispiel: Aus den drei Einigungskriegen zwischen 1864 und 1871 ging das Deutsche Kaiserreich hervor; nach seinem Zerfall entstand die Weimarer Republik; auf den Trümmern des „Dritten Reiches“ wurden die beiden deutschen Neustaaten von 1949 errichtet; die Industrielle Revolution leitete auch in Deutschland einen unaufhaltsam wirkenden sozialökonomischen Transformationsvorgang ein; die westliche Rationalisierungsdynamik brachte mit innerer Konsequenz das System der modernen Wissenschaft hervor. Überlegene Alternativen existierten offensichtlich, scheint es, bei keinem dieser Großereignisse oder Entwicklungsschübe. So – und so ähnlich auf zahlreichen anderen Gebieten – gewinnen bestimmte Evolutions- und Entscheidungsprozesse den Charakter der Unvermeidbarkeit. Warum sonst hätten sie sich so kraftvoll durchsetzen, so große Realitätsbereiche auf lange Sicht prägen, einen gerichteten Entwicklungsgang festlegen können?

Im kollektiven Gedächtnis einer Gesellschaft besitzen solche Resultate vergangener Geschichte häufig eine Art von naturwüchsiger Unzweideutigkeit, zumal die Macht der „Tatsachen“ von den Historikern gewöhnlich noch einmal wissenschaftlich untermauert wird. Den theoretisch interessierten Köpfen unter ihnen ist längst klar, daß es ihre erkenntnisleitenden Interessen sind, die den Lichtkegel der Forschung jeweils auf nur einen schmalen Ausschnitt aus der im Prinzip unendlich komplexen Vergangenheit lenken. Insofern wird dieser Ausschnitt gewissermaßen privilegiert behandelt, mit historischem „Sinn“ ausgestattet, durch die Interpretation nachhaltig aufgewertet. Für die Erklärung der zur Debatte stehenden Probleme gewinnt er eine hervorgehobene Bedeutung. Aus diesem Grund muß die Entscheidung, eben jenes Segment der Vergangenheit auszuwählen und kein anderes, mit möglichst überzeugungskräftigen Argumenten legitimiert werden, damit sie im intersubjektiven Diskurs der internationalen Gelehrtenwelt bestehen kann.

Auch wenn man im klaren Bewußtsein dieser Selektionsproblematik wissenschaftlich arbeitet und sich des Umstandes bewußt bleibt, daß Geschichte auf diese Weise zu einem guten Teil vom Historiker „konstruiert“ wird – mithin nie angeblich vorgegebene und mit einiger Mühe empirisch ermittelbare „Tatsachen“ in überprüfter Form nacherzählt werden –, bleibt doch die Gefahr ständig bestehen, daß man der Übermacht des historischen Erfolgs erliegt – ganz gleich, ob es sich dabei um die Wirkung einer politischen Weichenstellung, einer einflußreichen Persönlichkeit, eines kulturellen Trends handelt.

Diesem Sog des Erfolgs läßt sich nur widerstehen, indem man zunächst von der grundsätzlichen Offenheit historischer Situationen ausgeht. In einem ersten Schritt müssen dann die unter den restriktiven Bedingungen einer Zeit überhaupt vorhandenen Optionen oder Alternativen sorgfältig herauspräpariert werden, ehe in einem zweiten Schritt glaubwürdig ermittelt werden kann, warum: aufgrund welcher Antriebskräfte und Umstände, sich eine bestimmte Entwicklung und nicht eine möglicherweise ganz andere durchgesetzt hat. In aller Regel gibt es mehrere Entwicklungschancen oder sogar eine Vielzahl von ihnen, deshalb aber auch immer unterlegene Optionen, verschüttete Möglichkeiten, ungenutzte Chancen.

Wie wäre etwa die deutsche Geschichte verlaufen, wenn der preußische König Wilhelm 1862 tatsächlich abgedankt hätte, darum auch Bismarck nicht in das Amt des Ministerpräsidenten berufen worden wäre, vielmehr der liberale Kronprinz Friedrich das Zepter übernommen und bis 1888 an der Spitze einer parlamentarischen Monarchie regiert hätte? Wäre die Weimarer Republik bereits politisch stabilisiert gewesen, wenn sie von der Weltwirtschaftskrise zehn, zwanzig Jahre später erfaßt worden wäre? Wäre ohne den Einbruch der „Großen Depression" von 1929 die NSDAP zur rechtsradikalen Massenbewegung aufgestiegen? Was wäre aus Adolf Hitler, ihrem Bewegungszentrum, geworden, wenn ihm vor den wichtigsten Wahlkämpfen die deutsche Staatsbürgerschaft nicht verliehen worden wäre? Welchen Weg hätte die Bundesrepublik eingeschlagen, wenn Konrad Adenauer eine Stimme zur Kanzlerwahl gefehlt hätte?

Mit derartigen Überlegungen gelangt man auf das ebenso weite wie heftig umstrittene Feld der hypothetischen – im Fachjargon: der kontrafaktischen – Geschichte: Was wäre gewesen, wenn nicht ... Unumstößliche Gewißheit läßt sich auf diesem Terrain niemals gewinnen. Wohl aber wird man durch solche hypothetischen Erwägungen dazu angehalten, historische Konstellationen, deren Ergebnisse bisher unentrinnbar wirkten, mit anderen Augen zu sehen. Die Vielfalt der in ihnen angelegten Chancen muß auf neue Weise ernst genommen werden. Der „tatsächliche" Gang der Dinge muß noch einmal, sorgfältiger als zuvor, identifiziert, beschrieben und erklärt werden, nachdem die gescheiterten oder unterdrückten Alternativen, die unterlegenen Kräfte und unausgeschöpften Möglichkeiten erneut gewürdigt und gewichtet worden sind.

Erst nach einer solchen methodischen Reflexion lassen sich auch die Folgen des historischen „Sieges" einer Entwicklung gerechter und zugleich kritischer beurteilen. Die Verlierer stehen ja oft erst im nachhinein eindeutig fest. Nicht selten steckte auch in ihnen zur Zeit des Kräftemessens das Potential, dem historischen Prozeß eine andere Wendung zu geben.

Aus dem Interesse daran, selbstverständliche Denkgewohnheiten in Frage zu stellen, die Offenheit historischer Situationen zu erkunden, die Vorzüge und „Kosten" von fundamentalen Entscheidungen, vor allem dann ihre Folgen zu überprüfen, sind die Beiträge dieses Bandes entstanden. Immer wieder tauchten auch im deutschsprachigen Mitteleuropa Weggabelungen auf (hier werden nur einige von ihnen in den letzten fünfhundert Jahren ins Auge gefaßt), an denen es keineswegs von vornherein ausgemacht war, welche Richtung die geschichtliche Entwicklung einschlagen würde. Ob es nun um die Macht einer religiösen Erneuerungsbewegung wie des Protestantismus oder einer überindividuellen Umwälzung wie der Industrialisierung, um die Auswirkungen zweier Weltkriege oder eines revolutionären Umbruchs wie 1989/91 geht – danach herrschte jeweils eine neuartige Konstellation, verlief der historische Prozeß in anderen Bahnen als zuvor. Das rechtfertigt es, im Titel dieses Bandes von „Scheidewegen der deutschen Geschichte" zu sprechen.

Um nur auf einige seiner Themen hinzuweisen. Der Triumph der Reformation stand alles andere als von Anfang an fest. Hätte die Gegenreformation gesiegt, hätte danach die Signatur der deutschen, ja der westlichen Welt ganz anders ausgesehen. So aber erstarrten im klassischen Land der Konfessionsspaltung die Fronten der Konfessionalisierung des kirchlichen, politischen, gesellschaftlichen Lebens – mit gravierenden Folgen, die bis über die Mitte des 20. Jahrhunderts hinausreichen. Im Dreißigjährigen Krieg ging es im Reich während eines beschleunigten Staatsbildungsprozesses jahrzehntelang um die schroffe Alternative zwischen katholischer Universalmonarchie und autonomen protestantischen Reichsständen. Der Kompromiß am Ende hat jedoch ein föderatives deutsches Staatensystem inmitten des europäischen Staatensystems geschaffen, das mutatis mutandis immerhin bis 1866/1871 Bestand gehabt hat.

Von ganz anderer Natur war jene fundamentale Transformation, die aus der Industriellen Revolution hervorging. Indem sie die Welt der Wirtschaft von Grund auf umstülpte, veränderte sie nicht nur die Sozialhierarchie der Gesellschaft, in der sich anstelle der traditionalen Stände die neuen Sozialformationen der marktbedingten Klassen durchsetzten, vielmehr wandelten sich unter ihrem Einfluß auch die gesamte kulturelle Lebenswelt und die Bedingungen der Politik. Mancher will daher nur die „Neolithische Revolution", den Übergang vom Jäger- und Sammlerdasein zur dauerhaften Seßhaftigkeit und Viehzucht, als einzige vergleichbare weltgeschichtliche Zäsur gelten lassen.

Eine realisierbare Alternative zur Industrialisierung gab es auf längere Sicht in Deutschland offenbar genausowenig wie einen überlegenen Rivalen des Nationalismus und Nationalstaats. Der Deutsche Bund besaß keineswegs jene Reformfähigkeit, die nötig gewesen wäre, um sich gegen den vehementen Widerstand der Dynastien, des Adels und der Konservativen aller Couleur friedlich-schiedlich in einen konstitutionellen Nationalstaat verwandeln zu können. Daher mußte im deutschen Bürgerkrieg und im Hegemonialkrieg gegen Frankreich entschieden werden, ob die Allianz von großpreußischer Politik und liberaler Nationalbewegung der Opposition im Bund und in Europa überlegen war. Als das zu Beginn des Jahres 1871 definitiv feststand, wurde unwiderruflich ein neuer Weg in der deutschen Geschichte eingeschlagen.

Das trifft auch auf den Aufstieg des deutschen Interventions- und Sozialstaates zu, der in einem mühseligen Lernprozeß als Reaktion auf die sozialen und ökonomischen Disparitäten des Industriezeitalters und die von ihnen ausgehende Bedrohung der Legitimationsbasis des politischen Regimes entwickelt wurde. Nachdem er aber einmal gegen langlebige Opposition etabliert worden war, erwies sich der Übergang zu dieser neuen Form der Daseinsvorsorge, der Sicherheitsgewähr, der Gegensteuerung gegen riskante gesellschaftliche Fehlentwicklungen als eine im Prinzip nicht mehr rückgängig zu machende Weichenstellung.

Als die deutsche Reichsleitung in der Juli-Krise von 1914 aufgrund ihres machtegoistischen Kalküls, die soziopolitische Privilegienordnung und die Reformverweigerung mit Hilfe glanzvoller äußerer Erfolge verteidigen zu können, sehenden Auges die Auslösung eines Weltkrieges riskierte, begann der Untergang des alten Europa. Während das „lange", seit 1789 andauernde 19. Jahrhundert qualvoll endete, begann das „kurze", bis 1991 währende 20. Jahrhundert mit der bis dahin unvorstellbaren Urgewalt eines totalen Krieges. Auch und gerade für Deutschland bedeutete der Beginn dieses neuen „Dreißigjährigen Krieges" (Raymond Aron) einen tiefen Bruch mit der Vergangenheit. Nach dem Krieg war vieles von Grund auf anders, auch wenn es etwa eine unleugbar verhängnisvolle Kontinuität der Machteliten und der obrigkeitsgläubigen Mentalität gab.

Welche Bürde das unbewältigte Erbe der autoritären Monarchie, der verlorene Krieg und die dritte weltwirtschaftliche Depression der ersten deutschen Republik auflasteten, trat in der großen Krise zwischen Ende 1929 und Anfang 1933 grell zutage. Und dennoch: Obwohl es, gerade wegen der Spielregeln des parlamentarischen Systems, immer schwieriger wurde, die NSDAP als stärkste Partei des Reichstag von der Regierungsgewalt fernzuhalten, obwohl der ursprüngliche Pluralismus der politischen Optionen dahinschrumpfte, obwohl das Netz der restriktiven Bedingungen den Handlungsspielraum immer mehr einschnürte – bis zuletzt, auch und gerade nach dem Rückschlag für die Hitlerbewegung bei den November-Wahlen von 1932, blieb eine relative, wenn auch zusehends sich verengende Offenheit der Entscheidungslage erhalten. Es bedurfte der Kabalen und Intrigen von einflußreichen Repräsentanten der alten Machteliten, die sich in ihrer Verblendung die „Zähmung" des „großen Trommlers" zutrauten, um die Machtübertragung an Hitler zu inszenieren. Sie ist jener klassischen Koalition zwischen Konservativen und faschistischen Rechtsradikalen zu verdanken, die bereits Mussolini den Weg ins Machtzentrum freigemacht hatte.

Auch als dann Hitler mit seinen Deutschen den Untergang des „Tausendjährigen Reiches" besiegelt hatte, war die doppelte Staatsgründung von 1949 keineswegs die automatische Folge der Besatzungsherrschaft. Vielmehr bedurfte es einer mehr als vierjährigen Entwicklung, in der die Alternativen rapide dahinschwanden, bis endlich die Neustaaten entstanden.

In ihnen ging der Wiederaufbau in eine forcierte Industrialisierung über, die der Bundesrepublik einen gewaltigen Modernisierungsvorsprung vor der DDR verschaffte. Diese industrielle Expansion beruhte in beiden Staaten auf einem nahezu vollständigen Konsens. Hätte es in Westdeutschland Plebiszite über den Ausbau des Ruhrgebiets, der Großchemie, der Automobilindustrie gegeben, sie wären mit erdrückender Mehrheit zustimmend ausgefallen. Die Kostenrechnung wurde erst Jahrzehnte später in Gestalt einer vielfach irreparablen Umweltzerstörung präsentiert. An den direkten und vermittelten Folgen von einst enthusiastisch bejahten Entscheidungen wird sich die deutsche Politik auf unabsehbare Zeit abarbeiten müssen.

Daß die beiden deutschen Staaten sich vereinigen könnten, wirkte angesichts der Erstarrung der Fronten im Weltmächtesystem vierzig Jahre lang ganz und gar unrealistisch. Pragmatische Abmilderung der ostdeutschen Diktatur hieß daher das Gebot der Stunde. Als dann die Sowjetunion an der Starrheit ihrer Institutionen und an ihrer eigenen Lernunfähigkeit, die im Besitz der Heilsgewißheit selbstgeschaffenen Probleme zu bewältigen, in atemberaubender Geschwindigkeit zerbrach und darüber hinaus selbst das seit Peter dem Großen entstandene russische Imperium der Desintegration anheimfiel, löste sich zum ersten Mal in der neuzeitlichen Geschichte ein Großstaat ohne jene kriegerische Katastrophe auf, die bisher allenthalben als Voraussetzung eines solchen dramatischen Zerfallsprozesses gegolten hatte. Für einen knappen historischen Augenblick öffnete sich ein Hohlraum im festen Gefüge des Staatensystems. In gewisser Hinsicht wiederholte sich die „Krimkriegssituation" seit 1856. Damals hatte die Schwächung der zaristischen Autokratie durch die Niederlage gegen die Westmächte den strukturellen außenpolitischen Bewegungsraum für die deutsche Reichsgründung geschaffen. 1989/90 ermöglichten erst die Schwächung, dann die beginnende Auflösung des russischen Reiches die Vereinigung der beiden deutschen Staaten. Daß es realistische Alternativen zu dem rapiden Fusionsprozeß gegeben habe, wird jeder nüchterne, mit der Geschichte vertraute Beobachter verneinen, da die Chance erfolgreichen Handels in solchen Krisenmomenten in aller Regel nur eine kurze Zeit lang existiert, ehe gegenläufige Machtinteressen den offenen Entscheidungshorizont wieder verschließen.

Unstreitig ist 1989/90 erneut eine Wendemarke in der deutschen Geschichte erreicht worden. Seither gilt es, die endlich gelungene Westintegration mit der sorgsamen Abwägung der Erfordernisse der neuen Konstellation zu verbinden. Nichts wäre verfehlter, als sich jetzt dem Traum von einer Rückkehr zur hegemonialen Stellung des Bismarckreiches hinzugeben. Denn nur als zuverlässiges EU-Mitglied mit kalkulierbaren Interessen kann die neue Bundesrepublik als Wirtschaftsriese mit einem Achtzig-Millionen-Staatsvolk für ihre europäische Umwelt erträglich bleiben.

In den „Scheidewegen der deutschen Geschichte" sind Sendungen vereinigt, die 1993 von der RIAS-Funkuniversität ausgestrahlt worden sind. Der für diese erfolgreiche Einrichtung jahrzehntelang verantwortliche Redakteur, Dr. Ruprecht Kurzrock, hat den ursprünglichen Vorschlag engagiert aufgenommen und tatkräftig realisiert. Sein plötzlicher Tod im folgenden Jahr hat es verhindert, daß er an der Drucklegung der Beiträge mitwirken konnte. Jutta Wiegmann und Cornelius Torp haben erneut bei der Fertigstellung und Redaktion des Bandes geholfen. Allen drei und natürlich den Autoren möchte ich noch einmal herzlich danken.

Heinz Schilling

Die Reformation in Deutschland

Deutschland hat den Weg in die Neuzeit als Geburtsland der Reformation angetreten. Von den einen wurde es deswegen verteufelt als Urheber der „Pestis Germaniae", der zersetzenden Schwären am einheitlichen Leib der Christenheit. Die anderen feierten es als „unser Vaterland", dem „das unsterbliche Verdienst" zukomme, „die wahre Religion wiederentdeckt zu haben", so etwa Leopold von Ranke als Sprecher des selbstbewußten deutschen Protestantismus des 19. Jahrhunderts.[1] Der Historiker des postkonfessionellen und postnationalstaatlichen Zeitalters wird das nüchterner und ohne eine solche Polarisierung sehen, zumal wenn er primär an langlebig wirkkräftigen Prozessen interessiert ist, seien sie geistiger, mentalitätsmäßiger, politischer oder sozialer Art. Aber auch er wird der Reformation eine hervorgehobene Bedeutung zumessen, wenn es darum geht, „Scheidewege der deutschen Geschichte" zu markieren.

Hier können nur die Konturen der traditionell internationalen und intensiven Reformationsforschung entworfen werden. Das soll in einem Dreierschritt geschehen: Am Anfang steht eine kurze Reflexion über Entstehung und Qualität der theologischen Tat selbst (I). In einem umfangreicheren zweiten Teil geht es darum, einerseits den geschichtlichen Moment zu bestimmen, in den die Reformation traf, und andererseits festzumachen, welche kurz- und langlebigen Konsequenzen sich aus der politischen und gesellschaftlichen Stoßrichtung ihrer Vorbereitung ergaben (II). Abschließend erfolgt eine knappe Gesamtbewertung (III).

I.

Im Gegensatz zu den noch keineswegs lange zurückliegenden Zeiten der nationalen Luther-Verehrung sehen wir den Wittenberger Mönch heute nicht mehr als übermächtigen Heroen, sondern als einen geschichtlichen Menschen, der den Problemen seiner Zeit ausgesetzt war und sie nicht immer meisterte: Er durchlitt dieselben Ängste wie Tausende seiner Zeitgenossen. In seinem theologischen Denken war er der spätmittelalterlichen Theologie verpflichtet. Er war nicht der einsame, einzigartige Streiter, sondern es gab eine ganze Phalanx von Weggefährten, die mit ihm zusammen das Werk der Reformation in Deutschland und Europa trugen – sei es auf dem Boden der Wittenberger Theologie wie etwa Melanchthon, Bugenhagen oder Brenz; sei es auf einer verwandten, aber eigenständigen Basis, wie Zwingli in Zürich, Bucer in Straßburg, Oekolampad in Basel und vor allem später dann Calvin von Genf aus.

Im Zuge der jüngeren Konfessionalisierungsdebatte in der deutschen Frühneuzeitforschung, die nach Ähnlichkeiten in den Entstehungsbedingungen und den Wirkungen der Konfessionskirchen fragt, gehen manche Historiker sogar noch einen Schritt weiter und stellen der protestantischen Reformation die katholische Reform zur Seite, die in den spirituell-geistigen und institutionell-sozialen Reformbewegungen des späten Mittelalters wurzelte und über den reformatorischen Umbruch hinweg eine durchaus vergleichbare Erneuerung von Kirche und Religion hervorbrachte. Westeuropäische Historiker sprechen daher von der Zeit der Reformen und meinen damit die Zeit zwischen dem 13. und 17. Jahrhundert, in der sich die europäische Christenheit aufspaltete und verschiedene Wege einschlug. Dieser Sicht zufolge war die frühneuzeitliche Differenzierung der Christenheit nicht die Folge einer einzigen Rebellentat, sondern ein zeitlich tiefgestaffelter Schwellenvorgang. Ihm sind die spätmittelalterlichen Reformen der Bettelorden, der Brüder und Schwestern vom Gemeinsamen Leben oder der Devotio Moderna mit ihrer neuen stadtbürgerlichen

Spiritualität ebenso zuzurechnen wie die frühneuzeitliche Herausbildung von großen Konfessionskirchen, Sekten und Denominationen.

Es wirkt fast wie eine episodengeschichtliche Untermauerung einer solchen „Einebnung“ der deutschen Reformation, wenn es heute als ziemlich sicher gilt, daß Luther seine Thesen nicht an die Wittenberger Schloßkirche anschlug, sondern – weit weniger dramatisch – als Brief an die zuständigen Oberen seiner Kirche verschickte. Was Generationen von Historikern symbolisch als Hammerschläge deuteten, die weithin vernehmbar den Beginn der Neuzeit signalisierten, hat eine historisch kritische Überprüfung der Quellen als einen Mythos entlarvt, der dem Protestantismus, und zwar keineswegs nur dem deutschen, über vier Jahrhunderte hin zur Festigung seiner Identität und zur Legitimation seines Erstgeburtsanspruchs auf die Moderne diente.

Nun darf man aber das Kind nicht mit dem Bade ausschütten: Es war Martin Luther und kein anderer, der den im späten Mittelalter angebahnten Paradigmawechsel im Verständnis von Glauben und Kirche tatsächlich vollzog. Und es waren seine deutschen Landsleute in Stadt und Land, die ihm darin als erste folgten und seine ganz persönlich-subjektive Erkenntnis zu einem weltgeschichtlichen Ereignis machten. Der Kern dieser religiösen Wende war die dreifache sola-These – sola fide, sola gratia, sola scriptura, also allein durch den Glauben, allein durch die Gnade, allein durch die Schrift wird der Mensch selig. Gegenüber der komplizierten Lehre der spätmittelalterlichen Kirche mit einer verwirrenden Vielzahl von letztlich unsicheren Haupt- und Seitenwegen zum Heil war diese lutherische Rechtfertigungslehre eine grandiose Vereinfachung. In Deutschland leuchtete sie der überwiegenden Mehrheit der Zeitgenossen sogleich ein, und zwar auch und gerade Luthers Mitklerikern. So sehr der Wittenberger Mönch etwas bis dahin ganz Unerhörtes gefunden hatte, so sehr macht sein rasanter Erfolg deutlich, daß ihm die Reformen innerhalb der spätmittelalterlichen Kirche vorgearbeitet hatten.

Einige katholische Reformationshistoriker gehen jüngst sogar so weit zu reklamieren, der Reformator habe mit dieser Rechtfertigungslehre etwas Urkatholisches wiederentdeckt und mit etwas Feingefühl auf beiden Seiten wäre Luther in das katholische System integrierbar und damit die deutsche Reformation zu verhindern gewesen. Eine solche Sicht verharmlost zweierlei – die Stärke der beharrenden, antireformerischen Kräfte innerhalb der mittelalterlichen Kirche und die historische Dialektik zwischen lutherischer Reformation und katholischer Reform. Denn die spätmittelalterlichen Kirchen- und Glaubensreformen waren kaum irgendwo auf Dauer erfolgreich. Im Gegenteil, sie waren dabei, im Sande zu verlaufen, weil der Apparat der Amtskirche an radikalen Veränderungen nicht interessiert sein konnte. So wirkte die lutherische Reformation auch und gerade innerhalb der alten Kirche als Befreiungsschlag, der den reformwilligen Kräften Handlungsfreiräume schuf, die ihnen sonst versagt geblieben wären. Die katholische Reform war beides – eine flexible Antwort der „alten" Kirche auf Luther und die Fortsetzung vorreformatorischer Reformen. Aufgrund der spätmittelalterlichen Reformansätze zeigte sich die alte Kirche in der Lage, gleichsam aus dem Stand mitzuziehen und innerhalb einer Generation ein neuzeitlich formiertes Glaubens- und Kirchensystem aufzubauen, das fraglos auf anderen geistigen, theologischen und rechtlich-institutionellen Grundlagen ruhte als die protestantischen Konfessionskirchen, das aber dessenungeachtet in ganz ähnlicher Weise wie jene befähigt war, den Aufbau neuzeitlich-moderner Strukturen in Kirche, Staat und Gesellschaft zu fördern.

II.

Allerdings war in Deutschland – und damit sind wir beim zweiten Teil unserer Überlegungen – die engere Reformationsepoche ganz von der protestantischen Variante der kirchlich-gesellschaftlichen Erneuerung beherrscht. Der historische Moment war durch tiefgreifenden Wandel auch in den weltlichsäkularen Bereichen des geschichtlichen Lebens geprägt. Der Leitvorgang war die frühmoderne Staatsbildung, die einen grundsätzlichen Wechsel in der politischen und gesellschaftlichen Organisation brachte, nämlich vom sogenannten Personenverbandsstaat des Mittelalters zum neuzeitlichen institutionellen Flächenstaat unter einer als einheitlich begriffenen höchsten Staatsgewalt, wenig später als Souveränität auf den Begriff gebracht. Das war ein universalgeschichtlicher Umbruch, der aber in Deutschland besonders kompliziert und konfliktreich verlief. Denn dort vollzog sich der frühmoderne Staatsbildungsprozeß auf zwei konkurrierenden Ebenen, nämlich in den Territorien und im Reich. Daß es schließlich die Territorien waren, die alle wesentlichen Elemente neuzeitlicher Staatlichkeit für sich monopolisierten, während dem Reich nur eine Teilmodernisierung gelang, erscheint im nachhinein stimmig. In der Reformationsepoche selbst war das aber noch keineswegs entschieden. Der Kampf um die Reformation war daher zugleich ein Ringen um die konkrete Gestalt des Staatsbildungsprozesses in Deutschland, und das in zweifacher Hinsicht: Auf der gesamtdeutschen Ebene ging es um die Frage, ob sich nicht doch noch ein Königs- oder Reichsstaat etablieren könne oder ob der Trend zur Konzentration politischer und verwaltungsmäßiger Macht bei den Landesherren anhalten würde. Zeitlich parallel dazu war im Innern der Territorien zu entscheiden, wer Träger der neuen Staatlichkeit sein sollte, wenn sie sich denn dort weiter verfestigen würde.

Was zunächst die Grundsatzentscheidung „Reichsstaat“ oder „Territorialstaat“ anbelangt, wurde darüber seit dem 15. Jahrhundert im Rahmen der sogenannten Reichsreform diskutiert. Die Reformation drängte dieses Vorhaben in den Hintergrund, ohne aber das ungelöste Verfassungsproblem als solches auszusetzen. Denn die Religions- und Kirchenfragen waren per se auch Verfassungsfragen. Indem die großen Reformationsreichstage der 1520er und 1530er Jahre in Worms, Speyer und Augsburg den Reichsständen sukzessive das Recht einräumten, abweichend von der katholischen Reichskirche eigene protestantische Landeskirchen aufzubauen, stellten sie zugleich entscheidende Weichen für die Territorialverfassung des Reiches. Das „jus reformandi", das der Augsburger Reformationsfrieden 1555 den deutschen Fürsten zugestand, schrieb diese Entwicklung reichsgrundgesetzlich fest. Und da die Kirchenhoheit, die faktisch auch von den katholisch gebliebenen Ständen ausgeübt wurde, ein Kernstück der territorialen Staatsbildung war, gilt das Augsburger Gesetzeswerk zu Recht als Magna Charta der deutschen Territorialverfassung und damit als Geburtsstunde der territorialen Deutschländer der späteren Neuzeit.

Inzwischen waren auch im Innern der Territorien wichtige Entscheidungen gefallen, und zwar ebenfalls zugunsten des fürstlichen Obrigkeitsprinzips. Das bedeutete die dauernde Schwächung der Stände und des gemeindlich-kommunalen, man könnte auch sagen libertär-republikanischen Prinzips. Diese für die deutsche Geschichte der Neuzeit folgenschwere Weichenstellung als Ausdruck obrigkeitsstaatlicher Grundhaltung des Luthertums oder der Reformation generell zu deuten wäre vorschnell, ja verfehlt. Denn der reformatorische Aufbruch war in Deutschland allenthalben unter gemeindlich-genossenschaftlichem Vorzeichen erfolgt, und das bedeutete zunächst einmal eine Stärkung all jener Kräfte, die sich dem unabhängig von der Reformation begonnenen Aufstieg der obrigkeitlichen Gewalt im Territorium oder in der Stadt widersetzten. Das war keine zufällige Allianz, sondern eine im Kern der reformatorischen Botschaft verankerte Affinität: Luthers Theologie läßt sich im nachhinein mit einem gewissen Recht als individualistisch und individualisierend begreifen. Die Zeitgenossen verstanden sie jedoch anders – als Legitimation der eigenen, sehr persönlichen Glaubensentscheidung zwar, doch in bezug auf die öffentliche Realisierung als Sache der Gemeinde als dem tradionellen politischen Handlungsträger freier, nicht herrschaftlich gebundener Menschen in Stadt und Land.

Diese Verbindung zwischen reformatorischem Gemeindechristentum und kommunal-genossenschaftlichem Prinzip innerhalb der vorobrigkeitlichen politischen Ordnung löste in den 1520er und 30er Jahren mächtige Wellen anti-modern-staatlicher und anti-obrigkeitlicher Bewegungen aus: 1522/23 erhoben sich die Reichsritter, um gleichermaßen für die evangelischen und für die überkommenen korporativen Freiheiten einzutreten. 1524/25 folgte der Aufstand der Bauern, der einherging mit einer noch breiter angelegten Bewegung in den Dörfern zur Wahrung alter vorstaatlicher Handlungsspielräume der weltlichen und zur Durchsetzung der reformatorischen Ordnung in der kirchlichen Gemeinde. Und schließlich kam es seit den frühen 1520er Jahren in Hunderten von Städten zu stadtrepublikanischen Bürgerbewegungen, die gleichzeitig mit der kirchlichen Erneuerung im Sinne des lutherischen Gemeindechristentums die alten Rechte der Bürgergemeinde auf politische Partizipation festigen wollten. So mächtig und langanhaltend, nämlich bis ins 17. Jahrhundert hinein, war diese Verbindung zwischen stadtbürgerlichem Republikanismus und Luthertum, daß der englische Historiker A.G. Dickens die deutsche Reformation als ein „urban event", als ein städtisches Ereignis, charakterisieren konnte.[2]

Ritter, Bauern und Stadtbürger spürten um 1520 in besonderem Maße den vielschichtigen und tiefgreifenden politischen Wandel, den wir „frühmoderne territoriale Staatsbildung" nennen. Die Reichsritter, weil ihnen als archaischem Personenverband durch die neuen politischen Organisationsprinzipien der Fläche und der sachlich-institutionellen anstelle der personalen, lehnsrechtlichen Zuordnung die Existenzgrundlage entzogen wurde. Die Bauern, weil die vielfältigen Ansprüche und Reglementierungen des frühmodernen Staates ihre ökonomische Lage, ihren persönlichen Rechtsstatus, ja ihre ganze Lebenswelt beeinträchtigten. Und die Stadtbürger schließlich, weil nach außen, gegenüber dem Territorium, die Autonomie oder Semiautonomie ihrer Stadt und nach innen das Mitwirkungsrecht der Bürgergemeinde als Partner eines sich zunehmend obrigkeitlich gerierenden Magistrats auf dem Spiel standen. So gesehen war der Auftrieb, den das kommunal-genossenschaftliche Organisationsprinzip im Zuge der Rezeption des reformatorischen Prinzips eines Gemeindechristentums erhielt, bewahrend und konservativ. Denn er stärkte die älteren Ordnungsprinzipien gegenüber den Ansprüchen des neuzeitlichen Staates, der die politisch-gesellschaftliche Organisation nach neuen rationalen und römisch-rechtlichen Kriterien umgestalten wollte.

Es bei dieser Feststellung zu belassen, hieße indes, die Perspektive unsachgemäß zu verkürzen. Denn es ist ja keineswegs auszuschließen, daß im Falle einer Selbstbehauptung die gemeindlichen Kräfte sich auf die eine oder andere Weise als Mitträger der staatlichen Modernisierung qualifiziert hätten. Allerdings ist schwer vorstellbar, daß dies in Form eines gemeindlich-kommunal fundierten Königs- oder Reichsstaates hätte geschehen können. Dazu war der Territorialismus bereits zu weit fortgeschritten. Realistisch erscheint aber die Vorstellung, daß die anti-obrigkeitliche Schubkraft der reformatorischen Bewegung innerhalb der Territorien selbst neben den landesherrlich-fürstlichen auch kommunale oder republikanische Elemente hätte befestigen können, wie das bei einer durchaus vergleichbaren Ausgangslage in den benachbarten Niederlanden geschah.

Die deutsche Geschichte hat diesen Weg bekanntlich nicht eingeschlagen. Das war auch ein Ergebnis der Reformationsgeschichte, die ihrerseits aber nur ältere Vorentscheidungen bestätigte. Denn – um es typologisch auszudrücken – die „Gemeindereformation“ wurde im Verlaufe der dreißiger, vierziger Jahre Schritt für Schritt von der „Fürstenreformation“ abgelöst. Eine an der Dramaturgie von Ereignissen und Sozialkonflikten oder gar „Klassenkämpfen“ avant la lettre orientierte Geschichtswissenschaft führt diesen Umschwung auf den Sieg der Fürsten im sogenannten Bauernkrieg von 1525 zurück. Diese Rechnung geht jedoch schon rein zeitlich nicht auf. Denn „Volks-“ oder „Gemeindereformationen“ fanden in den Städten auf breiter Front bis weit in die 1530er Jahre und selbst darüber hinaus statt. Vor allem aber waren die Gründe für den Wechsel in der gesellschaftlich-politischen Stoßrichtung der Reformation struktureller Art und sind tiefer anzusetzen.

Der Bauernkrieg von 1525 gehört ohne Zweifel in der deutschen Geschichte zu den Traditionselementen, an die zu erinnern einer liberalen und demokratischen Geschichtskultur gut ansteht. Das kann aber nicht heißen, ihm eine historische Bedeutung beizumessen, die er nicht haben konnte. Denn in einer Langzeitperspektive gesehen, markiert er keineswegs einen abrupten Bruch. Dasselbe gilt für den Wechsel von der „Gemeinde-“ zur „Fürstenreformation“. Struktur- und entwicklungsgeschichtlich betrachtet, waren es eher die gemeindlich-genossenschaftlich begründeten Aufstände der Ritter, Bauern und Bürger, die den seit Generationen wirksamen Trends in Staat und Gesellschaft zuwiderliefen und das Rad der Geschichte gleichsam noch in letzter Minute zu wenden versuchten.

Richten wir kurz den Blick auf den Reformator selbst, der die beschriebene Wende in der gesellschaftlichen Stoßrichtung und bei den politischen Allianzen seiner Reformation nicht nur hinnahm, sondern nach Kräften förderte: Luther ging es weder 1517 noch 1525 um eine soziale oder politische Kurskorrektur, in welche Richtung auch immer, sondern um sein Seelenheil und um dasjenige seiner Mitchristen. Dazu war die Reform der Kirche im evangelischen Sinn zu retten, und zwar nach außen gegen die sich formierende theologische Reaktion innerhalb der alten Kirche und nach innen gegenüber den radikalen Strömungen, die – in Luthers Sicht – das Licht der eben neuentdeckten christlichen Wahrheit wieder verdunkelten, weil sie sie theologisch verkleinerten oder politisch-sozial umbogen. Hinzu kam die blanke machtpolitische Bedrohung durch den Kaiser, dessen katholische Option unzweifelhaft feststand. In dieser Situation gab es in Deutschland nur eine Kraft, die das Überleben der Reformation garantieren konnte, nämlich die Landesherren und ihre Territorialstaaten. Daß Luther dies so sah und auch entschlossen danach handelte, war kein Ausdruck unpolitischer Obrigkeitsgläubigkeit oder gar Verrat an den Grundprinzipien der Reformation. Vielmehr war es eine plausible, auf Einsicht in die politische und geschichtliche Konstellation basierende Richtungsentscheidung.

Natürlich brachte der markierte Wechsel zugleich eine Weichenstellung für die deutsche Geschichte allgemein. Deren grundsätzliche und folgenreiche Bedeutung wird sogleich evident, wenn man sich die dominierende Rolle der Religionsfrage im Denken und Handeln der Menschen des 16. Jahrhunderts vor Augen stellt und darüber hinaus bedenkt, daß das alteuropäische Gesellschaftssystem durch eine strukturelle Verzahnung von Staat und Kirche, von Religion und Gesellschaft gekennzeichnet war. Kirchlich-religiöse Entscheidungen waren immer zugleich auch politische und gesellschaftliche und vice versa. Das Ende der Gemeindereformation bedeutete daher zwangsläufig eine vitale Schwächung der gemeindlich-genossenschaftlichen und republikanischen Kräfte. Umgekehrt erhielten die modernstaatlich-obrigkeitlichen Tendenzen der territorialen Krongewalten weiteren Auftrieb und – was im vorliegenden Zusammenhang noch wichtiger ist – eine neosakrale Legitimation. Diese beiden gleichsam im Kreuzweg der Reformation gefallenen Richtungsentscheidungen haben die historisch-politische Kultur Deutschlands tief geprägt, und zwar über die frühe Neuzeit hinaus.

Für diese Entwicklung Luther und die Reformation verantwortlich zu machen greift in doppelter Weise zu kurz: zum einen, weil der erneuerte Katholizismus genau dieselbe Allianz einging; zum anderen, weil sich auch diese Grundsatzentscheidung – die katholische wie die protestantische – bereits vorreformatorisch angebahnt hatte. Denn das landesherrliche Kirchenregiment, das die rechtlich-institutionelle Basis für die Allianz von Reformation oder Gegenreformation mit dem Territorialstaat ausmachte, hatte sich schon im späten Mittelalter angebahnt. Damals hatten die deutschen Landesherren in Konfrontation mit den vielen lokalen Institutionen der Kirche, aber in Absprache und Interessenallianz mit der Römischen Kurie für das Gebiet ihrer jeweiligen Territorien wichtige kirchliche Hoheitsrechte in ihre Hand gebracht.

„Dux Cliviae papa est in territoriis suis" – „der Herzog von Kleve ist Papst in seinen Ländern", hieß es zu Ende des 15. Jahrhunderts am Niederrhein.[3] Ähnliches galt für die meisten der größeren Territorien des Reiches. Etwa für Kursachsen, das in der reformatorischen Kirchenkrise den Theologieprofessor der eben gegründeten sächsischen Landesuniversität Wittenberg nicht zuletzt aus Gründen der vorreformatorischen Landeskirchenräson stützte. Nicht anders verhielt es sich mit dem verfeindeten Vetter und Nachbarn, dem Dresdner Sachsenherzog Georg, der aus denselben strukturellen und institutionellen Gründen des Kirchenregiments Luther aufs heftigste bekämpfte. So war, wie es der Mediävist Hartmut Boockmann formuliert, „das landesherrliche Kirchenregiment das stärkste Bindeglied zwischen dem 15. und 16. Jahrhundert" und damit – so fügen wir hinzu – eine entscheidende strukturgeschichtliche Voraussetzung für die genannte Allianz von Reformation und Gegenreformation mit dem frühmodernen obrigkeitlichen Fürstenstaat einschließlich aller darauf basierenden Konsequenzen für die deutsche Geschichte.[4] Das war kein früher deutscher Sonderweg. Denn auch in Spanien, Frankreich und England wurde das Kirchenregiment von der weltlichen Krongewalt übernommen, nur eben auf nationaler, nicht auf territorialer Ebene.

III.

Ohne Zweifel markiert, so lassen sich unsere Überlegungen zusammenfassen, die Reformation einen Scheideweg der deutschen Geschichte. Das darf aber nicht im Sinne eines radikalen Bruches verstanden werden, wie das die zeitgenössische Selbstinterpretation und die vorwiegend protestantische Perspektive der großen deutschen Geschichtswissenschaft des 19. Jahrhunderts ebenso nahelegen wie die in diesem Punkt besonders hinderliche wissenschaftsorganisatorische Trennung zwischen mittelalterlicher und neuzeitlicher Geschichte. Gerade wenn es um politische und soziale Prozesse geht, muß die Janusköpfigkeit der Reformation betont werden. Sie war mittelalterlich und neuzeitlich zugleich, oder – was dasselbe ist – sie lief „nicht nur dem Mittelalter, sondern auch der Neuzeit zuwider“, so der Theologe Heiko Augustinus Oberman.[5] Was ihre politischen, gesellschaftlichen und geistig-kulturellen Wirkungen anbelangt, förderten diese nach anfänglicher Allianz mit den antiobrigkeitlichen und antimodernstaatlichen Kräften schließlich eindeutig die neuzeitliche Formierung von Politik und Gesellschaft im Sinne des frühmodernen Fürstenstaates. Daraus resultierte aber kein exklusives Erstgeburtsrecht des Protestantismus als Agent des Wandels hin zur Moderne, wie uns das ein schon zum Wissenschaftsmythos verdichteter Weber-Dogmatismus glauben machen will. Vielmehr setzte die katholische Formierung, die in einem bezeichnend prompten Gegenzug auf die Reformation folgte, funktional ganz ähnliche Modernisierungsimpulse frei. Zur vollen Entfaltung kam beides jedoch erst in jenem auf die engere Reformationsphase folgenden gesellschaftlichen Fundamentalprozeß, den die jüngere Frühneuzeitforschung Konfessionalisierung nennt.

Ungeachtet aller Zwänge, die von den neuzeitlichen Konfessionskirchen ausgingen, markiert die mit der Reformation entstandene Pluralität christlicher Konfessionen und Denominationen eine geistig-kulturelle Differenzierung, die die intellektuelle Freiheit und den gesellschaftlichen Handlungsspielraum enorm ausweitete. Als Kehrseite entwickelte sich ein neuer Typus von Totalkonfrontation, Dissonanz und Versehrtheit, dessen Radikalität und Unversöhnlichkeit charakteristisch für die Neuzeit überhaupt werden sollten. Auch das war ein europäisches, ja universelles Phänomen. Seine stärkste und folgenreichste Ausprägung fand es jedoch in Deutschland, wo zu der staatlich-politischen die religiös-geistige Trennung und Zerteilung kam. Zu Recht hat man darin eine der Wurzeln für jenes Übermaß an Feindschaft gesehen, das die neuzeitliche Geschichte Deutschlands so unrühmlich kennzeichnet.[6] Komplementär dazu setzten sich jedoch auch positive Strukturen und Einstellungen durch: die für das neuzeitliche Deutschland charakteristische Vielfalt und Differenziertheit der geistig-politischen Identitäten und Kulturen, die trotz aller Krisen und Konflikte letztlich immer den Willen aufbrachten, in einem gemeinsamen, föderal ausbalancierten Gemeinwesen zusammenzuleben. Der damit verbundene Zwang zu Koexistenz und Ausgleich ist ein gutes Erbe der Reformation, zu dem sich die Deutschen gerade heute bekennen sollten.

Anmerkungen

1 L. v. Ranke, Die Römischen Päpste, I, Berlin 1939, 83. – Allgemein dazu und zu den folgenden Überlegungen vgl. H. Schilling, Luther, Loyola, Calvin und die europäische Neuzeit, in: Archiv für Reformationsgeschichte 85.1994, 5–31, dort auch ausführliche Literaturangaben in den Anmerkungen.

2 A.G. Dickens, The German Nation and Martin Luther, Glasgow 1976, 182; H. Schilling, Die Stadt in der Frühen Neuzeit, München 1993, u.a. 85ff., 91ff.

3 J. Hashagen, Staat und Kirche vor der Reformation, Essen 1931, 550–557; zuletzt W. Jansen, Landesherrschaft und Kirche am Niederrhein im späten Mittelalter, in: J.F.G. Goeters Hg., Der Niederrhein zwischen Mittelalter und Neuzeit, Wesel 1986, 9–42, hier 31.

4 Näheres dazu in Schilling, Luther, 19f., mit Anm. 22.

5 H.A. Oberman, Die Reformation. Von Wittenberg nach Genf, Göttingen 1986, 12.

6 H. Lutz, Das Ringen um deutsche Einheit und kirchliche Erneuerung, Berlin 1983, 33.

Auswahlbibliographie

Boockmann, H., Stauferzeit und spätes Mittelalter. Deutschland 1125-1517, Berlin 1994.

Brecht, M., Martin Luther, 3 Bde., Stuttgart 1981-1987.

Chaunu, P., Le temps des Réformes. Histoire religieuse et système de civilisation. La Crise de la chrétienté. L'Éclatement 1250–1550, Paris 1975.

Moeller, B., Die Reformation und das Mittelalter, Gütersloh 1991.

Reinhard, W. und H. Schilling Hg., Die katholische Konfessionalisierung in Europa, Gütersloh 1995.

Schilling, H., Aufbruch und Krise. Deutschland 1517–1648, Berlin 1994².

Rudolf von Thadden

Die Konfessionalisierung des kirchlichen und politischen Lebens in Deutschland

Wer das kollektive Gedächtnis der Deutschen heute im Blick auf die Frage bemüht, was von der Reformation übriggeblieben sei, der wird in der Regel die Antwort erhalten: die Glaubensspaltung, die Vielfalt der Konfessionen. Ob in West- oder Ostdeutschland, die meisten Bürger wissen – so sehr sie auch den Kirchen entfremdet sein mögen –, ob sie evangelisch oder katholisch sind. Die konfessionelle Zugehörigkeit ist zwar häufig inhaltslos geworden, aber im Gedächtnis dennoch nicht verblaßt.

Aber nicht nur heute, auch in den früheren Jahrhunderten galt die Glaubensspaltung als ein wesentliches Ergebnis der Geschichte der Reformation. Mehr als der große geistliche und kirchliche Erneuerungsversuch setzte sich bei den Menschen aller Stände das Bewußtsein fest, nun in einer Welt verschiedener Bekenntnisse zu leben. Alle Formen der christlichen Existenz erschienen fortan konfessionalisiert, und auch das gesellschaftliche und kulturelle Leben war bis in unser Jahrhundert hinein kaum ohne Bezug zur konfessionellen Zugehörigkeit denkbar.

Die Ansätze zu dem, was man später Konfessionalisierung nennen sollte, liegen bereits in der Epoche der Reformation. Obwohl Martin Luther unbestritten als zentrale Kraft des reformatorischen Durchbruchs galt, traten mit Zwingli und Calvin bald auch andere Gestalten der kirchlichen Erneuerungsbewegung auf, die Bedeutung für die Ausdrucksformen der neuen Glaubenslehre gewannen. Noch zu Luthers Lebzeiten entwickelten sich neben Wittenberg in Zürich, Genf und im oberdeutschen Raum eigengeprägte Zentren der reformatorischen Bewegung, in denen die Wechselbeziehungen zwischen kirchlicher und weltlicher Ordnung auf je verschiedene Weise gestaltet wurden.

Aber nicht nur in innerer Differenzierung der Ausdrucksformen der neuen Lehre, auch in Auseinandersetzung mit der Institution der „altgläubigen" Kirche kam es zur Formulierung von Bekenntnisschriften, die zu Ausgangspunkten für eine Konfessionalisierung des kirchlichen Lebens wurden. So hatte nicht zuletzt die berühmte „Confessio Augustana" von 1530 bekenntnisbildende Kraft, so daß ganze Generationen sich von ihr her theologisch zu legitimieren bestrebt waren. Man war rechtgläubig, wenn man im bekenntnistheologischen Sinne den rechten Glauben hatte.

Bei den verschiedenen politischen, kulturellen und sozialen Gegebenheiten im Europa des 16. Jahrhunderts konnte es nicht ausbleiben, daß die Unterschiede der Lehrmeinungen langfristig auch zu Verschiedenheiten der kirchlichen und gesellschaftlichen Lebensformen führten. Wer von der lutherischen Reformation in Wittenberg geprägt war, stand nicht nur im Bann kleinräumiger Fürstentümer und Obrigkeiten, er entwickelte auch rasch einen Sinn für die eher patriarchalischen Strukturen in Kirche und Staat und verstand Politik vor allem als pflegliche Fürsorge des Landesherrn für seine Untertanen. Wer dagegen im Wirkungskreis der calvinischen Reformation von Genf lebte, bekam bald etwas von dem Magnetfeld der großen Politik in der Welt der europäischen Monarchien zu spüren und sah sich unversehens vor die Frage gestellt, ob und wie weit er auch im Widerstand gegen herrschende Gewalten seinen Glauben zu bewahren in der Lage sei. Der Unterschied zwischen dem lutherischen und dem calvinistischen Bekenntnis bestand da nicht nur in Meinungsverschiedenheiten über die Form des Abendmahls, wie theologische Prinzipienreiter es immer wieder darzustellen versuchten.

Es ist verständlich, daß die katholische Kirche, als sie im Zeichen der sogenannten Gegenreformation zum Gegenangriff ansetzte, die Unterschiede in der reformatorischen Bewegung stark betonte und so weit wie möglich ausschlachtete. In ihrer

Strategie konnten die innerprotestantischen Differenzen gar nicht rasch genug den Charakter von Gegensätzen annehmen; sie tat alles, um Lutheraner und Calvinisten als Anhänger unterschiedlicher Religionen erscheinen zu lassen. Umgekehrt verstärkten sich auch die Differenzen zwischen Lutheranern und Calvinisten in der Auseinandersetzung mit dem Katholizismus der Gegenreformation. Konzentrierten sich die einen auf eine Verteidigung ihrer im Reich gewonnenen Positionen, die sie nicht zuletzt auch durch Gründung von Schulen und Universitäten auszubauen bestrebt waren, griffen die anderen die gegenreformatorische Herausforderung offensiv auf und entwickelten ihrerseits Strategien einer großen Politik, die sich über ganz Europa erstreckten. Wer hundert Jahre nach Beginn der Reformation die Unterschiede zwischen Lutheranern und Calvinisten beschreiben wollte, der hätte vor allem diesen Aspekt herausgestellt: theologisch und juristisch argumentierend die einen, politisch und strategisch denkend die anderen.

Freilich erschöpften sich die Unterschiede zwischen den Konfessionen, wie man nun schon sagen mußte, nicht in politischen Verhaltensweisen. Im weiteren Verlauf der von konfessionellen Konflikten geprägten deutschen Geschichte vertieften sich auch die Gegensätze im Umgang mit dem reformatorischen Erbe selbst. Während die Lutheraner manche kirchlichen und gottesdienstlichen Formen aus der alten „katholischen“ Kirche zu erhalten bereit waren und nicht zuletzt auch die Bilder und Altäre in den Kirchen bestehen ließen, ging den Calvinisten die lutherische Reformation nicht weit genug; sie wollten diese gerade auch in den äußeren Formen des kirchlichen Lebens weitergetrieben sehen, damit die Menschen ein stärkeres Bewußtsein der Unterschiede zur katholisch geprägten Gegenwelt erhielten. In der strengen Luft des Calvinismus, im völligen Verzicht auf sogenannte Überreste aus der als unbiblisch verstandenen Kirchlichkeit des Katholizismus – etwa in der Abendmahlspraxis mit Hostien oder im Gottesdienst mit Meßgewändern – wurde der Protestantismus konturenschärfer als im traditionsverhafteten Luthertum.

Zu den Eigentümlichkeiten der deutschen Geschichte gehört es, daß sich neben dem Fortbestand des Katholizismus als kirchenpolitischer Macht und auch geistlich-kultureller Potenz beide protestantischen Bekenntnisse durchsetzten: das Luthertum in der Breite der deutschen Regionen, vornehmlich im Norden und Osten, der Calvinismus bzw. die reformierten Kirchen im Westen und zahlreichen verstreuten Orten des Reichs. Während die lutherische Lebenswelt jedoch eine starke Volksfrömmigkeit ausbildete und mit ihren Liedern und ihrer Musik auch einfache Menschen in ihren Empfindungen und Träumen erreichte, blieb das calvinistische Bekenntnis meistens auf politische und geistige Eliten beschränkt und vermochte es nur selten, in die Tiefen der Volkskultur einzudringen. Ein Blick in die Gesangbücher noch unserer heutigen Zeit zeigt, wie unverhältnismäßig viel mehr lutherisch geprägte Liederdichter es in Deutschland gab als reformierte. Paul Gerhardt mit seinen zu Herzen gehenden geistlichen Liedern in der Epoche des Dreißigjährigen Krieges ist da das unübertroffene Beispiel.

Dafür entwickelten die Calvinisten Strukturen der Kirchenbildung, die bis heute als vorbildlich gelten und später (im 19. Jahrhundert) auch weitgehend von den Lutheranern übernommen wurden: die Synoden auf Kreis- und Landesebene sowie die Presbyterien auf der Ebene der örtlichen Gemeinden. Mit diesen Organisationsstrukturen, die eine aktive Mitwirkung von Laien in der kirchlichen Meinungs- und Willensbildung erlaubten, erreichten sie einen inneren Zusammenhalt ihrer Anhänger, der sich auch und vor allem in Situationen einer Minderheitsexistenz bewährte. In der säkularisierten Welt der späteren Jahrhunderte konnte eine überzeugende Gestalt der Kirche ohne diese Strukturen kaum mehr gedacht werden.

Deutschland ist also mit voll entwickelten Konfessionskirchen und entsprechenden Frömmigkeitsformen in die moderne Welt eingetreten. Dies konnte – negativ – zu dem berüchtigten deutschen Theologengezänk führen, zu Rechthaberei und Unduldsamkeit. Es konnte aber auch – positiv – unter bestimmten

Voraussetzungen einem kirchlichen Pluralismus die Wege bahnen, einer Bereitschaft zur Toleranz, die schließlich auch nichtchristlichen Religionen wie dem Judentum zugute kommen mochte. Vor allem in multikonfessionellen Staaten wie Brandenburg-Preußen, wo das Herrscherhaus calvinistisch, die Mehrheit der Bevölkerung lutherisch und eine erhebliche Minderheit katholisch waren, eröffneten sich Möglichkeiten religiöser Toleranz, die – wie bei der Aufnahme der aus dem absolutistischen Frankreich vertriebenen Hugenotten – nicht zuletzt auch in der Politik des Staates Gestalt annahmen.

Und doch sollte schließlich in Deutschland insgesamt der Durchbruch zu einer toleranten Bürgergesellschaft schwieriger werden als im fast vollständig rekatholisierten Frankreich. Während sich hier eine neue rationalistische Denkweise in radikaler Abkehr von Kirche und Christentum Bahn brach und Meinungsfreiheit durch die Überwindung dogmatisch-theologischer Positionen begründete, blieben dort die Gedanken der Aufklärung im Wettkampf der Konfessionen stecken und erreichten nur partikulare Geltung. In Deutschland emanzipierte sich die Vernunft nie völlig von ihren religiösen Bindungen.

Dies hing auch damit zusammen, daß der Kampf gegen die konfessionellen Verhärtungen im Lande der Reformation nicht nur von der rationalistischen Aufklärung, sondern auch von einer neuen volksnahen Frömmigkeitsbewegung geführt wurde: von der Bewegung des Pietismus. Hier zählte das christliche Leben mehr als die theologischen Lehren, und die Bekenntnisse waren nichtig, wenn ihnen keine Taten des Glaubens folgten. Vor den Augen der Pietisten verblaßten die Unterschiede zwischen Lutheranern und Calvinisten nicht weniger als vor denen der Aufklärer, nur daß die Perspektive eine andere war. Im ersten Fall ging es um eine Verlebendigung des Glaubens, im zweiten um dessen Relativierung.

So erfuhr insbesondere das protestantische Deutschland die Französische Revolution mit ihren säkularisierenden Wirkungen in einem Zustand halb gebrochener konfessioneller Traditionen. Entdogmatisiert in den kirchlichen Lehren, aber partiell erneuert in den Ausdrucksformen der Frömmigkeit, sah es sich konfrontiert mit dem Entwurf einer radikal rationalistischen Staats- und Gesellschaftsordnung, in dem für die Kirchen allenfalls noch als Anstalten einer bürgerlichen Moral Platz war. Die Konfessionen verloren ihren Ordnungsbezug im öffentlichen Leben.

Allerdings bedeutete die Französische Revolution kein definitives Ende der im Jahrhundert der Reformation begonnenen Konfessionalisierung des kirchlichen und politischen Lebens in Deutschland. Im Gegenteil, in vielfacher Hinsicht bildete sie den Anfang einer Revitalisierung der konfessionsbetonten Elemente im Wirkungsbereich der Kirchen, einer Rückbesinnung auf die voraufklärerischen Traditionen als Reaktion auf den kirchenfeindlichen Charakter des revolutionären Rationalismus. Hier war es in erster Linie die katholische Kirche, die als Ausgleich für ihre Positionsverluste in der Folge der Säkularisierung auf verstärkten Einfluß in Staat und Gesellschaft drängte und langfristig insbesondere eine aktive, konfessionsorientierte Schulpolitik zu betreiben bestrebt war. Auf die Laizisierung des Bildungswesens, wie sie sich seit der Großen Revolution abzuzeichnen begann, antwortete sie mit einer betonten Konfessionalisierung.

Aber auch im protestantischen Bereich gewannen die konfessionellen Positionen neue Bedeutung. Hier hatten sie zudem eine besondere Herausforderung in der institutionellen Ordnung der Kirche, insofern als in Preußen 1817 eine Union der beiden evangelischen Bekenntnisse geschaffen wurde, die von vielen als Ausdruck rationalistischen Denkens empfunden wurde. Auch wenn es sich dabei nur um einen administrativen Zusammenschluß handelte, war er doch Anlaß genug, um eine Gegenbewegung auszulösen und konfessionelle Sonderbünde auf den Plan zu rufen. Vor allem die Lutheraner wollten sich mit der „Verschmelzung“ mit den Reformierten nicht zufriedengeben; ein nicht unerheblicher Teil von ihnen entschloß sich sogar zur Separation und verselbständigte sich als „altlutherische“ Kirche in Preußen.

Was diesem neuen Konfessionalismus seine geistliche Kraft gab, war eine Verbindung mit der pietistischen Erweckungsbewegung, die im Zeichen der Romantik insbesondere in den östlichen Landesteilen Wurzeln schlug. Im Unterschied zum früheren Pietismus des 18. Jahrhunderts verstärkte dieser Neopietismus die konfessionellen Überzeugungen. Nun stand Bekenntnistreue nicht mehr für einen praxisfernen theologischen Dogmatismus, sondern umgekehrt für ein ernsthaftes Leben im Glauben, für ein unerschütterliches Festhalten an den biblischen Grundlagen entgegen allen Versuchungen des Zeitgeists.

Dieses bekenntnistreue Luthertum, das den konservativen Kräften in der politischen Gesellschaft entsprach, stand in der späteren Auseinandersetzung mit den „Modernisten" und Liberalen den Katholiken nahe. Im Kulturkampf der Bismarckzeit focht es genauso gegen die Einführung der Zivilehe und die staatliche Schulaufsicht wie die in der Zentrumspartei organisierten Anhänger der römisch-katholischen Kirche. Und in den kirchenpolitischen Debatten der Synoden erschien ihm eine Lockerung der Bekenntnisbindung als Anfang der Entkirchlichung wenn nicht gar der Entchristlichung.

Am Ende des 19. Jahrhunderts stand daher in Deutschland keine Schwächung der konfessionellen Energien, sondern eine weitere Auffächerung der von Bekenntnisunterschieden geprägten kirchlichen Landschaft. Während in Frankreich die „Laizisten" ihren Siegeszug gegen die „Konfessionellen" führten und die Trennung von Staat und Kirche erzwangen, vermehrten sich die Konfessionskirchentümer in Deutschland und drängten die weltoffenen, dem Geist der Aufklärung verpflichteten Kräfte an den Rand. Neben den im Kulturkampf erprobten Katholiken gab es hier nun eine protestantische Kirchenwelt, die nicht nur wie früher in Lutheraner und Calvinisten zerfiel, sondern jetzt auch zusätzlich „Unierte" umfaßte, die die Bekenntnisunterschiede relativieren wollten und sie gerade damit neu belebten. Liberale Anwälte der modernen säkularen Welt hatten es in dieser durchkonfessionalisierten Landschaft schwer.

Auch nach dem Zusammenbruch des Kaiserreichs mit seiner kirchenstützenden Politik änderte sich nichts grundsätzlich an dieser Situation. Zwar gewannen in der von Sozialdemokraten maßgeblich mitgestalteten Weimarer Republik die kirchenfremden, laizistischen Kräfte an Bedeutung; aber angesichts der Sperrminorität, über die das katholische Zentrum in fast allen Regierungen der Republik verfügte, wahrten die Konfessionskirchen in allen wesentlichen Bereichen ihre Positionen. Vor allem in der Schulpolitik behielten sie einen erheblichen Einfluß, so daß z.B. Bekenntnisschulen weiterhin wirken konnten. Im Bildungswesen insgesamt führten nur wenige Wege an den Konfessionen vorbei.

Dies wurde auch dadurch noch verstärkt, daß breite Schichten vor allem im kirchlichen Protestantismus in Opposition zur neuen Republik standen und die Kirche zu einer „konservativen Gegenburg" (Troeltsch) gegen den demokratischen Staat aufzubauen versuchten. Je konfessionsbetonter die kirchlichen Gruppen dabei waren, umso ablehnender verhielten sie sich gegenüber der als säkularistisch empfundenen Republik, so daß sie schließlich vielfach blind waren für die Gefahren, die von den neuen braunen Gegnern dieses ungeliebten Staatswesens ausgingen.

Es gehört zu den Paradoxien der Geschichte, daß es dann diese radikalen Feinde der Republik aus antiaufklärerischem Ungeist waren, die den Kirchen in Deutschland mitsamt ihren konfessionellen Prägungen an die Substanz gingen. Mehr als alle laizistischen Kräfte aus der Tradition der europäischen Linken trieben sie mit ihrer Propagierung eines verschwommenen „positiven Christentums" die Aushöhlung der Konfessionen voran und drängten alle Kirchen, welcher Bekenntnisausrichtung auch immer, aus dem öffentlichen Leben des Landes. Sie, die nationalsozialistischen Totengräber der Welt der Aufklärung, waren es, die den christlichen Bekenntnisschulen den Garaus machten und den Kirchen jeglichen Einfluß auf das Bildungswesen des Staates nahmen. Jetzt erst wurde Deutschland grundlegend säkularisiert und damit auch weitgehend entkonfessionalisiert, wenngleich anders als sich dies die klassischen Laizisten gedacht hatten.

Auf diesem Hintergrund konnte es nicht ausbleiben, daß

nach der Niederlage des NS-Regimes diejenigen kirchenpolitischen Kräfte Aufwind bekamen, die im Abgehen von festen Bekenntnisgrundlagen den Kern allen Übels sehen zu müssen glaubten und folglich nach einer Wiederaufwertung und, wenn nötig, Wiederherstellung der überkommenen konfessionellen Strukturen riefen. Auch wenn Ansätze eines ökumenischen Denkens an vielen Stellen sichtbar waren, trat Erneuerung doch meistens als Restauration in Erscheinung. Schon drei Jahre nach dem Kriegsende hatten sich im protestantischen Bereich die alten Konfessionskirchen wieder eine sogar gesamtdeutsche Ordnung gegeben. Dabei war die Linie der Auseinandersetzungen zu Ende geführt worden, die sich schon im Kirchenkampf gegen die Nationalsozialisten abzuzeichnen begonnen hatte: Von der staatskritischen Bekennenden Kirche waren die Gewichte wieder zu den traditionellen Bekenntniskirchen hin verlagert worden.

Für die katholische Kirche lagen die Dinge in mancher Hinsicht einfacher. In ihren Augen hatte sich mit Hitlers Kirchenfeindschaft der Säkularismus insgesamt diskreditiert. Aus den Verbrechen der nationalsozialistischen Politik konnte sich danach nur die Konsequenz ergeben, daß die Kirchen so weit wie möglich das moralische und politische Vakuum zu füllen bestrebt sein mußten, das die kirchenfeindliche Gewaltherrschaft hinterlassen hatte.

In dieser Haltung wurden die konservativen Kirchenkräfte in allen Konfessionen auch durch die zweite Erfahrung eines für die Kirchen bedrohlichen Regimes auf deutschem Boden bestärkt: durch die Erfahrung der sich ausdrücklich als atheistischen Staat verstehenden DDR. In verzerrender Gleichsetzung der kommunistischen mit der nationalsozialistischen Kirchenpolitik suchten diese Kräfte im Festhalten an den alten konfessionellen Traditionen die Struktur der Volkskirche zu befestigen, allen gesellschaftlichen Veränderungen zum Trotz. In einer Zeit, in der die Mehrheit der Bevölkerung kaum noch in der Lage war, die wichtigsten Grundannahmen des christlichen Glaubens im Vergleich mit denen anderer Religionen zu bezeichnen, stritten sie über die Frage, ob und wieweit Lutheraner und Calvinisten, von Katholiken ganz zu schweigen, Abendmahlsgemeinschaft miteinander haben könnten. Ein gespenstischer Konfessionalismus!

So bleibt zu fragen, wieviel konfessionelle Energie am Ende dieses Stücks deutscher Geschichte mit einem kämpferisch atheistischen Staat geblieben ist. Werden die Kräfte eines konfessionsübergreifenden Christentums dadurch eine Stärkung erfahren? Oder wird nun möglicherweise der Laizismus bei uns einen Platz im öffentlichen Leben erhalten? Oder werden sich die im Westen Deutschlands nach dem Kriege erneuerten konfessionskirchlichen Strukturen auch wieder im Osten befestigen? Nach den historischen Erfahrungen in Deutschland seit dem Jahrhundert der Reformation bleibt zu befürchten, daß die Geschichte des konfessionalisierten Christentums noch nicht zu Ende ist.

Danach wird man ohne Übertreibung sagen können, daß die Konfessionalisierung des kirchlichen und politischen Lebens in Deutschland zu den Scheidewegen der deutschen Geschichte gehört. Zwar sind die kirchengeschichtlichen Elemente, auf die Länge gesehen, dabei stärker gewesen als die allgemeingeschichtlichen. Auch haben die früheren Jahrhunderte in dem Entwicklungsgang ein größeres Gewicht gehabt als die späteren. In manchen Bereichen kann man sogar von einem Bedeutungsschwund des Phänomens der Konfessionalisierung sprechen. In der Summe ist jedoch festzustellen, daß alle Generationen seit der Reformation in irgendeiner Weise immer wieder von den Folgen der historischen Entscheidung berührt worden sind, derzufolge Deutschland im 16. Jahrhundert in verschiedene Konfessionen aufgespalten worden ist.

Diese Folgen traten zunächst mehr in den Bereichen der kirchlichen Lehre und des Kirchenrechts in Erscheinung. Sehr bald wirkten sie sich jedoch auf das gesamte politische Leben und – langfristig besonders bedeutsam – auf die soziale Lebenswelt aus. Die lutherisch geprägte Bevölkerung begann sich schon früh durch einen anderen Frömmigkeitsstil als die katholische auszuzeichnen. Und auch für das politische Verhalten der Menschen war es nicht gleichgültig, ob sie sich mehr von lutherischer Obrigkeitstreue oder mehr von calvinistischer Gesellschaftsverantwortung leiten ließen. Es hängt sicherlich mit solchen Orientierungen zusammen, daß es im mehrheitlich lutherischen Deutschland schließlich eher ein „Pathos des Gehorsams" statt des in Westeuropa stärker ausgebildeten „Pathos der Freiheit" gab.

Die Folgen solcher Prägungen blieben nicht auf die Epochen beschränkt, in denen die Menschen noch ganz in das kirchliche Leben integriert waren. Auch im Zeitalter der Säkularisierung sollten sie nachwirken, so daß trotz aller Entkirchlichung spürbare Unterschiede der Kultur zwischen evangelisch oder katholisch geprägten Landschaften erhalten blieben. Zwar hat die Säkularisierung die konfessionellen Energien aus den meisten Bereichen der politischen Gesellschaft verdrängt, in denen der Kirchen sind sie jedoch nicht erloschen und hören nicht auf, die Menschen in ihrer Identität mitzubestimmen. In Deutschland werden wir auch weiterhin mit dem Erbe unserer Konfessionalisierungsgeschichte leben müssen.

Auswahlbibliographie

Greschat, M., Das Zeitalter der Industriellen Revolution, Stuttgart 1980.

Heckel, M., Deutschland im konfessionellen Zeitalter, Göttingen 1983.

Nipperdey, T., Religion im Umbruch. Deutschland 1870–1918, München 1988.

Nowak, K., Evangelische Kirche und Weimarer Republik. Zum politischen Weg des deutschen Protestantismus 1918–1932, Weimar 1981.

Schilling, H., Die reformierte Konfessionalisierung in Deutschland – Das Problem der „Zweiten Reformation", Gütersloh 1986.

v.Thadden, R., Kirche im Schatten des Staates? Zur Problematik der evangelischen Kirche in der preußischen Geschichte, in: H.-J. Puhle u. H.-U. Wehler Hg., Preußen im Rückblick (= GG So.H. 6), Göttingen 1980, 146–175.

Winfried Schulze

Der deutsche Bauernkrieg 1524–1526

Sich dem Bauernkrieg wie einem normalen historischen Geschehen zu nähern fällt schwer. Er scheint ein besonderes Ereignis zu sein, viele Äußerungen von Historikern belegen dies. Leopold v. Ranke sprach von „dem größten Naturereignis des deutschen Staates," und immer wieder ist dieses Bild zur schnellen Charakterisierung des Bauernkrieges verwendet worden, um Gewalt und Ausmaß dieser Bewegung zu kennzeichnen. Karl Marx bezeichnete den Bauernkrieg als „radikalste Tatsache der deutschen Geschichte". Noch in den letzten Jahren sprachen Historiker vom Bauernkrieg als einem „fundamentalen Ereignis der deutschen Sozialgeschichte" oder bezeichneten ihn gar als „wirklichen Wendepunkt der deutschen Geschichte" – so etwa der amerikanische Politikwissenschaftler Barrington Moore.[1]

Diese wenigen Zitate zeigen schon, daß der Bauernkrieg ganz offensichtlich nicht nur eine zeitlich begrenzte, flüchtige Episode war, sondern ein Ereignis von besonderer Bedeutung, und ich möchte versuchen, diesem Eindruck Rechnung zu tragen. Der Bauernkrieg stellt darüber hinaus nicht nur ein Einzelereignis dieser Jahre dar, sondern er muß in enger Verbindung mit der allgemeinen Unruhe dieser Jahre gesehen werden, vor allem mit den Sturmjahren der Reformation, mit der großen Fehde der Reichsritterschaft und anderen gesellschaftlichen Krisenerscheinungen.

In der Mitte der zwanziger Jahre des 16. Jahrhunderts trieb eine breite Grundströmung der Unzufriedenheit im Reich ihrem Höhepunkt entgegen, die schon sehr alt war. Zu verweisen ist hier vor allem auf die publizistische Reformdiskussion des späten 15. Jahrhunderts, als sich die Gedanken einer Reform des Reiches mit konkreten sozialen Beschwerden der Untertanen verbanden. In Flugschriften wie der Reformatio Sigismundi (erster Druck 1476) oder dem sogenannten Oberrheinischen Revolutionär zu Beginn des 16. Jahrhunderts wurden eine radikale Neuordnung der Gesellschaft gefordert und Unruhen der Bauern vorausgesagt.

Das waren nicht nur realitätsferne Ahnungen. Zwischen 1493 und 1517 brachen im oberdeutschen Raum immer wieder neue sogenannte Bundschuhaufstände aus, deren Name von den Schnürschuhen der Bauern herstammte, die man zum Zeichen der Bewegung erhoben hatte.

Der Bauernkrieg zwischen Juni 1524 und Juli 1526 brach also nicht plötzlich und unerwartet wie ein „Naturereignis" aus. Er war eine soziale Massenbewegung, die in der Kontinuität der spätmittelalterlichen bäuerlichen Bewegungen stand, er war von Flugschriften und Astrologen vielfach geweissagt, von kleinen Adligen angeheizt, von den neuen Predigern zumindest gefördert, von den Obrigkeiten befürchtet, von den Bauern selber angedroht worden. Niemand konnte überrascht sein, als sich im Juni 1524 die Bauern der Schwarzwaldherrschaft Stühlingen erhoben und die Untertanen anderer Herrschaften schnell ihrem Vorbild folgten. Gleichwohl kann der Bauernkrieg nicht als einheitliche Bewegung analysiert werden, dazu ist er in zu viele unterschiedliche Einzelbewegungen zerteilt. Seine Einheitlichkeit, die es gestattet, ihn als zusammenhängendes historisches Problem zu thematisieren, gewinnt er aus der Einheitlichkeit der Beschwerden, seiner politischen Wirkung auf die Herrschaftsträger und aus der Retrospektive.

Das Verbreitungsgebiet des Bauernkrieges erstreckt sich vom Hochrhein, dem Bodensee und dem Allgäu in einem fast gleichmäßig breiten Streifen nach Nordosten bis etwa zur Linie Goslar-Halberstadt. Bayern und der Westen und Nordwesten des Reiches blieben frei von Aufständen.

Lassen sich Gemeinsamkeiten in dieser Zone der Unruhe erkennen? Folgende Merkmale fallen sofort auf: Zum einen war das Gebiet durch einen hohen Grad von Verstädterung geprägt, es umfaßte die gewerblich entwickelten Gebiete des Reiches von den Silberbergwerken Tirols, den Leinwandgebieten Oberschwabens über die fränkischen Weinanbaugebiete bis zu den thüringischen Glas- und Kupferbergbauzentren; es sind auch die Gebiete des Anerbenrechts. Die Aufstände berührten außerdem die Gebiete des Reiches, die durch kleinräumige Herrschaften auffielen, in den zuweilen auch die verschiedenen Herrschaftstitel in einem Dorf mehreren Herren gehörten.

In jedem Fall waren es ökonomisch entwickelte Teile des Reiches, die von einer sich abzeichnenden Überbevölkerung, den sozialen Folgen des Frühkapitalismus, dem Konflikt zwischen Landwirtschaft und Gewerbe und schließlich von den Versuchen der Grund- und Landesherren zur Erhöhung ihrer Einkünfte betroffen waren.

Damit ist die Diskussion um die Ursachen des Bauernkrieges angesprochen. Günter Franz, dessen großes Werk aus dem Jahre 1933 über die Verlaufsgeschichte immer noch die Grundlage für die Tatsachenforschung über den Verlauf des Bauernkrieges darstellt, verweigerte sich der Frage der wirtschaftlichen Ursachen, weil er sie nicht für beantwortbar hielt; für ihn war der Bauernkrieg eine Auseinandersetzung zwischen bäuerlichem Autonomiestreben und dem werdenden modernen Staat. Franz konnte sich bei seiner Geringschätzung wirtschaftlicher Gründe auf viele zeitgenössische Quellenaussagen stützen, die die Bauern als wohlhabend beschrieben. Doch diese These blieb nicht ohne Widerspruch.

Aus diesem Erklärungsdilemma hat eigentlich erst das Buch Peter Blickles über den Bauernkrieg aus dem Jahre 1975 hinausgeführt. Er bezweifelte die „politische" Interpretation des Bauernkrieges und sah es zudem als sein Ziel an, die Einheitlichkeit der Bewegung gegenüber der unbezweifelbaren territorialen Vielfalt herauszustellen. Dieser Ansatz führte vor allem deshalb weiter, weil in einem so stark zersplitterten Gebiet wie den eben genannten Territorien auch keine Einheitlichkeit der Beschwerden erwartet werden kann. Sie mußten vielmehr so verschieden sein, wie die Belastungen in den einzelnen Herrschaften verschieden waren.

Blickle hat sich bei der Untersuchung dieser Problematik zunächst auf die Zwölf Artikel gestützt, eine zentrale Quelle, die, wenn auch im oberschwäbischen Raum – in Memmingen – verfaßt, sehr bald ihre Wirkung als gemeinsamer Nenner der lokal-regionalen Bewegungen entfaltete. Sie war Beschwerdeschrift, Reformprogramm und politisches Manifest zugleich. Die Zwölf Artikel drangen weit über Memmingen hinaus. 25 Drucke sind überliefert, 25.000 Exemplare wurden wohl mindestens verbreitet, und das in nur zwei Monaten.

Bei einer genaueren Betrachtung der Zwölf Artikel stellt sich heraus, daß sie – mit Ausnahme der Artikel über die Pfarrerwahl und die Zehntenfrage – sämtlich auf strittige Fragen der Agrarverfassung verwiesen. Diesem Hinweis folgend hat Blickle alle aus dem oberschwäbischen Bereich vorliegenden Einzelbeschwerden auf ihre Schwerpunkte untersucht, um die mögliche Parallelität mit den Zwölf Artikeln festzustellen. Diese Analyse hat das Beschwerdeprofil der Zwölf Artikel bestätigt. 90 % der Forderungen betrafen tatsächlich die Leibeigenschaft, 81 % den Komplex Jagd, Fischerei, Wald und Allmende (den dörflichen Gemeinbesitz), 83 % die Grundherrschaft (Dienste), 67 % führten Klage über Auswüchse der Gerichtsherrschaft.

Die Beziehungen zwischen den bäuerlichen Untertanen und ihren adligen und geistlichen Grundherren waren – so können wir folgern – im zentralen Bereich agrarischen Wirtschaftens prekär geworden. Das bedeutete keinesfalls, daß es den Bauern schlecht ging bis zur schieren Not, sondern es heißt vielmehr, daß unter den obwaltenden Umständen einer wachsenden Bevölkerung und des zunehmenden Drucks der Grundherren auf die Erträge ihrer Untertanen der Spielraum bäuerlichen Wirtschaftens subjektiv enger geworden war. Jetzt mußten adlige Beschränkungen von Jagd, Wasser und Wald besonders drükkend wirken, mußten neue Steuern für die Territorien und das Reich und die Zehntabgaben als schwerere Belastung erscheinen: Das Gesamtgefüge von herrschaftlichen und bäuerlichen Einkommen wurde zunehmend als ungerecht empfunden. Das bestehende Besitzrecht gab den Herren oft die Möglichkeit, die Güter nach jedem Heimfall (d.h. dem Tod ihres jeweiligen

Besitzers) nach Belieben wieder zu vergeben; die bäuerliche Familie konnte sich daher in einer Zeit erhöhter Belastung nicht einmal ihres sicheren Besitzes erfreuen.

Es sollte deutlich geworden sein, daß die relative Verschlechterung der Lage sich nicht auf einen einzigen, leicht nachweisbaren Verstoß der Herren gegen die alten Rechte zurückführen läßt. Es war vielmehr ein schleichender Prozeß, in dem die Herren immer dort ansetzten, wo sie ihre Einkünfte steigern konnten, ohne alte Rechte allzu offen verletzen zu müssen. Damit erklärt sich auch, daß die Berufung auf das alte Recht für einen fundamentalen Protest gegen das, was sich da an neuen Belastungen ergab, nicht mehr ausreichte. Es bedurfte einer tiefer reichenden, grundsätzlichen Kategorie, um angesichts dieser Lage eine Legitimationsgrundlage für das Aufbegehren zu finden.

Diese neue Argumentation wurde im göttlichen Recht gefunden, der Begründung der Beschwerden aus dem Evangelium heraus. Schon Mitte Februar 1525 schrieb der bayerische Kanzler Leonhard Eck seinem Landesherrn, der Aufstand der Baltringer Bauern beruhe auf den Lehren Luthers, „dann den mererteil so ziehen die Paurn ihre Begern auf das Gotzwort, Ewangeli und pruederliche Lieb“.[2]

In welch bemerkenswerter Weise diese neue Legitimationsbasis mit den tradierten Rechtsvorstellungen kollidierte, können wir aus den Vorgängen im Baltringer Haufen erkennen. Als der Führer dieses Haufens, Ulrich Schmid, am 27. Februar 1525 eine Kammergerichtsentscheidung über die bäuerlichen Beschwerden ablehnte und statt dessen nach dem göttlichen Recht verlangte, antworteten die Gesandten des Schwäbischen Bundes spöttisch, Gott werde wohl kaum vom Himmel herabsteigen. Doch Schmid konterte diesen Hinweis mit der Forderung, daß gelehrte fromme Männer diesen Streit „nach dem Wortlaut göttlicher Geschrift“ beurteilen sollten, und damit meinte er Theologen wie Luther und Melanchthon, die von den Bauern als Richter vorgesehen waren.[3]

Mit der Dynamik, die jeder Massenbewegung eigen ist, veränderte das Evangelium als neue Norm des Lebens das Denken und Wollen der Aufständischen und schließlich auch den Verlauf der Bewegung. Zugespitzt könnte man formulieren, daß ohne die neue Verkündigung des Evangeliums der Bauernkrieg unmöglich gewesen wäre. Eine bislang festgefügte Welt entdeckte plötzlich neue Perspektiven, sah ungeahnte Möglichkeiten der Veränderung.

Der Bauernkrieg war unzweifelhaft eine Massenbewegung. Allein für das Gebiet des Bundeslandes Baden-Württemberg hat man eine Teilnehmerzahl zwischen 100.000 und 115.000 Mann errechnet. Das wären ca. 60 bis 70 % der männlichen, waffenfähigen Bevölkerung der Region zwischen Südschwarzwald und Mainfranken. Das wirft die Frage nach der Organisation der Bewegung auf: Muß eine solche Massenbewegung nicht zentral gelenkt gewesen sein?

Alle verfügbaren Quellen legen es jedoch nahe, den unmittelbaren Ausbruch des Bauernkrieges als spontane Aktion zu verstehen, jedenfalls nicht als Ausfluß eines präzise vorbereiteten Aktionsplanes, der von langer Hand vorbereitet worden wäre. Freilich haben wir auch die Hinweise auf vielerlei Prophezeiungen eines Aufstands, d.h. der Aufstand ist vorgedacht worden, das zählt zu den vorher wohl diskutierten letzten Möglichkeiten des politischen Verhaltens. Ein Elsässer Bauernhaufen erklärte, „was er täte, wäre lang prophezeit und des Himmelsgestirns Schuld. Gott wollt es also haben.“ Das Jahr 1524 hatte die oberdeutsche Bauernschaft ebenso wie die Stadtbewohner durch die Voraussage einer großen Sintflut sensibilisiert, die die Menschen tief beunruhigte.

Schon Ende August 1524 strömten die Bauern der Grafschaft Stühlingen und des Klosters St. Blasien in einer Stärke von 800 Mann zum Kirchweihfest in Waldshut zusammen, am 2. Oktober versammelten sich die Hegauer Bauern. Im Februar folgten dann Oberschwaben, das Bodenseegebiet und das Allgäu: „Die Bauern laufen zusammen, als ob es schneite, von allen Dörfern, keines ausgenommen“, schrieb ein Villinger Chronist im April 1525.

Die Bauern erschienen zwar traditionell bewaffnet zu den Versammlungen, doch sie bemühten sich vor allem darum, jedes Anzeichen von Gewalttätigkeit und anarchischer Bewegung zu vermeiden. Sie hofften auf vertragliche Abmachungen mit ihren Herren, auf Anerkennung als Vertragspartner. So wundert es nicht, wenn die Stühlinger und Hegauer Bauern schon im Herbst 1524 wieder auseinandergingen, als ihnen ein Schiedsgerichtsverfahren zugesagt worden war.

Diese defensive Orientierung der Bewegung, die bis auf wenige Ausnahmen auch für den weiteren Verlauf gilt, war es letztlich auch, die die Bauernbewegung gegenüber den Obrigkeiten schwächte. Die erst in der zweiten Phase der Bewegung erkennbare Tendenz der Haufen, im Lande herumzuziehen und tatsächlich die Herrschaft zu übernehmen, berührte die Interessen der Landesherrschaften direkt. Sie mußten nun Gegenwehr leisten, und sie taten dies vor allem durch das Heer des Schwäbischen Bundes, eines regionalen Schutzbundes der Obrigkeiten. Aber selbst in dieser Phase der Mobilisierung der Machtdemonstration durch die Obrigkeiten blieben die Bauernhaufen defensiv orientiert. Sie ließen sich sogar in einzelnen Fällen durch gesonderte Verträge ausschalten und schwächten damit die Gesamtbewegung.

Diese Tendenz änderte sich auch nicht, als der Truchseß Georg von Waldburg – der Feldherr des Schwäbischen Bundes – mit dem Bundesheer seinen Siegeszug begann. Zur großen Überraschung errang das Heer Sieg auf Sieg gegen die gespaltenen und furchtsamen Haufen der Bauern. In Leipheim fielen tausend, in Wurzach dreihundert, bei Böblingen zweitausend, bei Königshofen zweitausend und bei Grießen im Klettgau fünfhundert Bauern, um einige oberdeutsche Zahlen zu nennen. Lächerlich kleine Heere errangen Siege über Bauernheere, die mehr als doppelt so stark waren. In der Schlacht von Frankenhausen in Thüringen fielen ca. fünftausend Bauern, nur sechshundert wurden gefangen, darunter ihr Anführer Thomas Müntzer.

Die zweifellos vorhandene Schwäche der Bauern auf dem Felde der Strategie bedeutet jedoch keineswegs, daß der bäuerliche Aufstand ohne politische Ziele gewesen wäre. Wir können bei den Bemerkungen über die neue Legitimationsgrundlage des göttlichen Rechts anknüpfen, so wie sie aus dem Evangelium hergeleitet wurde. Damit bestand die entscheidende Möglichkeit, die territoriale Begrenztheit aufzugeben: Altes Recht, das hieß Anerkennung der tradierten Spielregeln zwischen Herren und Untertanen. Göttliches Recht, das hieß, die engen Grenzen des Klosterstaats, der kleinen Grafschaft zu überschreiten und eine „Reformation" der Verhältnisse auf der Grundlage des Evangeliums anstreben. So wundert es nicht, wenn gerade in den zersplitterten Herrschaftsgebieten des Elsaß und des Allgäus, des Hochrheins und in Teilen Thüringens auf die Forderung des göttlichen Rechts zurückgegriffen wurde. In den relativ geschlossenen Territorien wie Tirol, Württemberg, Kurpfalz, Bamberg und Würzburg finden wir dagegen kaum Hinweise auf das Evangelium.

Aus dieser Orientierung am Evangelium ergab sich eine neue Hierarchie der Werte. Sie wurde angeführt vom „gemeinen christlichen Nutzen" unter allen Menschen. Konkret hieß das:

- lautere Predigt des Evangeliums und Versorgung der Prediger aus dem Ertrag der Zehnten,
- Säkularisierung der Klöster,
- Aufhebung der Leibeigenschaft,
- Rechtssicherheit und Gleichheit mit dem Adel.

Die Konsequenzen aller dieser Forderungen liefen auf eine wirtschaftliche Entlastung des gemeinen Mannes und die Autonomie der Gemeinden hinaus.

Mit der Unterscheidung, die wir schon früher zwischen den Kleinterritorien und den geschlossenen größeren Territorien vorgenommen haben, läßt sich auch das politische Programm der Bauern differenzieren. Die Untertanen der Kleinterritorien zielten auf eine überterritoriale Einung im Sinne der Eidgenossenschaft, gewissermaßen eine lockere Verbindung autonomer Gemeinden und Gerichtsbezirke mit gewählten Amtsleuten. Die andere Lösung bestand in der Bildung von bäuerlichen Landschaften, die entweder zusammen mit dem Landesherrn oder ihn gar ersetzend, die Geschicke eines Territoriums lenken sollten. Das heißt, daß die aufständischen Bauern sich die existierenden landständischen Verfassungen der größeren

Territorien durchaus als Beispiel nahmen und sie für ihre Ziele nutzten. In beiden Fällen zeigt sich, daß sich die Staatsvorstellungen der Bauern an den Verhältnissen orientierten, die im oberdeutschen Raum bereitstanden, d.h. der Einung und der Landschaft. Die nahe Schweiz erwies sich als Modell bäuerlicher Vorstellungen.

Fast alles, was man zu den „Staatsvorstellungen" der Bauern ermitteln kann, ging von der idealen Konstruktion aus, daß der Adel einer solchen neuen Ordnung zustimmen werde. Doch es gab auch Stimmen, die eine solche Hoffnung nicht hegten und deshalb über diese Neuordnungspläne in „brüderlicher Liebe" – wie es hieß – hinweggingen. Die bekannte radikale anonyme Flugschrift „An die Versamlung gemayner Pawerschafft" vom Mai 1525 weist den Untertanen ein Recht zu, sich mit dem Schwert zu bewaffnen und die ungetreue Obrigkeit abzusetzen. Ähnlich argumentierte mit Wortgewalt der radikale Prediger Thomas Müntzer in Thüringen. Es wundert nicht, daß der zeitlich letzte große Entwurf einer Neuordnung, die sogenannte Tiroler Landesordnung Michael Gaismairs, die radikalsten Forderungen aufstellte, wenn sie „ain ganze Glaichait im Land" forderte und den Landesherrn gar nicht mehr erwähnte.

Pläne, die über das jeweilige Territorium hinausreichen, finden wir nur bei Friedrich Weygandt, dem Mainzer Amtmann in Miltenberg am Main, der einen veritablen Reichsreformentwurf vorlegte. Dieser Plan wollte – wie sein Verfasser selber erklärte – vor allem die Fürsten zum Gehorsam gegenüber dem Kaiser nötigen und so, in Anbindung an den Kaiser, eine Reform des Reiches erreichen. Die Person des Kaisers – dies muß besonders betont werden – stand in allen Plänen der Bauern außerhalb jeder Diskussion.

Doch kehren wir wieder zu jenem Gesichtspunkt eines möglichen „Wendepunktes" zurück, den wir an den Beginn dieses Vortrags über den Bauernkrieg gestellt haben, um dessen Bedeutung für die nachfolgende Geschichte zu verstehen. Diese Frage nach dem möglichen „Wendepunkt" wollen wir jetzt bei der Bewertung der Folgen des Bauernkrieges wieder aufgreifen.

Befragt man die ältere Literatur über die Folgen des Bauernkrieges, ergibt sich meist ein relativ kurzes, aber trauriges Kapitel von militärischer Niederlage, Strafgeldern, Entrechtung des Bauernstandes und Verschärfung der Leibeigenschaft. Die längerfristigen Folgen lassen sich üblicherweise unter folgende Stichworte subsumieren: Sieg des Landesfürstentums, Schwächung der Gemeindeautonomie, der Bauer verfällt in „politische Apathie" (so Günther Franz), oder er tritt „von der Bühne der Geschichte ab" (so Franz Schnabel).[4]

Hier soll eine abweichende Interpretation der Folgen des Bauernkrieges versucht werden. Es stellt sich nämlich heraus, daß eine nur am kurzfristigen Erfolg gemessene Beurteilung des Bauernkrieges den Blick auf die langlebigen Wirkungen dieses Ereignisses zu verstellen droht, die uns hier vor allem interessieren.

Beginnen wir unsere Bilanz mit den meßbaren Opfern, Schäden und Strafen. Die Menschenopfer dieses Krieges werden sich bei behutsamer Interpretation aller Zahlenangaben über Menschenlebenverluste auf 70.000 bis 75.000 Tote veranschlagen lassen. Die Strafgelder sind relativ präzise zu ermitteln. Der Schwäbische Bund als der Hauptadressat der bäuerlichen Reparationsleistungen setzte hierbei vor allem die „Brandschatzung" ein, d.h. eine in Geld zu leistende Ersatzzahlung für den Verzicht der Soldaten auf ihr Recht zur Plünderung eines Dorfes oder einer Stadt. Die von den einzelnen Gemeindemitgliedern tatsächlich zu bezahlende Summe wurde von der Gemeinde selbst festgelegt, die oft genannte Summe von 6 fl. pro Kopf war eher eine Durchschnittssumme. Ungeachtet vieler Schwierigkeiten brachte der Schwäbische Bund bis 1528 immerhin die Summe von 230.000 fl. ein, womit die Ausgaben des Bundes schon überschritten wurden. Die erhebliche Belastung der bäuerlichen Gemeinden durch diese Strafgelder bedeutete allerdings angesichts der günstigen konjunkturellen Entwicklung des „langen 16. Jahrhunderts" keine dauerhafte Schwächung der bäuerlichen Wirtschaft im Aufstandsgebiet.

Für die Zeitzeugen war auch noch die politische Bewältigung

des Bauernkrieges sichtbar. Folgt man der Chronologie der Ereignisse, stoßen wir in einigen der Bauernkriegsgebiete auf vertragliche Lösungen, die einzelnen Beschwerden der Bauern Rechnung trugen. Der Renchener Vertrag vom 25. Mai 1525 und der Memminger Vertrag vom Januar 1526 sind Beispiele für diese Art der Beendigung des Aufstands. Auch verschiedene Landesordnungen, die nach dem Ende des Aufstands erlassen wurden, zeigten sich von der Absicht geprägt, den bäuerlichen Beschwerden die Spitze abzubrechen wie etwa die Tiroler Landesordnung von 1526/1532 oder die Rheingauer Landesordnung von 1527.

Die Hauptsorge aller politischen Bemühungen nach dem Bauernkrieg blieb die Verhütung zukünftiger Revolten. Aber dieses Hauptziel wollte man nicht durch stärkere Unterdrükkung erreichen, sondern man eröffnete den Weg legaler Beschwerden. In den Reichsabschied von 1526 schrieb man die Generalklausel hinein, daß die Herren ihre Untertanen so behandeln sollten, wie sie es mit ihrem „Gewissen“, „göttlichem und natürlichem Recht“ und der „Billigkeit“ vereinbaren könnten. Da die Regelung von zukünftigen Streitfällen zwischen Untertanen und Adel den fürstlichen Hofgerichten zugewiesen wurde und die Möglichkeit eines Prozesses am Reichskammergericht eingeräumt wurde, läßt sich abschließend urteilen, daß hier eine historisch bedeutsame Entwicklungsmöglichkeit eröffnet wurde, die schon im weiteren Verlauf des 16. Jahrhunderts intensiv genutzt werden sollte. Seit dem späten 16. Jahrhundert war im Reich eine Bauernrevolte ohne einen gleichzeitigen Prozeß undenkbar. In diesem Sinne wird man vom Bauernkrieg tatsächlich als einem wirklichen „Wendepunkt“ der deutschen Geschichte sprechen können.

Während wir diese politischen und rechtlichen Reaktionen auf den Bauernkrieg aufgrund der Quellenlage gut ermitteln können, fällt es schwer, die Erinnerung an den Bauernkrieg in den Dörfern, den Schlössern des Adels, den Kanzleien und in den Köpfen der Menschen ausfindig zu machen. Daß sich vor allem in den obrigkeitlichen Akten des 16., 17. und 18. Jahrhunderts immer wieder schreckerfüllte Verweise auf den Bauernkrieg finden, wird nicht überraschen. In den Köpfen der einfachen Menschen aber blieb der Bauernkrieg als epochales Ereignis haften. Im späten 16. Jahrhundert finden wir oft in bäuerlichen Zeugenaussagen den Hinweis auf den Bauernkrieg, wenn es darum ging, das eigene Alter zu bestimmen. „War ein bub im baurenkrieg" ersetzte für manchen alten Mann der zweiten Jahrhunderthälfte die genaue Altersangabe. Aber der Bauernkrieg war auch zweihundert Jahre später noch nicht vergessen, selbst in jenen Gebieten, die von ihm nicht berührt wurden. 1734 meinte ein Untertan im hessischen Gericht Staden: „Sie wüsten wohl, daß die Bauernkriege nichts nütz gewesen".[5]

Die eben zitierte Äußerung stammte von revoltierenden Bauern, die trotz ihres Wissens um die Ereignisse von 1525 den Konflikt mit ihrer Herrschaft wagten. Sie zeigt uns, daß aus der Niederlage der Bauern keine langlebige Resignation oder gar politische Apathie der bäuerlichen Untertanen abzuleiten ist. Der Bauernkrieg war vielmehr eine elementare historische Erfahrung, die Obrigkeiten und Untertanen in ihrem politisch-sozialen Verhalten tief beeinflußte und insofern Folgen zeitigte, die weit über den Horizont der Zeitgenossen hinausreichten. Er gehört tatsächlich zu den entscheidenden Wendepunkten der deutschen Geschichte.

Anmerkungen

1 L. v. Ranke, Deutsche Geschichte im Zeitalter der Reformation, II, München 1925, 165; K. Marx, Zur Kritik der Hegelschen Rechtsphilosophie. Einleitung, in: MEW 1, 1976, 386; B. Moore, Reflections on the cause of human misery and upon certain proposals to eliminate them, London 1972, 30; zuletzt R.W. Scribner, The German Peasants' War, in: S. Ozment Hg., Reformation Europe: A Guide to Research, St. Louis 1982, 121.

2 Hier zit. nach G. Franz Hg., Quellen zur Geschichte des deutschen Bauernkrieges, München 1963, 151.

3 Ebd., 147.

4 G. Franz, Der deutsche Bauernkrieg, Darmstadt 1975[10], 299, und F. Schnabel, Deutschlands geschichtliche Quellen u. Darstellungen in der

Neuzeit, 1. Teil: Das Zeitalter der Reformation (1931), ND Darmstadt 1972, 199.

5 Nach W. Troßbach, Soziale Bewegung und politische Erfahrung. Bäuerlicher Protest in hessischen Territorien 1648-1806, Weingarten 1987, 181.

Auswahlbibliographie

Blickle, P., Die Revolution von 1525, München 1993[3].

Buszello, H., Blickle, P., Endres, R. Hg., Der deutsche Bauernkrieg, Paderborn 1991[2] (gründliche kommentierte Auswahlbibliographie und Zeittafel: 353–406).

Buszello, H., Der Deutsche Bauernkrieg von 1525 als ideologische Bewegung. Mit besonderer Berücksichtigung der anonymen Flugschrift „An die Versammlung gemeiner Pawerschaft“, Berlin 1969.

Franz, G., Der deutsche Bauernkrieg, Darmstadt 1984[12].

Maurer, H.-M., Der Bauernkrieg als Massenerhebung. Dynamik einer revolutionären Bewegung, in: Bausteine zur geschichtlichen Landeskunde von Baden-Württemberg, Stuttgart 1979, 255-95.

Rosenkranz, A., Der Bundschuh. Die Erhebungen des südwestdeutschen Bauernstandes in den Jahren 1493–1517, I: Darstellung, Heidelberg 1927.

Johannes Burkhardt

Der Dreißigjährige Krieg

Wenn man die alten Chroniken liest, dann erinnert vieles an die Regionen besonderer Gewaltanhäufung in unserer eigenen Zeit. Die Medien berichteten von Zerstörungen und Massakern, Vergewaltigung und Folter, und die politisch Zuständigen schienen oft keine rechte Kontrolle über die militärischen Verbände gehabt zu haben. Kein Wunder, daß Flüchtlinge in großer Zahl sich in sicherere Gebiete oder hinter Stadtmauern zu retten versuchten, dort aber ihre Unterbringung und Ernährung und die hygienischen Verhältnisse zusätzliche Probleme bereiteten. Noch schlimmer als direkte Gewaltanwendung wirkten sich Hunger und Seuchen aus. Alle Interventionen und Vermittlungsversuche, Waffenstillstände und Teilfriedensschlüsse – allein von den letzteren mehr als ein Dutzend – haben nicht vermocht, diesen Krieg zu beenden.

Gewiß könnte auch von den gegenwärtigen Krisengebieten die Rede sein, aber es gibt – hoffentlich – einen Hauptunterschied zu aktuellen Konflikten: der historische Krieg dauerte dreißig Jahre, von 1618 bis 1648, und entsprechend nachhaltig waren die Folgen. „Durch diesen Krieg nun", so ein Chronist, „Pestilenz, Teuerung und Hungersnot, sind der Leute so wenig im Lande geworden, daß unsere Nachkommen es schwerlich glauben werden".[1] Eine breite Zerstörungsdiagonale zog sich quer durch Deutschland von der Ostseeküste bis in den Südwesten: Pommern und Mecklenburg, Mitteldeutschland und Schwaben verloren ein Drittel bis zur Hälfte ihrer Einwohner. Der Dreißigjährige Krieg war eine Katastrophe, von der sich Deutschland erst im 18. Jahrhundert erholte.

Warum das alles? Was für ein Krieg war das, der erst nach

dreißig Jahren beendet werden konnte? Was konnten seine Ursachen und Ziele sein?

Es sind viele Antworten gegeben worden, aber sie reichen zur Erklärung nicht aus. Gewiß war der Dreißigjährige Krieg auch ein Religionskrieg – der konfessionelle Konfliktstoff im Reich und in Böhmen gehört zum historischen Grundwissen, die protestantische Rettungstat Gustav Adolfs zur deutschen Mythologie, und es gibt neue Forschungen zur kriegsbegünstigenden Rolle des Reformationsjubiläums von 1617 und der Ideologie des „Heiligen Krieges“, auf die hier nur zugunsten von anderem nicht eingegangen werden kann.[2] Aber es haben doch stets auch konfessionelle Repräsentanten wie der Kurfürst von Sachsen oder Kardinal Richelieu auf der konfessionell falschen Seite gekämpft, und alle drei Konfessionen waren untereinander bündnisfähig. Religion hat, wo es paßte, die politischen Motive ideologisch verstärkt, aber, wenn nicht, selten aufgehalten; sie war gleichsam der Haupt-Nebenkonflikt in diesem Krieg, aber nicht das, worum es eigentlich ging.

Noch weniger ging es um Wirtschaft. Im Rahmen marxistischer Erklärungsrituale ist auch dieser Krieg nicht davor verschont worden, in feudalistische und kapitalistische Bestandteile zerlegt zu werden, was eine Gemengelage ergab, die so kompliziert wurde wie die Epizyklentheorie vor der kopernikanischen Wende. Inadäquatheit von Theorien! Es gereicht Jürgen Kuczynski zur Ehre, daß er die „Wende“ schon 1980 ankündigte: Es sei in einem solchen Krieg, in dem es schlicht um Macht gegangen sei, einfach sinnlos zu fragen, wer dabei „ein winziges bißchen“ fortschrittlicher als der andere gewesen sei.[3]

Die Antwort ist auch nicht einfach auf der Ebene der Personen und ihres Rechtsstandpunktes zu finden. Nicht in der Person Wallensteins, der den Historikern darum Rätsel aufgibt, weil er den Krieg, in dem er der große Macher war, selbst nicht richtig verstanden hat. Und schon gar nicht in der neuesten Legende um den Schwedenkönig, mit der die Bücher Günter Barudios ihr Publikum suchen.[4] Nein, „Gustav Adolf der Große“ – so heißt das Buch wirklich – war nicht der „libertäre“ Rechthaber, an dem die finsteren Chargen eines habsburgischen Absolutismus zuschanden wurden: Barudios Sympathie für das Reich in Ehren, aber es ist historischer Unfug, darum den europäischen Absolutismus posthum für illegal zu erklären und Rechtsstaatlichkeit und demokratischen Fortschritt ausgerechnet aus einer Kriegspartei des Dreißigjährigen Krieges abzuleiten. Das haben sie nicht verdient.

Die Antwort liegt auf der politischen Ebene, aber dort in den übergreifenden Strukturen und Prozessen. Der zentrale politische Vorgang der Frühen Neuzeit war die moderne Staatsbildung – unter diesem Schlagwort verstehen die Historiker den Ausbau der politisch-administrativen Systeme, eine Institutionalisierung, Territorialisierung und Kompetenzerweiterung von Herrschaft und Verwaltung. Und das war zugleich eine Staatenbildung (im Plural), ein Nebeneinander von Souveränitäten, das unter schweren Krisen und Erschütterungen zum modernen Staatensystem führte. Der Dreißigjährige Krieg ist auf diesem Hintergrund zu sehen: Er war der grundlegende Staatsbildungskrieg Europas. Der Berliner Politologe und Friedensforscher Ekkehard Krippendorff hat sogar die These aufgestellt, daß „Staat und Krieg“ überhaupt einen unaufhebbaren militärisch-institutionellen Zusammenhang bildeten und auch den Dreißigjährigen Krieg als Beispiel herangezogen.[5] Das ist die richtige Problematisierungsebene, aber genau betrachtet floß die Bellizität – das, was zum Krieg trieb – nicht aus der staatlichen Organisationsform an sich, sondern aus ihren historischen Entstehungsproblemen. Pubertätsprobleme sind noch keine Charakterfehler. Das wird nirgendwo deutlicher, als in diesem Prototyp eines Staatsbildungskrieges, dessen wahre Ursache nun erkennbar wird.

Worum es in Europa ging, war: die rechte Größenordnung politischer Organisation. Auf der einen Seite waren noch die alteuropäischen Vorstellungen von Großeinheiten um Christenheit, Reichstradition oder die Idee einer Universalmonarchie lebendig. Päpste, Kaiser und Monarchen konkurrierten um die Spitzenposition in diesem hierarchisch gedachten, aber locker gefügten europäischen Universalverband. Auf der anderen Seite gab es sehr viel kleinere, politisch handlungsfähige Einheiten, einen fehdefähigen Adel, sich selbst verteidigende Städte und regional organisierte Stände sowie vielfältige Abstufungen und Abhängigkeiten zwischen diesen Polen. Die frühmoderne Staatsbildung konzentrierte und monopolisierte hingegen alle politische Loyalität und Gewalt auf einer mittleren Ebene zwischen universaler und partikularer Gewalt, Staaten von mittlerer Größenordnung, die unter den gestiegenen Ansprüchen und Möglichkeiten der Neuzeit administrabel wurden. Die ersten Träger dieser Staatlichkeit aber waren die Universal- oder Partikulargewalten selbst – und hier lag das kriegstreibende Problem. Denn die Universalmächte haben ihre Superioritätsansprüche erst in einem kriegerischen Lernprozeß soweit ermäßigt, daß sie sich in das neue Konzept eines staatlichen Nebeneinander einfügten. Und die aufsteigenden ständisch-partikularen Gewalten mußten sich erst durchsetzen, meist um den Preis eines Krieges. Diese beiden konflikttreibenden Staatsbildungsprozesse haben das verursacht, was ich an anderer Stelle als „frühneuzeitliche Kriegsverdichtung" bezeichnet habe. Der Dreißigjährige Krieg aber hat diese Konfliktmöglichkeiten gebündelt und läßt sich nur so triftig erklären. Ich kann hier nur einige Hinweise auf diese anderswo ausführlich begründete Hauptthese meiner Neuinterpretation des Krieges geben.[6]

Beginnen wir mit der Staatsbildung von unten und damit mit dem Anlaß und Anfang des Krieges. Die böhmische Erhebung von 1618 war nicht so sehr Aufstand oder Revolution als eine ständisch-partikulare Staatsbildung, der kein dauerhafter Erfolg beschieden war. Die böhmische Königskrone trugen die Habsburger, aber die böhmischen Ständevertreter waren die eigentlichen Herren im Lande, die schon zuvor staatsähnliche Leistungen übernommen hatten, so die ganze Steuerverwaltung, die Militärorganisation und das Kirchenregiment. Das Königtum galt mehr und mehr als reines Wahlkönigtum, und als der neue König Ferdinand die Zügel anzuziehen versuchte, schritt man gegen die mißliebige Statthalterregierung zur Tat. Der Prager Fenstersturz war auch die handgreifliche Form eines wohlgeplanten Regierungssturzes, eine Direktorialregierung der Stände übernahm die Macht und betrieb die Errichtung eines Ständestaates. Die Sezession von Habsburg war auch eine Einungsbewegung der Landstände: Die fünf Länder Böhmen, Mähren, Schlesien, Ober- und Unterlausitz schlossen einen engeren ewigen Bund mit einer recht modernen Gesamtstaatsverfassung: die Confoederatio Bohemica. Ob die Konföderierten sich überhaupt noch einmal auf einen neuen König eingelassen hätten, wenn nicht der angesehenste Ständeführer Jan Smiriky unverhofft in jungen Jahren gestorben wäre, ist fraglich; auch als man sich aus optischen Gründen zur Neuwahl entschloß, blieb es verfassungsmäßig ein föderativer Ständestaat mit einem in seinen Rechten streng eingeschränkten Königtum von Stände Gnaden. Ein lebensfähiger Bundesstaat mittlerer Größenordnung wäre im Zentrum Europas entstanden – wenn man den zugehörigen Staatsgründungskrieg gewonnen hätte.

Wäre er vermeidbar gewesen? Wien hat nach dem Fenstersturz unter Kardinal Khlesl eine Beschwichtigungs- und Verhandlungspolitik betrieben, schon weil der Landesherr über seine Ständeheere im Konflikt mit eben diesen Ständen gar nicht verfügen konnte. Aber alle Kompromißbereitschaft in der strittigen Sache konnte doch nicht soweit gehen, die Böhmen aus dem habsburgischen Herrschaftsverband kampflos zu entlassen. Das wußten auch die Prager Staatsgründer, warben Söldner an und gingen in die militärische Offensive, um vollendete Tatsachen zu schaffen. Gestützt auf tüchtige Bundesgenossen aber gelang es der Gegenseite, ein Heer gegen Prag zu schicken und sich nach dem mißlungenen Abwehrgefecht der Böhmen am Weißen Berg 1621 der Hauptstadt der böhmischen Konföderation zu bemächtigen. Die Konföderierten wurden kriminalisiert, die meisten Regierungsmitglieder hingerichtet, und die gescheiterte Staatsbildung ging als Rebellion in die Geschichte ein. Wer hat die Kriegsschuld, wenn die Rechtsstandpunkte derart unvereinbar sind und die Ursache in einem politischen Strukturproblem liegt, das nur auf die eine oder andere Weise lösbar war: durch Herstellung eines zwischenstaatlichen Verhältnisses oder Rückkehr in den habsburgischen Herrschaftsverband?

Dieser böhmische Staatsbildungskonflikt aber war derart mit allen anderen Problemen im Reich und in Europa verknüpft, daß er auch deren kriegerische Austragung auslöste. Es kann hier nicht auf diese Verwicklungen eingegangen werden: um Ferdinand I., der als Böhmenkönig abgesetzt zum Kaiser gewählt worden war, um den fliehenden böhmischen Ständekönig Kurfürst Friedrich V. von der Pfalz und seinen Bezwinger, den Ligaführer Maximilian von Bayern, der ihm die wittelsbachische Kurwürde abnahm – das Ergebnis war eine Westverlagerung des Krieges, und damit fiel er mit einem anderen zusammen, dessen strukturelle Parallele schon damals aufgefallen ist: Für „die Ursachen der Kriege in Europa" machte eine Flugschrift ein Land ausfindig, dessen gelehrige Schüler die böhmischen Rebellen nur gewesen seien: die Niederlande.[7]

In der Erhebung der Niederlande hatte sich in der Tat das Ständewesen kleiner regionaler Einheiten schon im 16. Jahrhundert verselbständigt und modern zu verstaatlichen begonnen – die Generalstaaten sind ja eigentlich Generalstände. Gegen die spanische Zentrale setzte sich die Regionalgewalt der Provinzen durch, und es kam zu einem Spiel der Unionen und Sezessionen, das einen föderativen Staat der sieben Nordprovinzen übriggelassen hatte. Wie aber war es möglich, daß sich ein solches locker von unten nach oben aufgebautes experimentelles Gebilde gegen die stärkste Militärmacht der Zeit durchsetzen konnte? Nur um den Preis eines achtzigjährigen Krieges. 1609 hatte man den Kampf durch einen zwölfjährigen Waffenstillstand unterbrochen, 1621 lief er ab und der Krieg ging weiter. Die Niederlande aber wurden so zur Rettung ihres eigenen Staatswesens zum Zentrum der antihabsburgischen Kriegspartei: Gegen den spanischen Teil kämpfte ihr Generalkapitän Wilhelm von Oranien, gegen den deutschen finanzierten sie den Dänenkönig, dessen Intervention dem nächsten Kriegsabschnitt den Namen gab. Erst nach erschöpfendem Kampf verzichteten die Habsburger 1648 auch auf jede formelle Oberhoheit über ihre ehemaligen Provinzen. Der Dreißigjährige Krieg erscheint so wie eingerahmt zwischen der böhmischen Tragödie und diesem Happy-End einer partikulären Staatsbildung von unten und hat seine kriegerische Energie zu einem guten Teil aus dieser Konstellation bezogen.

Damit kommen wir zu dem anderen Staatsbildungsweg, der nun auch noch diesen Krieg kreuzte und ihn nicht enden ließ: den überdimensionierten Universalmächten, die ihren Anspruch zurücknehmen und sich verkleinern mußten, allen voran Habsburg; „An Österreich ist es, die ganze Welt zu beherrschen", lautete der Wahlspruch, mit dem das Haus zu Beginn der Neuzeit angetreten war – Austriae est imperare orbi universo –, und Kaiser Karl V. war dem mit seinem Programm einer Universalmonarchie tatsächlich nahegekommen. Danach mußte das Weltreich geteilt werden, aber die Hauseinheit zwischen spanischem Königtum und österreichisch-deutschem Kaisertum blieb doch erhalten und wurde unmittelbar vor dem Dreißigjährigen Krieg erneuert und bekräftigt; es gab zwar keinen Universalherrscher mehr, wohl aber eine Universaldynastie, die ihre böhmischen und niederländischen Sezessionisten gemeinsam bekämpfte. In Spanien kamen mit Philipp IV. und Graf Olivares auch ein erneuertes universalistisches Programm gegen den beginnenden Niedergang zur Macht: von der „declinación" zur alten „reputación" in den spanischen Leitbegriffen. Die dem spanischen Druck besonders ausgesetzten rheinischen Reichsterritorien bekamen das bald zu spüren und warnten ihre Mitstände, Spanien plane, sich zum Schiedsrichter über das Reich zu machen, alles unter sein Joch zu bringen und „die Monarchiam im Römischen Reich einzuführen".[8] Die spanische Militärmacht zeigte in den 1620er Jahren am Rhein und in Flandern tatsächlich noch einmal, was sie vermochte, überspannte aber ihre Möglichkeiten und verlor in ruinösen Kriegsjahrzehnten nicht nur die Niederlande, sondern den dynastischen Partner für ein Universalreich.

Die Macht, an der alles scheiterte, war Frankreich. Die Politik und „Staatsräson" Richelieus wird oft so dargestellt, als ob er die habsburgische Hegemonie bekämpft habe, um ein völkerrechtliches System souveräner Staaten an ihre Stelle zu setzen. Nichts falscher als das, er wollte Frankreich an die Stelle Habsburgs setzen. Es war nicht weniger als noch einmal ein Krieg um die Spitzenstellung in Europa zwischen dem „Katholischen“ und „Allerchristlichsten“ König – und die Titel waren in ihrem Universalitätsanspruch nicht zu überbieten. Die französischen und die spanischen Denkschriften sind denn auch zum Verwechseln ähnlich. Verlangte die Reputation des einen Königs, daß er als „Haupt der Welt“ gelte, so die des anderen, als deren „mächtigster Herrscher“ oder „Haupt der Christenheit“ angesehen zu werden.[9] Das hat man ausgekämpft, publizistisch, politisch und schließlich militärisch; in Vorkonflikten um die wichtigen Alpenpässe, in Stellvertreterkriegen und seit 1635 in offenem Krieg.

Und der Mann, den Frankreich zunächst als Kriegshelfer vorschickte, erwies sich binnen kurzem als ein dritter Universalmachtprätendent: Gustav Adolf aus dem Geschlecht der Wasa. Die wenigen, aber militärisch hochgerüsteten Schweden trugen das universalistische Erbe des Nordens in diesen Krieg: einen Großskandinavismus in Konkurrenz zu Dänemark, die polnische Tradition eines Großreiches der Wasa und die Herrschaft über die Ostsee, dieses Weltmeer des Nordens. Hinter all dem aber stand ein noch weitergehendes Konzept, der Gotizismus, die Vorstellung, daß die Schweden als Nachfolger der Goten dazu berufen seien, die Völkerwanderungsreiche wiederzuerrichten und damit auch das Erbe des Römischen Reiches anzutreten. Davon war verständlicherweise nicht die Rede, als man im Römisch-Deutschen Reich Bundesgenossen suchte – die Flugblattpropaganda beschränkte sich auf die konfessionelle Frage –, aber wer ihr immer noch glaubt, sollte in Stockholm das kurz vor dem Krieg untergegangene und heute gehobene königliche Flaggschiff besichtigen, dessen Bildprogramm eine deutliche Sprache spricht: Eine Reihe gotischer Krieger und römischer Kaiser sollte den schwedischen Löwen über die Meere tragen. Außer den politischen Verwicklungen waren das real existierende Kaisertum und die ebenfalls als Gotennachfolger auftretenden Spanier die strukturellen Gegner eines schwedischen Universalismus. Aber in der Leipziger Tiefebene, in der Gustav Adolf 1631 mit der Schlacht von Breitenfeld seinen beispiellosen Siegeszug durch das Reich begonnen hatte, kam der neue Imperator 1632 in der Schlacht von Lützen zu Tode. Das Kriegsvolk der Schweden jedoch stand im Reich und kämpfte weiter. Bis zur verlorenen Schlacht von Nördlingen 1634 versuchte Reichskanzler Oxenstierna möglichst viel von der universalen Konzeption zu retten, danach zog man sich auf Norddeutschland zurück und behielt am Ende nur einige Ostseestützpunkte.

Die Menge und Schwere des Konfliktstoffs spiegelte sich auch in der Länge der Friedensverhandlungen, die mit Vor- und Nachverhandlungen zehn Jahre in Anspruch nahmen. Das Ergebnis konnte sich sehen lassen: Der Westfälische Friede hat den Lösungsweg für das strukturelle politische Problem des Krieges gefunden und in Umrissen das künftige europäische Staatensystem vorgezeichnet. Der universale habsburgische Herrschaftsverband löste sich auf, denn der Friede des Kaisers war auch ein Sonderfriede der österreichischen Linie, die die spanische Verwandtschaft noch elf Jahre allein weiterkämpfen ließ, so daß sich neben den Niederlanden auch Österreich und Spanien als eigenstaatliche Zentren formierten. Niemand aber konnte mehr das universalistische Erbe antreten, sondern die einsichtig gewordenen Universalkandidaten erkannten sich auf ewig als gleichberechtigte Souveräne an: in Münster das habsburgische Kaisertum und die französische Krone, in Osnabrück Kaisertum und schwedische Krone.

Es gab zwar auch weiter Rückfälle in Universalismen und territoriale Abgrenzungsprobleme bei der Auseinanderdividierung der alten Herrschaftsverbände in Staaten, besonders im lothringisch-elsäßischen Raum, die zu Nachfolgekriegen führten. Auch waren die gleichsam steckengebliebenen Staatsbildungen anderer Stände ein Sicherheitsrisiko, am deutlichsten bei der verspäteten Staatsbildung Preußens, die Europa noch mitten im 18. Jahrhundert einige Kriege bescherte. Aber das Modell für die Etablierung eines gesicherten staatlichen Nebeneinanders hat der Westfälische Friede aufgestellt, die Kernmächte des Staatensystems bestimmt und alles mit durchstilisierten völkerrechtlichen Formen legitimiert. Kein Wunder, daß in allen folgenden Friedensschlüssen des Ancien Régime der Westfälische Friede stets als die eigentliche Grundordnung Europas bestätigt wurde.

Und das Reich? Was hat das alles für die deutsche Geschichte bedeutet? Nirgendwo haben sich die beiden europäischen Staatsbildungswege so antagonistisch und kriegstreibend gekreuzt wie hier. Denn mit Kaisertum und „Heiligem Römischen Reich“ verfügte die „deutsche Nation“ auf der einen Seite über den besten Rechts- und Traditionstitel einer Universalgewalt überhaupt, auf die eine durchorganisierte Staatsgewalt hätte gegründet werden können. Im ersten Kriegsjahrzehnt erlangte das Kaisertum in der Tat ein Übergewicht, das eine gesamtstaatliche Lösung von oben möglich erscheinen ließ: Es ist übertrieben, wenn man sogar von einem kaiserlichen „Reichsabsolutismus“ gesprochen hat und das noch beim Prager Frieden, aber an den kirchlichen Fragen ansetzend durchdrang die kaiserliche Gerichtsbarkeit die Territorien, und das Restitutionsedikt von 1629 hätte als kaiserlicher Machtspruch und Wiederherstellung der vom Kaiser abhängigen Reichskirche systemverändernde politische Folgen gehabt.

Auf der anderen Seite standen dem mit den Reichsständen, die im deutschen Raum je einzeln selbst ein Territorium verwalteten, auch die entwickeltsten ständisch-partikularen Gewalten Europas gegenüber bis hin zu sezessionistischen Tendenzen. Denn einzelne Territorien schlugen sich auf eigene Rechnung durch den Krieg und schlossen Bündnisse, Neutralitätsabkommen und Sonderfriedensverträge mit allen anderen Kriegsmächten. In den bilateralen Schwedenbündnissen kann man beobachten, wie der verfassungsrechtlich obligatorische Treuevorbehalt gegenüber Kaiser und Reich schon fallengelassen oder durch Gegenklauseln unterlaufen werden konnte, was die Reichszugehörigkeit in Frage stellte. Frankreich wollte gar generell ein uneingeschränktes Bündnisrecht für die deutschen Fürstenstaaten durchsetzen, was sie tatsächlich zu souveränen Staaten gemacht hätte. Beide Möglichkeiten des Staatsaufbaus standen also in einzelnen Kriegssituationen dicht vor der

Verwirklichung, aber gerade das hat auch wieder die Gegenkräfte mobilisiert und den Krieg so lange keine Ende finden lassen.

Scheidewege der deutschen Geschichte – für welchen der beiden Wege hat sich die deutsche Geschichte am Ende entschieden? Für keinen von beiden. Man versteht weder den Dreißigjährigen Krieg noch die deutsche Geschichte, wenn man nicht sieht, daß das Reich eine Entscheidung, die sein ganzes politisches System so oder so zerstört hätte, am Ende verweigert und einen dritten Weg eingeschlagen hat. Die zeitgenössische politische Theorie hat es vorgezeichnet und begleitet: Auf die Herausforderung der westeuropäischen Souveränitätslehren und Absolutismustheorien haben die einen auf die kaiserliche Allgewalt gesetzt, andere nur die Reichsstände gelten lassen, viele aber einen status mixtus oder Kompromiß für die deutschen Verhältnisse gesucht. Das war auch der Weg einer schließlich lernbereiten Politik: das Kaisertum suchte wieder die Verständigung mit den Reichsständen und ließ am Ende zu, daß sie sich in Münster und Osnabrück mitversammelten und den Friedenskongreß fast zum Reichstag erweiterten.

Die Reichsstände aber ließen sich die Landeshoheit nach innen und ein eingeschränktes Bündnisrecht bestätigen, besannen sich jedoch jenseits ihrer territorialen Interessen auch auf die Tradition ihrer solidarisch-korporativen Rechtsgemeinschaft, die nicht auf Sezession, sondern gemeinsame Mitsprache an der Reichsregierung hinauswollte. Am Ende kam es zur Wiederbelebung und zu einem Ausbau der organisatorisch-administrativen Klammern des Reiches: der Reichskreise, der Reichsgerichtsbarkeit und des Reichstages, der sich über den Aufräumarbeiten des Krieges zum immerwährenden Gesandtenkongreß und Zentrum der politischen Willensbildung institutionalisierte. Der Westfälische Friede, der so mit einer Balance zwischen universalen und partikularen Regelungen den Krieg beenden konnte, wurde denn auch ausdrücklich zu einem Grundgesetz der deutschen Reichsverfassung erhoben.

Zu einem Macht- und Einheitsstaat ist das Reich damit nicht geworden, und die Historiker des 19. und frühen 20. Jahrhunderts haben es darum so nachhaltig als ein überholtes Staatswesen auf Abruf denunziert, daß die historisch interessierte Öffentlichkeit bis heute noch kaum gemerkt hat, daß dies eine ganz unzeitgemäße, in der Forschung längst erledigte[10] und weder der damaligen Sehweise noch unseren Normen entsprechende Ansicht ist. Nicht nur, daß der gefundene Kompromiß von 1648 noch 150 Jahre gültig blieb – länger als alle nachfolgenden Verfassungen und politischen Systeme in Deutschland –, sondern hier sind auch die Weichen gestellt worden für die föderativen und defensiven Normen, die fortan die besseren Abschnitte der deutschen Geschichte geprägt haben. So ist der Weg des Kompromisses, der das Reich aus einer scheinbar unlösbaren Konstellation dieses Staatsbildungskriegs herausgeführt hat, auch ein Weg mit Zukunft geworden.

Anmerkungen

1 Aus der Minckschen Chronik, vgl. J. Burkhardt, Der Dreißigjährige Krieg, Frankfurt 1992, 236.

2 R. Bireley, The Thirty Years War as Germany's Religious War, in: K. Repgen Hg., Krieg und Politik 1618–1648, München 1988, 85–106. Vgl. Burkhardt, Dreißigjähriger Krieg, 128–178.

3 J. Kuczynski, Geschichte des Alltags des deutschen Volkes, I: 1600–1650, Köln 1983[2], 92.

4 G. Barudio, Gustav Adolf der Große, Frankfurt 1982[2]; ders., Der Teutsche Krieg 1618–1648, Frankfurt 1985.

5 E. Krippendorff, Staat und Krieg. Die historische Logik politischer Unvernunft, Frankfurt 1985.

6 Burkhardt, Dreißigjähriger Krieg, 30-125.

7 H.C. Frhr. v. Friedensburg, Wolmeinende Erinnerung von der Behauptung des Königs und Fürsten Stands, auch Ursache der Kriege in Europa, o.O. 1620, 10.

8 Kurköln an Bayern, 4. Juni 1628, zitiert bei J. Kessel, Spanien und die geistlichen Kurstaaten am Rhein während der Regierungszeit der Infantin Isabella (1621-1633), Frankfurt 1979, 255; vgl. 289 und 334.

9 Zitate: Burkhardt, Dreißigjähriger Krieg, 43.

10 Vgl. besonders die Arbeiten von K. O. Frhr v. Aretin, W. Dotzauer, H. Duchhardt, H. Neuhaus, V. Press, B. Roeck, W. Schulze und A. Schindling, vgl. die Literatur bei J. Burkhardt, Frühe Neuzeit, 16.–18. Jh., Königstein 1985, Kap. 7 (verbess. Neuauflage im Druck).

Auswahlbibliographie

Burkhardt, J., Der Dreißigjährige Krieg, Frankfurt 1992.
Langer, H., Der Westfälische Frieden. Pax Europaea und Neuordnung des Reiches, Berlin 1994.
Parker, G., Der Dreißigjährige Krieg, Frankfurt 1987.
Reese, A., Pax sit Christiana. Die westfälischen Friedensverhandlungen als europäisches Ereignis, Düsseldorf 1988.
Repgen, K. Hg., Krieg und Politik 1618–1648, München 1988.
Schormann, G., Der Dreißigjährige Krieg, Göttingen 1985.

Bernd Sösemann

Die Kommunikations- und Medienrevolution

Die religiösen Auseinandersetzungen gaben dem 16. und 17. Jahrhundert ihr besonderes Profil. Der Bogen spannt sich von der Reformation über die Erneuerung der katholischen Kirche bis zur Neuordnung der deutschen und europäischen Verhältnisse im Westfälischen Frieden. Doch die Geschichte der beiden Jahrhunderte ist mehr als nur eine „Epoche konfessioneller Kämpfe". Denn in dieser Zeit überlagert sich eine Vielzahl unterschiedlicher Prozesse.

In den letzten Jahrzehnten hat die Geschichtswissenschaft für die Übergangszeit zum 16. Jahrhundert zweierlei hervorgehoben. Erstens: Der Renaissancehumanismus hat nicht allein für die Geisteswissenschaften außerordentlich viel geleistet, sondern auch für die Naturwissenschaften. Und zweitens: In dem einsetzenden Prozeß der Entstehung des frühneuzeitlichen Staates kommt der öffentlichen Kommunikation eine hohe Bedeutung zu. Dieses Urteil wird in erster Linie mit dem Hinweis bekräftigt, daß der Buchdruck und die von ihm ausgegangenen vielfältigen Impulse und Herausforderungen das gesellschaftliche und politische Leben tiefgreifend verändert haben. Die Möglichkeit, mit beweglichen Lettern relativ günstig drucken zu können, hat in der Folge so viele Lebens- und Wirkungsbereiche erfaßt, ist so intensiv anregend für die materiellen und intellektuellen, kulturellen und politischen Entwicklungen gewesen, daß von einer „Kommunikations- und Medienrevolution" gesprochen werden kann.

Revolution soll hier als die Summe komplexer gesellschaftlicher Vorgänge verstanden werden, die bruchartig oder zumindest in kurzer Zeit zu erheblichen qualitativen Umgestaltungen führen. Gemeint sind Vorgänge in Politik und Wirtschaft,

Militär und Kultur, die parallel ablaufen und sich wechselseitig stark beeinflussen.

Die Verwendung dieses Revolutionsbegriffs ist unserem Thema und seiner Bedeutung im welthistorischen Prozeß durchaus angemessen. Denn der Blick auf die Evolution des Menschen läßt drei Kommunikationsrevolutionen hervortreten – sieht man einmal von der Entwicklung der Sprache und der Höhlenmalerei ab. Erstens die Erfindung der Schrift, zweitens die des Buchdrucks mit beweglichen Metall-Lettern und drittens der Einsatz elektronischer Übertragungstechniken.

Die allgemeinen Überlegungen zum Revolutionsbegriff und zur welthistorischen Dimension unseres Themas lassen sich nicht ohne vier speziellere Vorklärungen abschließen. Sie betreffen die geographische Reichweite der Kommunikations- und Medienrevolution, die politisch-ideologisch motivierten Behinderungen der Prozesse, das rechte Verständnis der Schlüsselbegriffe und die Forschungssituation.

Die Kommunikations- und Medienrevolution des 16. und 17. Jahrhunderts ging zwar von Deutschland aus, doch war sie in keiner Phase lediglich ein nationales Ereignis. In den beiden uns vorrangig interessierenden Jahrhunderten, zwischen 1450 und 1650, hat sich die Erfindung Gutenbergs rasch über ganz Europa verbreitet. Die neuartigen Medien ergriffen damals wie ein Lauffeuer eine rasch wachsende europäische Leserschaft. Die Flugschriften und besonders die leichter verständlichen illustrierten Flugblätter waren die publizistischen „Sturmtruppen“, der Reformation.

Doch zugleich mit der Bemerkung über die Dynamik dieser Entwicklung ist die nur geringfügig verzögert einsetzende und dann so gut wie nie wieder eingestellte Behinderung bücherpolizeilicher Art zu nennen. Kirchliche und weltliche Institutionen versuchten mit wachsendem Nachdruck sowie mit zunehmend erhöhten Mitteln und verbesserten Organisationen, die sich unkontrolliert verbreitenden mißliebigen Schriften zu unterdrücken. Eine unreglementierte öffentliche Kommunikation mußte ihre Publikations- und Interpretationsprivilegien gefährden. So gab der Erzbischof von Mainz 1485 zu bedenken: „Wer wird einfältigen und gelenkten Menschen und dem weiblichen Geschlecht ... zugestehen, daß sie daraus [aus einer gedruckten Bibel] einen richtigen Sinn lesen".[1] Als Prohibitivmittel bot sich die Zensur an. Doch ist „Zensur" ein Sammelbegriff. Er umfaßt eine Vielzahl von mehr oder weniger tauglichen Verbotsvorschriften und Konfiskationspraktiken. Dem horizontalen Informationssystem stand damit alsbald ein weitgehend vertikales, hierarchisch aufgebautes, präventiv und repressiv agierendes Kontrollsystem gegenüber.

Die verwendeten Schlüsselbegriffe müssen interpretiert werden. Unser heutiges Verständnis von „Öffentlichkeit" oder „Zensur" entspricht dem der Frühen Neuzeit lediglich in äußerst engen Grenzen. Auch das Wort „Zeitung" hat einen mehrfachen Begriffswandel durchgemacht. Eine „zeytung aus Cöln" bedeutet im 16. Jahrhundert eine einzelne Nachricht aus dieser Stadt. Das uns vertraute Medium „Zeitung" ist damit nicht gemeint. Der „gemeine Mann" – darunter sind selbstverständlich auch Frauen und Laien zu verstehen – rückte in jener Zeit zum Adressaten der neuen Medien auf. Der „Leser" einer Flugschrift ist damals nicht selten gleichzeitig der „Verkünder": als „Vorleser" in einem kleineren oder auch in einem größeren Kreis, in der Familie, auf dem Markt oder in der Kirche.

Und das „Private" ist schließlich ebensowenig mit dem identisch, was heute darunter zu verstehen ist. Es mangelte im 16./17. Jahrhundert an einer klaren Abgrenzung zur ursprünglichen Bedeutung des „Öffentlichen". Ursprünglich war „öffentlich" alles, was „staatlich" war, also gerade nicht jedermann offen stand und keinesfalls allgemein zugänglich war. Es fehlte sowohl diesem Verständnis von „öffentlich" wie auch dem des 16./17. Jahrhunderts noch das herausragende gesellschaftliche oder vielmehr das aufklärerische Moment: die kritische Resonanz. Diese Qualität erhält das Wort erst im Verlauf des 18. Jahrhunderts. Darauf ist noch genauer einzugehen.

Es liegt bislang keine Gesamtdarstellung zu der „Kommunikations- und Medienrevolution" im 16. und 17. Jahrhundert vor. Sie hätte die zentralen Fragen nach der Rolle und Bedeutung der Medien in einem vielgestaltigen Kommunikationsprozeß zu beantworten.

In den beiden hier interessierenden Jahrhunderten wird dieser Prozeß von konfessioneller und politischer Pluralisierung ebenso mitbestimmt wie von einer zunehmenden sozialen Differenzierung innerhalb der dörflichen Gemeinde und einer marktorientierten, zunehmend großräumiger agierenden Wirtschaft. Es sind zahlreiche Untersuchungen zur Frühgeschichte des Buchdrucks, des Zeitschriftenwesens, der Zeitung und der Pamphletistik vorgenommen worden; es gibt auch etliche Monographien und handbuchartige Überblicke zu isoliert stehenden Problemen und einzelnen Medien. Dabei fällt auf, daß Fragen zur Zensur, Propaganda oder zu den vielfältigen Mechanismen der Informations- und Pressebeschränkungen häufiger behandelt, die zu Autor und Leserschaft oder zu den öffentlichen Wirkungen am stärksten vernachlässigt wurden. Eine kommunikationshistorisch angelegte Darstellung und Untersuchung hat von Grundlagen und Entwicklungen, Zusammenhängen und Wirkungsmächtigkeiten auszugehen, die hier systematisch aufgeführt werden sollen.

Vier Themenbereiche der Kommunikations- und Medienrevolution sind vorrangig zu beachten:

1. Der Wandel der Verbreitungs- und Kommunikationsstrukturen: Es sind die technischen, wirtschaftlichen und finanziellen Voraussetzungen der Kommunikations- und Medienrevolution darzustellen.
2. Die Informationskontrolle und Zensur: Damit soll auf die staatlichen, gesellschaftlichen und presserechtlichen Grundlagen dieser Veränderungen verwiesen werden.
3. Kirche, Bildung und allgemeine Kultur: Sie sind uns mit Blick auf die Öffentlichkeit der Information und auf das Publikum hin bedeutsam. Denn es geht uns um die Medien, ihren Inhalt und ihre Funktionen sowie um die Rezeptions- und Wirkungsformen in einer besonderen Lesewelt.
4. Die interpretativen Perspektiven der Kommunikations- und Medienrevolution und ihrer Leitmedien Buch, Flugschrift und Zeitung zu Beginn der Frühen Neuzeit.

Am Anfang stand Johannes Gutenberg. Mit einem gewissen Pathos läßt sich formulieren: „Auf seine Erfindung gründet sich fast die gesamte Überlieferung des Wissens und der Literatur." Denn auch alle Spekulationen des Amerikaners Marshall McLuhan über das Ende der „Gutenberg-Galaxis" und der Übergang zum Lichtsatz und digitalen Satz können über eine Tatsache nicht hinwegtäuschen: Strenggenommen geht es auch weiterhin unverändert um Gutenbergs „Methode, identische Einzelbuchstaben zu Worten, Zeilen und Seiten zu fügen und davon Drucke in einer relativ großen Auflage herzustellen". Ganz zu schweigen davon, daß die Druckqualität und die typographische Schönheit des ersten Buchs, der 42zeiligen Bibel von 1553, bis heute nicht übertroffen werden konnte.

Aus der Biographie Gutenbergs kennen wir immer noch zu wenig. Um seine Person, seine Erfindung – kam es dazu in Straßburg oder in Mainz? – und um sein Wirken rankt sich ein schwer zu entwirrendes Geflecht von Legenden, Ausschmükkungen und Vermutungen. Das Geburtsjahr dürfte um 1400 liegen; Gutenberg starb am 4. Februar 1468. Zu den in jüngster Zeit diskutierten Fragen gehört die Ansicht, daß die um mehrere Jahrhunderte ältere Kenntnis des Bücherdrucks mit metallenen Lettern in Ostasien Gutenbergs Erfindung beeinflußt habe. Die sachlichen Parallelen sind zwar auffällig, doch weiß man weder Genaueres über die Wege noch Präzises über die Formen der Vermittlung.

Die Gutenbergsche Druckpresse mit beweglichen Lettern beschleunigte den Herstellungsprozeß eines Buches erheblich. Erstmals ließ sich ein Werk in hoher Auflage verbreiten. Die Setz- und druckvorgänge bei diesen „Wiegendrucken" (Inkunabeln) liefen aber noch reichlich schwerfällig ab. Die Handdruckmaschine wurde erst zu Beginn des 19. Jahrhunderts durch die Zylinderdruckpresse des Friedrich König ersetzt. Die Druckleistung konnte verachtfacht werden. Obwohl anfangs das Tagwerk eines Setzers kaum mehr als eine Seite betrug, konnten die Druckwerke ungleich kostengünstiger als Handschriften produziert werden. Der Drucker verschaffte sich gegebenenfalls das nötige Kapital vorab. Er war gleichzeitig noch Buchbinder und Verleger. Damals verkaufte er die Werke sowohl direkt als auch an sogenannte Buchführer in den Städten oder schickte sie mit dem Trödlerkarren – auf denen das Geistige selten vorherrschte – übers Land. Der Autor erhielt übrigens bis ins 18. Jahrhundert hinein kein Honorar, sondern Freiexemplare. Einen Urheberschutz gab es nicht.

Bis in die zweite Hälfte des 16. Jahrhunderts hinein lag der Schwerpunkt des Druck- und Verlagsgewerbes in den Kulturzentren Süddeutschlands. Nürnberg und Augsburg standen an erster Stelle; Frankfurt am Main wurde schnell zum Hauptmesseplatz. Das Papier besserer Qualität kam anfangs sämtlich aus Italien. Seit der Mitte des 17. Jahrhunderts entwickelte sich Leipzig zu einem neuen Zentrum.

Im übrigen Europa verlief die Entwicklung in ähnlichen Formen. Doch erschließen sich dem genaueren Blick charakteristische Unterschiede zwischen den einzelnen Staaten und Regionen.

Damit komme ich zum zweiten Themenbereich, dem der Informationskontrolle und Zensur. Denn die Abweichungen resultieren in einem nicht unerheblichen Umfang aus den jeweiligen staatlichen, gesellschaftlichen und presserechtlichen Eigentümlichkeiten. In Großbritannien läßt sich nicht die für Deutschland, Italien oder Frankreich beschriebene Konzentration auf religiöse Schriften feststellen. Bis 1500, dem Ende der Inkunabelnzeit, mangelte es an englischen Bibel-Drucken. Auf einer anderen, ungleich wichtigeren Ebene, der verfassungsrechtlichen und gesetzlichen, spielte Großbritannien jedoch bis zur Mitte des 17. Jahrhunderts keine Sonderrolle. Wie das Druckwesen sogleich zu einem gesamteuropäischen Thema wurde, so geschah es auch mit der Informationskontrolle und der Zensur.

Bereits 1486 wurde in Deutschland für das gesamte Bistum Mainz eine Zensurkommission geschaffen. Wenige Monate später folgte eine päpstliche Zensurverordnung. Sie war die erste einer stattlichen Folge, die ihren ersten Höhepunkt 1564 fand. Mit dem „Index librorum prohibitorum“ schuf sich die Kirche ein auf dauerhafte und umfassende Nutzung angelegtes

Verzeichnis sämtlicher verbotener Bücher. Dieser Index war vierhundert Jahre (bis 1966) in Kraft. Dem Papst ging es dabei nicht allein um kirchlich-konfessionelle Themen im engeren Sinn und damit lediglich um die Reinhaltung des Glaubens, sondern in nahezu gleichem Maß um allgemeine moralische und politische Werte. Ein Strafkatalog gehörte konsequenterweise dazu. Die Präventivzensur, die Vorprüfung der zum Druck vorgesehenen Texte, schrieb ein kaiserliches Edikt von 1521 vor. 1594 richtete der Reichstag als zentrales Kontrollorgan die „Kaiserliche Bücherkommission" in Frankfurt ein; seit 1653 gehörte die Zensurpflicht des Kaisers zur Wahlkapitulation. Zu bestrafen waren seither alle Autoren, Drucker und Händler, deren Schriften geeignet schienen, Unruhe, Mißtrauen und Streit hervorzurufen. In der Praxis dehnte sich nicht nur in Deutschland die Zensur schnell vom kirchlichen auf den weltlichen Bereich aus. Reichsrechtliche Bestimmungen – die sogenannten Reichsabschiede und Reichspolizeiordnungen – erweiterten und verschärften in der Reformationszeit die Unterdrückung jeglicher Kritik an Kirche, Papst, Kaiser und Landesherren.

Nun wäre aber die Folgerung falsch, daß derartige Bestimmungen zu einer lückenlosen, also erfolgreichen Überwachung der Drucke und zu einer leistungsfähigen Informationskontrolle führten. Allein schon die Fülle der überlieferten reichs- und landesrechtlichen Zensurbestimmungen sowie die Kontroll- und Sanktionsverschärfungen weisen auf Mängel der Verfahren hin. Außerdem ist zu bedenken, daß weder das politisch und konfessionell zersplitterte Reich noch die einzelnen Territorien über die zentralen Institutionen und über die lokalen Exekutivorgane verfügten, um in der Breite wirksam zu werden. Erschwerend kam beim Aufspüren und Verfolgen von Verstößen hinzu, daß die Drucker bis 1570 nicht einmal verpflichtet waren, sich auf dem Titelblatt zu nennen. Auch erschienen Schriften und Broschüren selbst unverfänglicher Thematik anonym.

Im englischen und französischen Zentralstaat fiel dagegen die Zensur effektiver aus. Unter Heinrich VIII., Maria Stuart und Elisabeth I. perfektionierte man das System in drei Stufen: 1529 erschien die erste Liste verbotener Bücher; 1557 zwang man die Standesorganisation der Drucker, die „Stationer's Company", zur Selbstzensur, und 1586 erweiterte man dieses Reglement so sehr, daß es bis kurz vor der Revolution von 1640 funktionierte. Die enge Verknüpfung von Lizenzvergabe und laufender Kontrolle hatte es effektiv werden lassen. Die englischen Revolutionäre aber hatten keineswegs im Sinn, Pressefreiheit herzustellen. Sie waren sich im Gegenteil einig darin, daß „irregular printing" nicht zugelassen werden dürfe und favorisierten eine gemäßigte Zensur durch eine neue Behörde. Dagegen richtete sich öffentlicher Widerspruch und eine an das Parlament adressierte berühmt gewordene Flugschrift. Der Dichter John Milton publizierte sie unter dem Titel „Areopagitica". Sie ist „die erste große abendländische Verteidigung der Pressefreiheit".[2] Jeder Mensch müsse für sich selbst die Wahrheit suchen dürfen, lautete Miltons Credo, und durch eine ungehinderte öffentliche Diskussion könne dieses anspruchsvolle Ziel am besten erreicht werden.

Die Zeitgenossen folgten Milton nicht. Erst die französischen Revolutionäre entdeckten ihn knapp anderthalb Jahrhunderte später wieder.[3] Nach den Erfahrungen der Französischen Revolution konnte in Europa der Gedanke eher nachvollzogen werden, daß eine unbeschränkte öffentliche Diskussion mehr voraussetzt als lediglich die Beseitigung der Zensur. Neben der Presse- und Redefreiheit muß Informationsfreiheit gewährleistet sein. Des weiteren muß die rechtliche Absicherung mit einem klaren Rechtsweg für Konfliktfälle und die Aufhebung wirtschaftlicher Beschränkungen gegeben sein. Denn oft engten eine besondere Steuergesetzgebung oder der Konzessionszwang die Pressefreiheit ein. Und schließlich ist es nötig, über Schul- und Bildungseinrichtungen zu verfügen, die einen selbstverantwortlichen Umgang mit weitgehend unabhängigen Medien überhaupt erst ermöglichen. Damit rückt das Publikum ins Blickfeld. Aus der Behandlung der Drucktechnik und der Möglichkeit einer massenhaften Streuung von ungewichteten Informationen entsteht ein zwar informiertes, aber noch kein unterrichtetes, um nicht zu sagen: noch kein belehrtes Publikum.

Spätestens jetzt haben wir uns deshalb um die Öffentlichkeit der Information und um das Publikum zu bemühen und daher um „Kirche, Bildung und allgemeine Kultur". Die Kirche ist an erster Stelle zu nennen, weil sie die auch öffentlich am stärksten wirkende Macht war und weil ihr umfassender Autoritätsanspruch die Auseinandersetzungen nachhaltig geprägt hat. Mit der Reformation treten nicht nur erhebliche institutionelle, wirtschaftliche und die Glaubensinhalte betreffende Veränderungen ein, sondern auch ein Wandel in der öffentlichen Vermittlung. Nunmehr verbreiten das gedruckte Flugblatt und die Flugschrift oder auch die als Holzschnitt vervielfältigte Karikatur Nachrichten europaweit – seien es die Berichte über die Konflikte zwischen den Religionsparteien oder über die Religionsgespräche von bislang eher lokaler Bedeutung. Da die attackierte Kirche, die weltliche Autorität und ihre Mitstreiter, ja sogar die Polemik gegen die Vieldruckerei sich ebenfalls der Drucker bedienten, um ihre Politik und Position öffentlich zu rechtfertigen, können wir aus einer Flut derartiger Schmach- und Schmähschriften die Massenwirksamkeit dieser Medien ablesen. Der schwedische König Gustav II. Adolf bediente sich auf seinen Feldzügen einer mitreisenden Druckerei für Flugschriften.

Die Auflagen schwankten zwischen mehreren hunderten und tausenden von Exemplaren. Grundlegende Traktate wie Luthers „Sendbrief vom Dolmetschen" oder „An den christlichen Adel teutscher Nation" erlebten zahlreiche Neuauflagen und etliche Raubdrucke, so daß vermutet werden darf, daß sie in einer Größenordnung von mehreren Zehntausenden verbreitet waren. Wer kaufte und las sie? Konnten sie überhaupt von einer größeren Bevölkerungszahl gelesen werden? Genaue Zahlen sind nicht überliefert. Die Fähigkeit zu lesen, also nicht nur das mühsame und umständliche Buchstabieren, war nicht einmal in Städten oder wirtschaftlich gut gestellten Regionen stark verbreitet. Die Forschung rechnet für Mitteleuropa mit einem Durchschnittswert von höchstens 2 bis 3 Prozent; in großen Städten dürfte die Zahl gelegentlich auch einmal 25 Prozent leicht überschritten haben. Eine deutliche qualitative Veränderung – eine Art „Leserevolution" – zeichnete sich in Westeuropa zu Beginn, in Deutschland gegen Mitte des 18. Jahrhunderts und in Osteuropa erst viel später ab.

Die Ansichten der Kontroverstheologien und die Inhalte populär gehaltener religiöser Schriften waren aber deutlich stärker in der Bevölkerung verbreitet. Das ist gut zu erklären, da die Texte nicht nur privat vorgelesen und offiziell bzw. öffentlich verlesen wurden, sondern weil sich das damalige Publikum auch durch die besondere Eigenschaft des Zuhören-Könnens auszeichnete. Illiteraten, ja sogar Analphabeten konnten sich daher an den Diskussionen beteiligen. Das Gros der stark verbreiteten Flugschriften behandelte religiöse Themen. Anders als in den Büchern fehlte das gelehrte Latein. Wie auf den Flugblättern bedienten sich die Autoren der Volkssprache, bemühten sich um Bildkraft und Verständlichkeit im Stil und in der Gestaltung. In diesen Flugblättern – sie waren überwiegend illustriert – herrschte nicht das Kirchlich-Religiöse vor, sondern das Sensationelle in seinen Spielarten. Hier finden sich das Kalb mit zwei, drei Köpfen; der blutrote, mit Symbolen geschmückte Abendhimmel, der abnorm gestaltete Mensch, eine Wundertat oder die großen Brände, Fluten, Kriege, Mordtaten.

Mit dem Beginn des 17. Jahrhunderts trat ein weiteres Druckmedium auf, das ebenfalls zu einem Massenmedium werden sollte: die Zeitung. Ihre zeitgenössischen Namen, „Aviso", „Avisen" oder „Relationen", gehen auf Vorgänger gleichen Namens im 16. Jahrhundert zurück. Mit ihnen läßt sich das neue Medium des 17. Jahrhunderts aber nur bedingt vergleichen. In der vorangegangenen Zeit hatte man unter den Bezeichnungen Zeitung, Avisa, Relation lediglich einzelne Daten- und Nachrichtenzusammenstellungen verstanden: In erster Linie fertigte man sie damals für Kauf- und Geschäftsleute, ließ sie in entsprechenden „Korrespondenz"-Lokalitäten handschriftlich vervielfältigen und an die Kunden in unregelmäßiger Folge per Post versenden – diese verkehrte etwa wöchentlich zwischen den größeren Städten.

Anfang des 17. Jahrhunderts dehnten sich der Käuferkreis und der Inhalt aus durch den Übergang zu einem Medium neuen Typs. Unter den alten Namen „Aviso" und „Relationen" sind zwei gedruckte Zeitungen nachweisbar. Sie erschienen im Jahr 1609 in Wolfenbüttel und in Straßburg: Damit liegt ein periodisch erscheinendes Medium vor. Es ist durch eine zurückhaltende Kommentierung, einen relativ hohen Grad von Aktualität und „Universalität" in der Thematik charakterisiert. Nachrichten wurden zu diesem Zweck systematisch gesammelt, zumeist ungegliedert aneinandergereiht, gedruckt, an Abonnenten, aber auch frei verkauft. Der Herkunftsort der Nachricht, der Überlieferungsweg und der Grad der Authentizität sind in den Meldungen mitunter überraschend akribisch angegeben. Als Beispiel sei eine Meldung vom 28. September 1609 aus dem „Aviso" zitiert.[4] Es wird darin von Bauarbeiten auf der Prager Burg berichtet: Das Pflaster habe man aufgegraben und die Zufahrt blockiert. Zu der offiziellen Erklärung des Hofes, es handle sich lediglich um Brunnenarbeiten, stellt die Zeitung kommentierend und aus anonymer Quelle zurückhaltend berichtend fest: Mit der offiziellen Verlautbarung werde nur das „gemeine Volck ... beredt", also in die Irre geführt. Denn wie „ein fürnehme Person bey Hoff, welche täglich umb I.M. ist / bericht, so sollen I.M. gar schwerlich zu Bett schwach liegen / unnd das gepolter von fahren unnd reiten nicht gedulden können / es wird aber gar in geheim gehalten / Unnd tregt man die Speisen ... / wie sonsten zur Tafel".

Den Übergang von der handschriftlichen zur gedruckten Zeitung war kommunikationstechnisch und konzeptionell ein großer Schritt. Vom Zeitgenossen wurde er dennoch nicht als Sensation empfunden. Es war ein ökonomisch motivierter Schritt, „dieweil es mit dem Abschreiben mühsam Zugangen / unnd viel Zeit darmit Zugebracht werden müßen". Doch vergrößerte sich jetzt das Publikum erheblich, und es änderten sich Anspruch und Funktion des Mediums durch die höhere Bedeutung von Aktualität, Universalität sowie durch die praktizierte Periodizität. Die 1682 erstmals auftretende wissenschaftliche Zeitschrift – es waren die Leipziger „Acta eruditorum" – widmete sich zwar ihren Themen ebenfalls periodisch, doch beschränkte sie sich dreifach. Sie war lateinisch geschrieben, gab der Aktualität keinen Vorrang und behandelte nur Spezialgebiete. In Leipzig waren es die „Taten der Gebildeten", wenn man den zitierten lateinischen Titel einmal wörtlich übersetzt.

Von eher unterhaltendem Charakter war ein anderes Blatt, diesechs Jahre früher gegründeten „Johann Frischen[s] Erbauliche Ruh-Stunden". Der Altonaer Pastor und Gelegenheits-Redakteur gab moralisch-pädagogischen Anekdoten und Erzählungen größten Raum. Alle frühen Zeitschriften zeigen bereits die zwei Charakteristika dieses Kommunikationsmittels: Sie wollen nicht lediglich erfassen, „was der Tag zuträgt", sondern das Substantielle eines Themas, ja einer Epoche reflektieren, und sie beabsichtigen, vorrangig die bereits „Wissenden" anzusprechen.

Abschließend sollen die interpretativen Perspektiven der Kommunikations- und Medienrevolution zu Beginn der Frühen Neuzeit bedacht werden.[5]

Versteht man die frühneuzeitliche Gesellschaft auch als kommunikatives Handlungssystem, dann hat der Druck mit beweglichen Metall-Lettern weltweit eine Revolution ausgelöst. Das Buch und die Flugschrift zählten im Europa des 16./17. Jahrhunderts zu den Leitmedien und damit zu den tragenden Elementen dieses Systems. Die Zeitung verwies als „neues Medium" auf die kommende Zeit mit den Prinzipien Aktualität, Universalität, Periodizität.

Mit der Verbreitung des Gedruckten und seiner Rezeption entstand in einem säkularen Prozeß eine neue Öffentlichkeit. Das spätmittelalterliche Verständnis von „öffentlich" als „staatlich", als nicht für jedermann offen, wird zugunsten eines neuen Bildes von „öffentlich" aufgegeben. Nunmehr war Öffentlichkeit der Adressat von Informationen, die von verschiedenen Medien für das Publikum verbreitet wurden.

Das Druckwesen schaffte sich ein neuartiges Publikum. Die neue Technik ließ den Teilnehmerkreis für die öffentliche Kommunikation wenigstens prinzipiell unbegrenzt sein. Das

Publikum wurde des weiteren durch die wachsende Volkssprachigkeit verändert, durch eine langsam zunehmende allgemeine Bildung und durch eine schnell wachsende thematische Breite des Vermittelten. Nicht erst am Ende dieser Entwicklungen artikulierte sich die Auffassung von der Höherwertigkeit des Gedruckten vor dem Erzählten.

Das Druckwesen förderte das Vordringen nicht-verbaler Kommunikationsformen im öffentlichen Bereich, zwang alle Beteiligten am Prozeß der öffentlichen Kommunikation, sich dieses Mittels zur Herrschafts- bzw. Autoritätssicherung zu bedienen. Das Gedruckte wurde zum Legitimierungsinstrument und trat damit seinen Siegeszug auf der Bahn der Buchstabengläubigkeit an.

Dennoch darf der Hinweis auf die enorme Publikumsnachfrage nach Büchern, Flugschriften und Zeitungen nicht zu dem irrigen Schluß führen, daß diesen Medien die höchste Wirkung im Kommunikationsprozeß zugesprochen werden müsse. Allein schon die weiterhin starke Analphabetenquote sollte davor bewahren, die Wirkungsmächtigkeit des Gedruckten zu überschätzen. Auch die Leitmedien sind zwar wichtige, aber doch nur Teile komplexer Kommunikationsabläufe. In der Frühen Neuzeit kam dem Mündlichen und dem Visuellen, aber auch der symbolischen Handlung weiterhin eine außerordentliche Prägekraft zu.

In unserer Zeit wird die Bedeutung des Druckwesens und auch des Buches eher noch wachsen. Alphabetische und elektronische Kultur-Fronten stehen sich nicht unversöhnlich gegenüber.

Anmerkungen

1 A. Kapr, Johannes Gutenberg. Persönlichkeit und Leistung, ND Frankfurt 1987, 305, Anm. 5.

2 J. Wilke, Pressefreiheit, Darmstadt 1984, 7.

3 A. Söderhjelm, Le Régime de la Presse pendant la Révolution Française, 2 Bde., Genf 1971.

4 W. Schöne Hg., Der Aviso des Jahres 1609, Leipzig 1939; das Zitat findet sich im „Aviso" Nr. 39 (11. Oktober 1609).

5 Zu diesen interpretativen Perspektiven vgl. u.a. H.G. Göpfert Hg., Buch- und Verlagswesen im 18. Jahrhundert, Berlin 1977; G. Barber und B. Fabian Hg., Buch und Buchhandel in Europa im 18. Jahrhundert, Hamburg 1981; N. Luhmann, Soziale Systeme. Grundriß einer allgemeinen Theorie, Frankfurt 1984; E. Schön, Der Verlust der Sinnlichkeit oder Die Verwandlungen des Lesers. Mentalitätswandel um 1800, Stuttgart 1987.

Auswahlbibliographie

Bellanger, C. u.a. Hg., Histoire Général de la Presse Française, Paris 1969.

Engelsing, R., Der Bürger als Leser. Lesergeschichte in Deutschland 1500–1800, Stuttgart 1974.

Harms, W. Hg., Deutsche illustrierte Flugblätter des 16. und 17. Jahrhunderts. Kommentierte Ausgabe in mehreren Bänden, Tübingen 1985 ff.

Köhler, H. J. Hg., Flugschriften als Massenmedium der Reformationszeit, Stuttgart 1981.

Schneider, F., Pressefreiheit und politische Öffentlichkeit. Studien zur politischen Geschichte Deutschands bis 1848, Neuwied 1966.

Schottenloher, K., Flugblatt und Zeitung, München 1922.

Siebert, F. C., Freedom of the Press in England 1476–1776. The Rise and the Fall of Government Control, Urbana 1952.

Heinz Reif

Von der Stände- zur Klassengesellschaft

„Alles ist beweglich geworden oder wird beweglich gemacht; und in der Absicht ..., Alles zu vervollkommnen, wird Alles in Frage gezogen, bezweifelt, und geht einer allgemeinen Umwandlung entgegen. Die Liebe zur Bewegung an sich, auch ... ohne ein bestimmtes Ziel, hat sich aus den Bewegungen der Zeit ergeben."[1] Friedrich von Ancillon, preußischer Minister und Kronprinzenerzieher, formulierte 1828 die Erfahrung seiner Zeit: Veränderung nicht in diesem oder jenem Bereich der Gesellschaft, sondern in allen Lebenssphären zugleich; die „Geschichte selbst" war in Bewegung geraten, in eine Bewegung zunehmender Beschleunigung. Was das Ziel dieser Bewegung anging, so sahen viele Standesgenossen Ancillons allerdings klarer als der konservative Minister.

Der märkische Gutsherr Achim von Arnim schrieb 1817 an seinen Freund Jakob Grimm: „Amerika und daß da kein Adel ist, gefällt der Zeit wohl. In unserm Lande hat man ohne Widerspruch des Adels ihm alle Rechte bis auf den Titel ‚von' genommen; ... der Geldadel hat die Grundeigenthümer der alten Zeit gestürzt, die adlichen Häuser in Berlin und Königsberg sind jetzt im Besitze von Kaufleuten und Juden."[2]

Noch dramatischer die Klage seines pommerschen Standesgenossen Ernst von Bülow-Cummerow in den 1830er Jahren: „Wenn heute jemand Schornsteinfeger ist, morgen Rittergutsbesitzer, und übermorgen den Pfarrer ernennt, so ist dies nicht passend ..., ich spreche davon, was alle Tage der Fall ist, daß gewöhnliche Wirtschaftsinspektoren, Schulzen, Müller, Schumacher, sogar Scharfrichter ... Rittergutsbesitzer werden."[3]

Während die beiden ostelbischen Adligen „die zersetzenden Kräfte der städtischen Geldmacht" anklagten, registrierte im fernen preußisch gewordenen Westfalen das Edelfräulein Annette von Droste-Hülshoff sarkastisch die Entwertung der adligen Standesverbindungen als Mittel der Ämterbeschaffung: „'s ist schändlich, wie jetzt alles so ordentlich und regelrecht geht; nicht mal Generale und Minister können ihren Kindern mehr ein tüchtiges Avancement machen; da war es vor Zeiten besser, wo man seine Günstlinge gleich mit der vorläufigen Bestallung in der Tasche abschickte, die nur unterzeichnet werden durfte."[4]

In polemischer Verzeichnung, aber in treffender Bestimmung der Kernelemente des Wandlungsgeschehens um 1800 hat Friedrich A.L. von der Marwitz 1836 seinerzeit die Diagnose gestellt: „Es fing nun ... die Revolutionierung des Vaterlandes an, der Krieg der Besitzlosen gegen das Eigentum, der Industrie gegen den Ackerbau, des Beweglichen gegen das Stabile, des krassen Materialismus gegen die von Gott eingeführte Ordnung, des Nutzens gegen das Recht, des Individuums gegen die Familie, des Wissens und eingebildeten Talents gegen Tugend und ehrenwerten Charakter."[5]

Der Adel beklagte den Verlust seines Rangs, seiner einst unangefochtenen Vorzugsstellung, seine verlorengegangene Selbstgewißheit und Orientierungssicherheit. Man kann als Ursachen dieser Umbruchserfahrung ein ganzes Bündel eng miteinander verknüpfter Wandlungsprozesse dingfest machen: Die Bevölkerung wuchs seit der Jahrhundertmitte schnell und stetig. Kommerzialisierung und Rationalisierung steigerten Produktivität und Produktion des Agrarbereichs. Die Landwirtschaft sicherte die Ernährung der wachsenden Bevölkerung und gab gleichzeitig noch Arbeitskräfte an die entstehende Industrie und die Städte ab. Auf mittlere Sicht verschwand eine grundlegende Erfahrung des Alten Reichs: die zyklische Wiederkehr gravierender Hungerkrisen. Das Netzwerk der Marktbeziehungen expandierte enorm; die Produktion von Landwirtschaft und Gewerbe, auch der Handel wurden arbeitsteiliger, der Austausch von Waren intensiver. Freie Produktion, freie Boden-, Kapital- und Arbeitsmärkte wurden politisch durchgesetzt und entfalteten ihre wirtschaftliche wie soziale Dynamik. Neue Berufs- und Besitzgruppen bildeten sich aus; vor allem aber wuchs, erkennbar am neuen Reichtum, die Macht des mobilen Kapitals. Im politischen Bereich beschleunigte sich die Zentralisierung aller Herrschaftsbefugnisse bei Monarchie und Staat, die Effektivierung zentraler Herrschaftspraxis durch staatliche Bürokratie und Fachbeamtenschaft. Von größter Bedeutung für die Auflösung der alten Welt war schließlich auch die forcierte Erosion religiöser Weltdeutungen durch fortschreitende Säkularisierung und neue innerweltliche, fortschrittsoptimistische, aufklärerische Orientierungsmuster.

Natürlich waren die Veränderungen schon seit langem unterwegs; aber sie beschleunigten sich an der Jahrhundertwende unverkennbar. Die Hauptmotoren der Bewegung: innere Staatsbildung, Durchsetzung der Marktwirtschaft und soziale Differenzierung, liefen nun auf vollen Touren. Und die großen, „unerhörten" Ereignisse dieser Jahre katapultierten den Wandel ins Bewußtsein der Zeitgenossen, die ihn schnell als irreversibel erkannten: Das galt für die Französische Revolution, aber auch für die „Reformen von oben" in Preußen und in den rheinbündischen Staaten, für die Entmachtung und Enteignung der katholischen Adelskirche in der Säkularisation von 1803, für die Aufhebung zahlloser Fürstenstaaten und Ritterherrschaften in den Mediatisierungen von 1803 und 1806, nicht zuletzt auch für das Ende des jahrhundertealten „Heiligen Römischen Reiches Deutscher Nation" im Jahre 1806.

Der Adel klagte seit jeher; aber nun beklagte er nicht mehr einzelne Verluste. Die ordnungspolitischen Leitformeln, die von der Marwitz in provozierender, polarisierender Absicht einander gegenübergestellt hatte, sollten einen teifgreifenden gesellschaftlichen Umbruch, einen Epochenwandel belegen. Marwitz sah unterhalb der vielen konkreten Veränderungen den Umschlag in den Grundbedingungen sozialer Ungleichheit: Das hergebrachte Muster, nach dem im Alten Reich Lebenschancen und Lebensrisiken auf die verschiedenen Bevölkerungsgruppen, die Stände, verteilt worden waren, änderte sich fundamental, wurde ausgetauscht. Für das neue Muster aber gewannen Kriterien der Marktwirtschaft und des wirtschaftlichen Erfolgs, daneben auch das Prinzip der individuellen, durch Prüfung und Bewährung in der Konkurrenz erwiesenen Fachleistung, zentrale Bedeutung. Das betraf alle Zeitgenossen; aber der Adel war diejenige Gruppe, derjenige „Stand", der die alte Welt, die „ständische Gesellschaft", am ausgeprägtesten repräsentierte; er war der „ständischste" aller Stände und damit zugleich der größte Verlierer der neuen Entwicklung.

In der Sprache hatte sich dieser Umschlag schon lange angekündigt. Seit dem 17. Jahrhundert verlor der Begriff des Standes im alltäglichen Sprachgebrauch, aber auch in den Definitionen der Schriftsteller und Philosophen, zunehmend an Klarheit und Sicherheit. Immer häufiger trat ein anderes Wort neben ihm auf, das ihn auf längere Sicht ersetzen sollte: Klasse. Klasse erschien als Konkurrentin überall dort, wo Sachverhalte zu bestimmen waren, die nach ständischen Ordnungsprinzipien nicht mehr angemessen erfaßt werden konnten: zum Beispiel bei der Stufung der Staatssteuern nach Vermögen und Einkommen oder bei der Ordnung des immer schneller sich ausdifferenzierenden Spektrums von Berufen. Die Kernbedeutung des Klassenbegriffs trat dabei immer deutlicher hervor. Der Hauptakzent lag auf der ökonomischen Leistungsfähigkeit der Individuen und deren Bedeutung für Staat wie Allgemeinwohl, für individuelle wie allgemeine Glückseligkeit, für Volk wie Nation.

Die Kameralisten, frühe Vertreter einer Staatswirtschaft, haben im Absolutismus, und das war so neu wie langfristig umwälzend, dieses wirtschaftlich-funktionale Ordnungsdenken auf den Weg gebracht. Sie lösten sich von dem älteren, kirchlich und ständisch definierten Konzept des Allgemeinwohls als „guter Ordnung", setzten an seine Stelle das rein innerweltliche Ziel des Wachstums von „Nahrungen" und Reichtum im Staat, bewerteten die Bevölkerungsgruppen und ihre Tätigkeiten neu, nämlich nicht nach ihrem ständischen Wesen, sondern nach dem, was „dem Lande und Publikum" nützlich war. Nutzen, Leistung und Funktion des einzelnen im Prozeß der allgemeinen Reichtumssteigerung, das waren kameralistische Kriterien, die quer zu den Prinzipien und zum Deutungskonzept des Standes lagen. Es war lediglich die Konsequenz aus solchen Gegenkonzepten gegen die alte Ständewelt, wenn der Schriftsteller Carl Friedrich Bahrdt 1789, alles Ständische umwertend, ganz nahe an den Prinzipien der Französischen Revolution, kühl konstatierte: „Der Bürger und der Landmann machen die beiden ehrwürdigen Volksklassen aus, in welchen allein die Quellen des Reichtums und der Stärke einer Nation enthalten sind.“[6]

Der Adel, der alte, bewußt nicht-arbeitende Stand der Herrschaft und des Kampfes, war in diesem Modell zur „nutzlosen Volksklasse“ herabgesunken. Die Diagnose des von der Marwitz vermied 1836 zwar die Gegenbegriffe Stand und Klasse; ihre Leitformeln erfaßten gleichwohl treffend den von Bahrdt angesprochenen Umschlag in den Grundbedingungen sozialer Ungleichheit, der zeitgenössisch, von Gewinnern wie Verlierern, als Übergang vom Stand zur Klasse, und noch grundlegender als Übergang von der Stände- zur Klassengesellschaft begriffen und benannt worden ist.

Marx und Engels haben den Klassenbegriff dann historisch wie systematisch als Gegenbegriff zum Stand entwickelt. Die Historiker hielten lange Zeit an den zeitgenössischen Leitbegriffen Stand und Klasse, ständische Gesellschaft und Klassengesellschaft fest, orientierten sich dann aber im Bemühen um tragfähige historisch-sozialwissenschaftliche Begriffe zunehmend an der flexibleren Begrifflichkeit Max Webers. Weber sah in Ständen und Klassen zwei unterschiedliche Weisen der Verteilung von Lebenschancen, welche jeweils eigene Systeme sozialer Ungleichheit erzeugten. Als Kernmerkmal ständischer Lage bestimmte Weber, zeitgenössisch gesprochen, den Anspruch einer Gruppe auf Ansehen, auf eigene distinguierende „Ehre“. Dieser Anspruch wird in einer Ständegesellschaft artikuliert und abgesichert durch eigenes Recht, einen spezifischen Anteil an der politischen Herrschaft, eine bestimmte Form des Erwerbs und eine darauf gegründete eigene Form der Lebensführung. Diese vier Faktoren geben einem Stand nach Weber seine Einheit. Sie liefern den Standespersonen die Mittel, Bedeutung und Anspruch ihres Standes (und ihrer selbst) in einem System offen akzeptierter Verteilungsungleichheit wirkungsvoll zu repräsentieren.

„Marktbedingte Klassen" sind demgegenüber ein Ergebnis ausgeprägt kapitalistischer Marktgesellschaften. Sie gewinnen ihre Einheit aufgrund typischer Gemeinsamkeiten der Besitz- und Leistungsverwertung auf dem Markt, genauer: auf Boden-, Waren-, Geld- und Arbeitsmärkten. Weber unterschied Besitz-, Erwerbs- und Berufsklassen. Nicht die Zugehörigkeit zu einem Stand, sondern die ungleichen Möglichkeiten, auf dem Markt tätig zu werden, Marktchancen zu nutzen, bestimmen nun, nach der Auflösung der ständischen Gesellschaft, die Lebenschancen des einzelnen, seine Lage im neuen System sozialer Ungleichheit. Gleiche Lage auf dem Markt bedingt gleiche Interessen; und diese Interessen werden zum Ausgangspunkt und Motor neuer Gruppenbildung: der Klassen. Rechtliche Abschottungen sind dazu ebensowenig erforderlich wie gruppenspezifische Herrschaftsrechte oder religiöse Legitimationsformen. Auch die Einheit der gruppenspezifischen Lebensform, in der Ständegesellschaft von zentraler Bedeutung, verliert in den Klassengesellschaften zunehmend an Gewicht. Die ständische Symbolik wird allen zugänglich und schließlich ausverkauft.

Kehren wir nach diesem historisch-theoretischen Exkurs wieder zum Adel um 1800 zurück. Von der Marwitz beklagte in seiner Schrift zwar einen Umbruch von der Stände- zur Klassengesellschaft. In Wirklichkeit aber vollzog sich dieser Wandel als ein langwährender, komplizierter Übergang mit zahlreichen Fortschritten, aber auch gravierenden Rückschlägen und bedeutsamen bleibenden „Überhängen" der alten Gesellschaft. Der Wechsel von der Stände- zur Klassengesellschaft kann nur als ein grundlegend historischer Prozeß erfaßt und dargestellt werden, der in jedem Lande anders verlief. Erst die Kenntnis des konkreten Verlaufs dieses säkularen Prozesses erschließt wichtige Einsichten in die Eigenart deutscher Geschichte des 19. und 20. Jahrhunderts. Nur an einem begrenzten, aber bedeutsamen Teilbereich dieses Prozesses, an der Geschichte des preußischen Adels im beschleunigten Wandel der Jahrhundertwende, kann hier ein Einblick in diesen äußerst komplexen Wandlungsprozeß vermittelt werden. Auf welchen Wegen, wie schnell und wie weitgehend wandelte sich dieser Adel vom Stand zur Klasse?

Die im Mittelalter entstandene Selbstbeschreibung der feudal-ständischen Gesellschaft unterschied als „Drei-Stände-Lehre“ den Wehr-, den Lehr- und den Nährstand, also Adel, Geistlichkeit und die Bauern, die als abhängige Produzenten die Ernährung der beiden von Arbeit entlasteten „Vorderstände“ sicherten. Mit dem Aufkommen der Städte, mit Handel und Gewerbe, begann dann die zahlenmäßige Erweiterung und dynamische Berufsdifferenzierung des dritten Standes, die letztlich das ständische Deutungskonzept sprengen sollten. Auch in der Frühen Neuzeit behielt dieses Modell einer funktional-hierarchischen Verknüpfung dreier großer Gesellschaftsgruppen, trotz erheblichen Wandels, viel von seiner Plausibilität und Wirkung. Die ungleiche Verteilung von verfügbaren Lebenschancen, die man als prinzipiell knapp und extrem krisengefährdet empfand, wurde nicht grundsätzlich in Frage gestellt. Sie galt den meisten als „gerecht“, weil sie der ungleichen Bedeutung der drei Stände im ständischen Funktionszusammenhang entsprach. Sie war sichtbarer, bewußt akzeptierter Teil einer von Gott glücklich gefügten Ordnung, in welcher sich Ungleichheit mit sozialer Harmonie verband. Die Kritik an diesem Modell hielt sich lange Zeit in Grenzen; denn angesichts ständiger Krisen, beunruhigender Mobilität und stetiger Zunahme der unter- wie außerständischen Schichten war das Denken und Handeln der meisten Menschen auf Rangbehauptung in diesem Ungleichheitssystem, auf die Verteidigung der Lebenschancen, die man ständisch gesichert hatte, ausgerichtet. Die Aufmerksamkeit jedes Standes galt primär der Verteidigung und weiteren Ausarbeitung des eigenen Rechts, der eigenen Lebensform und der eigenen Symbolwelt. Jede Standesperson – und am bewußtesten wie ausgeprägtesten die adlige – repräsentierte mit diesen Mitteln sichtbar ihren Ranganspruch, den Ranganspruch ihres Standes und die gesamte ständische Ordnung. Alle Wahrnehmung, alle Selbstäußerung, alles Verhalten war darauf ausgerichtet.

Vielfalt und Dichte dieser ständischen Profilierung lassen sich nur andeuten. Im Kern der adelsständischen Regelwelt standen adliger Grundbesitz und adliges Haus. Das Rittergut und die Einkünfte aus der Grundherrschaft, Abgaben und Dienste der Bauern, legten das Fundament für alle Herrschaftsaufgaben, aber auch für standesgemäße Lebensführung und Ämterchancen aller Familienmitglieder. Ein eigenes, adliges Ehe- und Erbrecht sicherte Stabilität und Kontinuität dieses Besitzes. Im lokalen Bereich begründeten Gerichts- und Polizeirechte, Kirchen- und Schulpatronat, Produktionsmonopole und Zwangsrechte (z.B. das Recht, das bäuerliche Korn zu vermahlen) eine starke Herrschaftsstellung. Zahlreiche Zugangsrechte und herrschaftsstabilisierende Vermeidungsregeln schlossen sich an: der privilegierte Zugang zu hohen Ämtern der Kirche, des Hofes und des Staates, der Ritterorden und Offizierskorps, aber auch der Zugang zu den Landtagen; das Recht auf privilegierten Gerichtsstand, auf standesgemäße Strafformen und Strafmaße, auf eigene, staatsfreie Regelung von Ehrkonflikten zwischen Standesgleichen durch Duelle und Schiedsgerichte, das Verbot standesungleicher Ehen und (einfacher) bürgerlicher wie bäuerlicher Gewerbe; Freiheit von Steuern, Militärpflicht und Einquartierung. Schließlich und nicht zuletzt das rechtlich abgesicherte Monopol auf eine ganze Welt von Herrschafts- und Vorrangsymbolen: Titel, Anredeformen und Vortrittsregelungen; Wappen, Siegel und Stammbäume; Waffen-, Kleidungs- und Aufwandprivilegien; eigene Logen und Bänke in der Kirche, im Theater und in den Hörsälen der Universität; Familienbegräbnis in der Kirche, Kirchengebet, Trauer- und Freudengeläut bei entsprechenden Familienanlässen. Diese Reihe ließe sich leicht weiter fortsetzen. Der Edelmann sei, sagt Goethe im Wilhelm Meister, durch die Darstellung seiner Person alles; er dürfe und solle scheinen.[7]

Diese Betonung des Äußeren war in der ständischen Welt keineswegs reine Äußerlichkeit. Der Schein, das „symbolische

Kapital der Ehre", bezog sich letztlich auf die Sicherung sehr konkreter Lebenschancen im ständischen System sozialer Ungleichheit. Und je flüssiger dieses System unter absolutistischer Politik wurde, desto intensiver das Bemühen der Stände um Abschottung und Distinktion gegenüber etwaigen Konkurrenten. Den „Pflichten und Rechten des Adelsstands" mußte selbst das aufklärerisch inspirierte preußische Allgemeine Landrecht von 1794 noch 100 Paragraphen einräumen.[8] Aber diese Festschreibung signalisierte schon überdeutlich die Defensive, in welche der Adel als Stand durch die Fortschritte von Marktwirtschaft und Staatsbildung geraten war.

Die schrittweise „Pluralisierung der Ständewelt" hatte auch die adlige Standesposition angegriffen, nicht zuletzt deren Fundamente auf dem Lande und in den staatlichen Ämtern. Der adlige Gutsbesitz, das Rittergut war, trotz aller Verkaufsverbote, zur marktgängigen Ware geworden, wanderte, von Marktkonjunktur und Güterspekulation erfaßt, Schritt für Schritt zu bürgerlichen Käufern. Als Achim von Arnim seine Zeitklage erhob, waren in der Kurmark schon 10 bis 15 % aller Rittergüter in der Hand von Bürgerlichen. Den staatlichen Großgrundbesitz, die Domänen, bewirtschafteten durchweg bürgerliche Beamte oder Pächter. „Ein Drittel des preußischen Großgrundbesitzes wurde schon von Bürgern bewirtschaftet."[9] Auf zwei selbständig wirtschaftende adlige Ritter kam auf dem Lande so immerhin schon ein bürgerlicher Großgrundbesitzer oder Pächter. Und der Trend war weiter steigend. Der Ritterstand, dem Kommerziellen seit langem durchaus nicht abgeneigt, geriet stärker als je zuvor in den Sog von Geldwirtschaft und Agrarkapitalismus. Eine marktbedingte, adlig-bürgerliche Großgrundbesitzerklasse, eine Erwerbsklasse von Agrarunternehmern, erschien am Horizont einer nicht allzu fernen Zukunft.

Im Bereich der adligen Ämter bot sich, trotz aller auch hier wirksamen Adelsschutzpolitik, ein ähnliches Bild der Auflösung. Das wirksamste Mittel des konkurrierenden Bürgertums, Vorzugsansprüche des Adels im Staatsdienst zurückzudrängen, war die Propagierung allgemein verbindlicher, bürokratischer

Auswahlprinzipien: Fachleistung, erworben in allgemein zugänglicher formeller Ausbildung, nachgewiesen durch Prüfung, regelmäßige Kontrolle und Bewährung in der Leistungskonkurrenz. Staatsbeamte und auch Offiziere sollten frei zugängliche arbeitsmarktbedingte Klassen werden.

Die preußischen und rheinbündischen Reformen, die der Adel „Revolution" nannte, haben die vielfältigen Tendenzen zur Auflösung der geburtsständischen Korporationen – und der Ständegesellschaft insgesamt – aufgenommen, eine Neuordnung konzipiert, den Weg zur Staatsbürger-, Markt- und Klassengesellschaft rechtlich geebnet. Das Dickicht der ständisch verregelten Welt wurde beträchtlich gelichtet. Doch blieb dem Adel, hier muß Achim von Arnim energisch widersprochen werden, weitaus mehr als das bloße „von" erhalten. Die ständischen Besitz- und Berufsschranken fielen. Individuelles Profitstreben, Fachleistung und der Markt sollten nun dafür sorgen, daß adlige Ämter zu allgemein zugänglichen Berufen, adliges Land zur freien Landwirtschaft, adliger Boden zur Ware und Profitquelle wurden. Der Markt sollte den besten Boden zum besten Wirt, die Beamten- und Offiziersstellen an den qualifiziertesten Bewerber bringen. Die Reformen, früh gebremst und durch adlig-monarchische Gegenwehr verwässert, zeitigten aber letztlich ein äußerst zwiespältiges Ergebnis. Zwar wurde die freie Wirtschafts- und Berufsgesellschaft irreversibel auf den Weg gebracht. Aber zugleich verzögerte und verzerrte sich die preußische Entwicklung im Politischen.

Den Kern dieser Verzerrung erschließt ein Blick auf die Neubildung der Provinzialstände von 1823. Zum entscheidenden Kriterium der Verteilung politischer Rechte wurde hier in bewußter Rückorientierung der Grundbesitz erhoben. Die modernen Besitz- und Erwerbskriterien, mobiles Kapital, Fabrikbesitz, Bildung und Leistung, blieben als solche unberücksichtigt. Die Rittergutsbesitzerschaft wurde zwar als offene, jedem über den Bodenmarkt zugängliche Besitz- und Erwerbsklasse der großen Grundeigentümer konzipiert. Doch blieben dieser neuen Großgrundbesitzerklasse zahlreiche Privilegien der altständischen Zeit erhalten. Und den dominierenden Kern dieser marktbedingten Klasse stellten weiterhin die adligen Gutsbesitzer. Ihr feudales Landeigentum war von den Agrarreformern nur wenig reduziert worden; und zugleich profitierten sie am meisten vom Verfahren wie vom konkreten Verlauf der Besitzregulierung. Die Anpassung an die Bedingungen der bürgerlichen Wirtschafts- und Leistungsgesellschaft wurde ihnen sehr leicht gemacht. Mit ihrer ökonomischen Erholung verband sich zudem eine gezielte soziale wie psychische Stabilisierung durch eine neue, unverfrorene, monarchische Politik der Adelsrestauration.

Die Revitalisierung des alten, großgrundbesitzenden Adels als Stütze des Throns vollzog sich schnell und durchgreifend. Der adlige Kern der offenen Rittergutsbesitzerklasse schluckte relativ problemlos, ohne gravierende politische und kulturelle Auswirkungen, die bürgerlichen Aufsteiger in den Großgrundbesitz: Großpächter, höhere Beamte, Bankiers und Großkaufleute. Die gerade erst freigesetzte marktbedingte Klasse wurde im Interesse konservativer Stabilisierung gleich wieder in ein stark ständisch geprägtes Korsett gezwängt. Die Dynamik der freien Märkte, die Leistungsgesellschaft der Individuen und Staatsbürger, wurde in ihren sozialen wie politischen Konsequenzen früh wieder eingefangen. Dies war ein exemplarischer, folgenreicher Vorgang, der in anderen staatsnahen Führungspositionen, vor allem in der höheren Beamtenschaft und im Militär, in ähnlicher Weise ablief. Die säkulare Dynamik des Übergangs von der Stände- zur Klassengesellschaft wurde an der Jahrhundertwende in Preußen – auf der Ebene der Führungsschichten – kurzzeitig beschleunigt, früh gebremst und dann konsequent restaurativ umgebogen. Die dramatisierende Prognose des Freiherrn von der Marwitz stieß, zu seiner und seiner Standesgenossen Erleichterung, ins Leere. Aber die bleibende Stärke des Adels wie der altständischen Traditionen war fortab ein schwieriges, belastendes Erbe, das die preußisch-deutsche Geschichte auf dem Weg in die moderne Welt zu tragen hatte.

Anmerkungen

1 F. Ancillon, Die Vermittlung der Extreme in den Meinungen, 2 Teile, Berlin 1828 u. 1831, Teil 1, 192.
2 A. v. Arnim u. J. u. W. Grimm, Bearb. R. Steig, Stuttgart 1904, 364 (Brief Arnims, Wiepersdorf, 3. 1. 1817).
3 E. v. Bülow-Cummerow, Preußen, seine Verfassung, seine Verwaltung, sein Verhältnis zu Deutschland, Berlin 1842.
4 Die Briefe der Annette von Droste-Hülshoff, Hg. K. Schulte-Kemminghausen, 2 Bde, Darmstadt 1968, I, (Brief an Elise Rüdiger vom 1. 9. 1839).
5 F. A. L. v.d. Marwitz. Ein märkischer Edelmann im Zeitalter der Befreiungskriege, Hg. F. Meusel, Berlin 1908, I, 492.
6 C. F. Bahrdt, Handbuch der Moral für den Bürgerstand, Halle 1789, 12.
7 J. W. v. Goethe, Wilhelm Meisters Lehrjahre, 5. Buch, 3. Kapitel.
8 H. Hattenhauer Hg., Allgemeines Landrecht für die Preußischen Staaten 1794, Frankfurt 1970, 2. Teil, 9. Titel, § 1– § 100.
9 H.-U. Wehler, Deutsche Gesellschaftsgeschichte, I, München 1987, 151.

Auswahlbibliographie

Gall, L., Von der ständischen zur bürgerlichen Gesellschaft, München 1993.

Kocka, J. Hg., Max Weber, der Historiker, Göttingen 1986.

Koselleck, R., Preußen zwischen Reform und Revolution, Stuttgart 1975[2].

Reif, H., Westfälischer Adel 1770–1860, Göttingen 1979.

Oexle, O.G. u.a., Artikel: Stand/Klasse, in: O. Brunner u.a. Hg., Geschichtliche Grundbegriffe, VI, Stuttgart 1990, 155–284.

Wehler, H.-U., Deutsche Gesellschaftsgeschichte, I: Vom Feudalismus des Alten Reiches bis zur Defensiven Modernisierung der Reformära, 1700–1815; II: Von der Reformära bis zur industriellen u. politischen „Deutschen Doppelrevolution", 1815–1845/49, München 1987; III: Von der „Deutschen Doppelrevolution" bis zum Beginn des Ersten Weltkrieges 1849–1914, München 1987/95.

Wolfram Siemann

Die Revolution von 1848/49

Wer an die deutsche Revolution von 1848/49 denkt, wird gewiß ein bestimmtes Bild aus seinen Schultagen vor Augen haben: Es zeigt in der Bildmitte die hochaufragende Paulskirche in Frankfurt am Main. In einer langen Reihe bewegt sich der Zug der Abgeordneten auf das Eingangsportal zu. Dem feierlichen Anlaß gemäß sind die frisch gewählten Volksvertreter in Frack und Zylinder gekleidet. Turner stehen Spalier. Das Militär hält sich in gebührendem Abstand. Mit diesem Bild werben nicht selten auch Bücher auf ihren Schutzumschlägen für das Thema der 1848er Revolution. Eines etwa trägt den Titel „Deutschlands große Hoffnung". Hier wird die Frankfurter Nationalversammlung zum Inbegriff für den Versuch, ein geeintes deutsches Reich unter freiheitlicher Verfassung herzustellen, ja sogar zum Inbegriff der Revolution überhaupt.

Ein solches Bild enthält in suggestiver Weise eine Geschichtsdeutung. Es legt nahe, im Bürgertum den Träger der Revolution zu erkennen. Es habe im gemeinsamen Aufbruch nach den Turbulenzen der Märztage Einheit und Freiheit erstreiten wollen – in langen Parlamentsdebatten um eine Reichsverfassung. Es habe schließlich einen Kaiser gewählt – den preußischen König Friedrich Wilhelm IV. –, aber dieser habe die Krone verschmäht, und so sei die Revolution gescheitert. Damit gehen einher Vorurteile von dem angeblich unpraktischen Professorenparlament. Alles bekommt das Etikett einer „bürgerlich-demokratischen Revolution".

Die Geschichtsforschung des letzten Jahrzehnts hat dieses Bild gründlich erweitert und revidiert. Der folgende Beitrag soll mit einigen neuen Erkenntnissen und Fragen vertraut machen. Als sich die Nachricht von einer Revolution in Paris Ende Februar 1848 in Deutschland auszubreiten begann, folgte hierzulande eine Kette revolutionärer Ereignisse. Die Aktionen gewannen eine eigene Dynamik, und den Zeitgenossen erschien die Märzrevolution wie ein gewaltiges politisches und gesellschaftliches Beben – spontan, allgegenwärtig, bedrohlich für die einen, voll der Hoffnung für die anderen. Der zurückblickende Historiker hat im Gegensatz zu den Zeitgenossen die Chance, Abstand von dem Sog der Ereignisse zu gewinnen. Er kann das Geschehen zergliedern, um seiner Dynamik genauer auf die Spur zu kommen. Es hat sich inzwischen bewährt, zur Analyse verschiedene Handlungsebenen zu unterscheiden. Es sind insgesamt deren fünf: erstens die Basisrevolution, zweitens Presse und Vereinswesen, drittens die Parlamente, viertens die Ministerien und fünftens das Militär als wichtigste Säule fürstlicher Gewalt.

Die Basisrevolution umfaßte die spontanen Volksbewegungen. Sie meldete sich zu Wort auf den Straßenbarrikaden in Wien und Berlin, auf Protestversammlungen vor Rathäusern und Residenzen. Ganze Dorfgemeinschaften zogen im deutschen Südwesten vor die Schlösser ihrer adligen Standesherren. Volksversammlungen proklamierten aus ihrer Mitte die „Märzforderungen": Grundrechte, ein deutsches Parlament, Schwurgerichte und Volksbewaffnung. Hier auf den Straßen und Plätzen, in den Wirtshäusern und Festhallen waren alle sozialen Schichten der Bevölkerung zu sehen; hier waren sozialrevolutionäre Forderungen zu hören; hier bekundeten die ländlichen und städtischen Unterschichten ihren lang angestauten Unmut.

Man kann geradezu von einer Fundamentalpolitisierung der Bevölkerung sprechen. Selbst die Zeitgenossen nahmen diesen Vorgang verwundert wahr, wenn etwa die Breslauer Zeitung am 23. März 1848 berichtete, es sei „etwas ganz Gewöhnliches, Männer aus der untersten Klasse des Volkes, ja selbst Frauen über politische und sociale Fragen so klare und gesunde Ansichten entwickeln zu hören, als wenn sie darüber jahrelange Studien gemacht hätten".

Die neuere deutsche Revolutionsforschung hat – im Anschluß an englisch-amerikanische Vorbilder – besonders den sozialen Protest als revolutionäre Triebkraft entdeckt. Sie hat die Bedeutung bäuerlicher Unruhen, Aufstände und Aktionen freigelegt. Bauern, Knechte, Tagelöhner und das Gesinde auf dem Lande trugen zu etwa einem Drittel zu den Aktionen bei. Die angeblich bürgerlich-demokratische Revolution war in ihrer Frühphase zu einem Drittel Agrarrevolution! Freilich teilte die Landbevölkerung mehrheitlich noch nicht die politischen Ziele des Bürgertums. Manche verstanden unter „Preßfreiheit" nicht die Freiheit des gedruckten Wortes, sondern die Freiheit, nicht gepreßt zu werden und die bisherigen Zwingherren einmal selbst zu pressen. Aber neuerdings ist man besonders im Schlesischen und Hessischen auch bürgerlich-bäuerlichen Allianzen auf die Spur gekommen. Teile der ländlichen Bevölkerung begannen über den begrenzten Horizont ihres Dorfes hinaus politisch zu denken.

Der Anteil städtischer Unterschichten umfaßte ein weiteres Drittel: Handarbeiter, Lehrlinge, Gesellen, verarmte Handwerker, Eisenbahn- und Fabrikarbeiter beteiligten sich an diesen Aktionen, unter anderem während der Streiks im April, dann aber auch beim Maschinensturm in der Dampfschiffahrt und beim Eisenbahnbau. Blickt man auf die Opfer der Barrikadenkämpfe in Berlin, Frankfurt und Wien, auf die Verwundeten und Toten, dominierten auch hier die kleinen Handwerker, die Gesellen und Lehrlinge. Eine jahrzehntealte Krise des Handwerks – eine Strukturkrise – fand in den Barrikadenkämpfen ihr sichtbares Ventil. Diese Krise hatte sich bereits im Frühsommer 1847 abgezeichnet, als es in Deutschland zu zahlreichen Hungertumulten gekommen war. Ein Leitartikel des württembergischen „Beobachters" vom 19. Mai 1847 nannte in geradezu hellsichtiger Weise die kommenden städtischen Aktionsträger der Revolution; er meinte, es seien „in allen Orten keineswegs die wahrhaft Hungernden ...; die Teilnehmer sind vielmehr in ganz Deutschland namentlich heruntergekommene kleine Handwerker, Handwerksgesellen, Lehrlinge, Weiber der großen Städte". Frauen traten damals auf den

Wochenmärkten im Streit gegen Wucherpreise für das Brot hervor.

Rechnet man die Landbevölkerung und die städtischen Unterschichten zusammen, entstammten rund zwei Drittel der Revolutionsbeteiligten im März 1848 solchen Lebensverhältnissen, die unmittelbar von sozialen und wirtschaftlichen Krisen geprägt waren. Anders ausgedrückt: Die revolutionären Träger der Basisrevolution gehörten vorwiegend den unter- und außerbürgerlichen Schichten an – dem sogenannten „niederen Volk" oder schlicht nur „dem Volk" im Gegensatz zu Adel und Bürgertum. Diese Revolutionäre hegten höchst unterschiedliche Erwartungen, keineswegs nur „Einheit und Freiheit", wie es dem liberalen und demokratischen Bürgertum gemäß war. Die außerbürgerlichen Revolutionäre spiegelten den Zerfall der ländlichen, vorindustriellen Ordnung wider. Ihre Wünsche richteten sich vielfach nach rückwärts: gegen Gewerbefreiheit und Freizügigkeit, aber für Ausgrenzung der Gemeinde- und Stadtfremden. In der zweiten Revolutionswelle im September 1848, mehr noch in der Mairevolution des Jahres 1849 war die ursprüngliche Einigkeit der Opposition dahin, als die Interessengegensätze der Basisrevolution aufbrachen. Die Landbevölkerung stand nun größtenteils abseits. Das schwächte die Kraft der revolutionären Bewegung insgesamt.

Die Basisrevolution kämpfte den Weg frei für eine zweite Handlungsebene: für eine durch Presse und Vereine gegliederte organisierte Öffentlichkeit. Die fürstlichen Kabinette mußten allenthalben Pressefreiheit gewähren und die freie Bildung von politischen Vereinen zulassen – erstmals in der deutschen Geschichte.

Im Jahre 1848 liegen die Anfänge ausgebildeter politischer Parteien in Deutschland. Welche Kriterien erfüllten sie? Es waren frei gebildete Organisationen; sie formten intern ihren Willen durch Abstimmungen und Mehrheitsentscheide; sie unterwarfen sich einem gemeinsamen Programm und standen Gleichgesinnten offen. Sie wollten Stimmen gewinnen für bevorstehende Wahlen. Das gelang ihnen ziemlich effektiv. Breite Teile der stadtbürgerlichen Bevölkerung bewiesen politische

Reife. Es ist erstaunlich, wie schnell man sich zurecht fand im Umgang mit den parteitypischen Regeln. Nach den Erfahrungen, wie schwer sich die demokratischen Parteien in der zerfallenden DDR mit ihrer Neubildung nach einer Ära der Diktatur taten, nötigen die Vorgänge von 1848 um so mehr Respekt ab.

Das Neue und Besondere an diesen Parteien war: Sie handelten nicht mehr als Anhängsel einer Parlamentsfraktion oder Ergebnis staatlicher Förderung. Sie entwickelten ihr eigenes Leben. Grob besehen hoben sich fünf Richtungen ab: Konservative, Konstitutionell-Liberale, Demokraten, politische Katholiken mit ihren Piusvereinen und die Arbeitervereine.

Die politischen Vereine schufen sich eigene Presseorgane als Sprachrohre. Der bisher durch die Zensur erzwungene gemäßigte Ton der Presse wich kräftiger Polemik. Die örtlichen Anzeiger jeder Gemeinde, Kleinstadt und Region befaßten sich auf einmal mit nationaler Politik und der Arbeit der Frankfurter Nationalversammlung. Gerade die gewandelten Lokalblätter zeigen an, wie tief die Politisierung im Revolutionsjahr reichte. Sie verraten beispielsweise, wie der Adel, die Geistlichen, die städtischen Magistrate sich verhielten, wie aktiv die örtliche Wählerschaft war und wie vielfältig die Parteitätigkeit. Hinzu kamen Flugschriften, Maueranschläge, Karikaturen, Handzettel, organisierte Petitionsbewegungen – das gedruckte Medium war allgegenwärtig und erreichte so auch die Ebene der Basisrevolution.

Man kann behaupten, diese praktizierte Freiheit habe den Schwung der Revolution geschwächt, ähnlich der Spaltung zwischen Liberalen und Demokraten. Aber war die Artikulation unterschiedlicher Interessen nicht zwangsläufig? Die Royalistenvereine und konservative Presse formierten sich in Preußen und Bayern bereits während des Sommers 1848 und haben die Revolution in der Tat geschwächt. Andererseits existierte auch die Parteivereinigung der Demokraten, der „Zentrale Märzverein". Er bündelte die vielen regionalen revolutionären Vereinsaktivitäten zu Ende der Revolution, in der sogenannten Kampagne für die Reichsverfassung. Er stärkte vorübergehend die Revolution.

Alle Regungen der Basisrevolution, der Presse und Parteien drängten auf politischen Einfluß, und diesen sah man konzentriert in den Landtagen und in der Frankfurter Nationalversammlung – der dritten Handlungsebene. Es wird oft übersehen, daß im Revolutionsjahr nicht nur in Frankfurt, Berlin und Wien gewählt wurde, sondern auch in München, Stuttgart, Oldenburg, Bremen, Altenburg usw. – eben überall dort, wo es Verfassungen zu revidieren und zu demokratisieren gab. Das vermehrte die politischen Aktivitäten und zerstreute sie. Es wurden politische Energien freigesetzt und zugleich durch den deutschen Föderalismus auch wieder absorbiert.

Auf dieser Ebene – in den Wahlkörperschaften – dominierten das Bildungsbürgertum und die Beamten. Es bildeten sich moderne Parlamentsfraktionen. Ihre Mitglieder, die Abgeordneten, hielten kontinuierlich mit ihren Wahlkreisen Kontakt. Die drei Handlungsebenen: Basisrevolution, organisierte Öffentlichkeit und Parlamente standen wechselseitig in Verbindung. Es entstand die Situation, wie sie für junge Repräsentativsysteme typisch ist: Wähler und Gewählte traten in eine gefährliche Spannung zueinander. Diese entlud sich gar einmal im September, als die Frankfurter Nationalversammlung Gefahr lief, durch einen revolutionären Aufstandsversuch gesprengt zu werden.

Bereits die Zeitgenossen, nicht erst die Spötter über die Revolution, hatten ihre Probleme mit dem praktizierten Parlamentarismus. Mittlerweile haben die Urteile über das angeblich unpraktische Professorenparlament erheblich an Überzeugung verloren. Man hat gelernt, die Abläufe in Parlament und Fraktionen ernst zu nehmen, und weiß die ungewöhnliche Leistung des Paulskirchenparlaments und der Länderparlamente zu würdigen. Sie mußten gewissermaßen aus dem Nichts heraus neue Geschäfts- und Arbeitsformen finden. Welche Probleme das bereitet, hat vor nicht langer Zeit im August 1991 der Oberste Sowjet in Moskau bei seinen zaghaften Demokratieversuchen bewiesen, als auch er ohne Fraktionen oder Parteien zu verhandeln versuchte; jeder Abgeordnete sprach für sich.

Die Parlamente 1848, voran die Paulskirche, handelten unter immensen äußeren Bedrohungen und Pressionen; es herrschten schwere innere Gegensätze; trotzdem fand man auf parlamentarischem Wege Kompromisse und Ergebnisse. Es ist leicht vorstellbar, wie das Parlament unter äußerem Druck und innerer Zersplitterung hätte zerbrechen können. Die Abgeordneten hatten nur mäßige Erfahrungen aus ihrer Arbeit in den vormärzlichen Landtagen mitbringen können. Trotzdem zeigten sie sich selbst unter extremen Bedingungen der parlamentarischen Arbeitsweise gewachsen. Die ältere Forschung klagte über Konflikte und Fraktionierungen. Daß diese notwendigerweise zu einem demokratischen Repräsentativsystem gehören, wissen wir heute genauer als die obrigkeitsstaatlich geprägten Nachfahren der Revolution. Alles, was auch das aktuelle parlamentarische Leben bewegt, war bereits damals zu bewältigen: der Einfluß kleiner ausschlaggebender Minderheiten, Politik mit wechselnden Mehrheiten, mit blockierenden Negativkoalitionen, das Problem der Fraktionsdisziplin und die Freiheit des Abgeordnetenmandats, der Einfluß außerparlamentarischer Lobbies, der Interessenverbände. Es wurde 1848 nicht nur eine schließlich gescheiterte Reichsverfassung für das geeinte Deutschland erarbeitet, sondern es wurde konkrete parlamentarische Politik betrieben. Wie funktionierte Demokratie 1848 konkret? wird neuerdings sehr viel genauer gefragt. Da die Parlamentarier ihre Erfolge vorzuweisen haben, warum soll man ihnen nicht überraschende politische Reife zusprechen?

Die Frage liegt nahe: Wenn das alles so vorzüglich gewesen sein soll – warum ist dann das Verfassungswerk gescheitert? Hier ist zu bedenken, daß die Abstimmungen in Frankfurt das Schicksal der Revolution als ganzer nicht ausschließlich, vielleicht nicht einmal ausschlaggebend entschieden. Die Dimensionen waren vielgestaltiger, so daß wir den Blick richten müssen auf die vierte Handlungsebene der Ministerien. Während der Märzereignisse waren die regierenden Fürsten kurzzeitig ohne Rat und Orientierung. In ihrer Not beriefen sie unverzüglich liberale Adlige und Bürgerliche in ihre Kabinette. Es entstanden die sogenannten „Märzministerien". Damit verhalfen die Monarchen scheinbar der vormärzlichen Opposition aus den Landtagen zur Regierung. Die Umbildung der Kabinette schien den lang erhofften Durchbruch des Bürgertums anzuzeigen.

Es ist notwendig, Geschehnisse nicht nur von ihrem Ausgang – hier vom Scheitern –, sondern auch von dem Erwartungshorizont der Beteiligten her zu sehen. Auf breite Kreise des Bürgertums mußten die Märzminister beruhigend wirken, gewissermaßen als Handschlag der Fürsten, fortab parlamentarisch-konstitutionelle Politik zu betreiben. Es schien so viel erreicht, daß es an der Zeit war, „die Revolution zu schließen", wie man sagte. In der Tat konzentrierten die neuen Regierungen vorwiegend ihre exekutive Gewalt darauf, gegenüber fortbestehenden revolutionären Erregungen „Ruhe und Ordnung" herzustellen. Sie erfüllten damit den eigentlichen Zweck, den ihnen die Fürsten zugedacht hatten: der Revolution die Dynamik zu entziehen. Einzelne Landesregierungen begannen im Herbst 1848, die demokratischen Vereine zu verbieten.

Auch die Provisorische Zentralgewalt beteiligte sich daran. Die Frankfurter Nationalversammlung hatte sie als nationale Zentralregierung eingesetzt. Es heißt immer wieder, sie sei nur ein kraftloses Phantom gewesen. Dieses angebliche Phantom richtete zwei Wochen nach dem Septemberaufstand am 3. Oktober 1848 einen Erlaß an sämtliche deutsche Einzelstaaten; er war im Kern ein Staatssicherheits-Erlaß. Die Landesregierungen sollten die bestehenden politischen Vereine ausforschen. Ermittelt werden sollten die Tendenz der Vereine, deren Programm, auffallende Beschlüsse, Mitgliederzahl und Einfluß auf das Volksleben. Ob und in welcher Verbindung sie mit Vereinen in anderen deutschen Staaten standen, wurde gleichfalls erfragt.

Die Zentralgewalt und die Landesregierungen setzten zur Herstellung von Ruhe und Ordnung auch Truppen ein. Das führt zur fünften Handlungsebene, zum Militär in der Hand der Fürsten. Die Revolution war, wie man sagte, „vor den Thronen stehen geblieben". Und das bedeutete: Die Fürsten blieben im Besitz ihrer exekutiven Gewalt. Der Offiziersadel, die einfachen Soldaten der stehenden Heere und die Beamten in der Verwaltung und Polizei standen in der Stunde des gegenrevolutionären Umschwungs bereit. Die Rolle der Kommunalbeamten, Magistrate und Bürgerwehren ist ein Kapitel für sich – aber noch kaum erforscht.

Vor allem das Militär wurde eingesetzt, erstmals in der badischen Revolution im April 1848, dann in Einzelaktionen, massiv wiederum im September in Frankfurt, schließlich gipfelnd im Sommer 1849. Die letzte Phase revolutionärer Aufstandsbewegungen nach der Ablehnung der Kaiserkrone durch den preußischen König Friedrich Wilhelm IV. erfaßte Teile Preußens, Sachsen, die Pfalz, Baden und drohte auf das rechtsrheinische Bayern und auf Württemberg überzugreifen.

Das badische Beispiel lehrt, daß die Revolution dort erfolgreich war, wo die Truppen zu ihr übergingen. Das geschah vorübergehend in Wien, bei den Landwehraufständen im Rheinland und in Westfalen, vollends aber und konsequent in Baden nach der Vertreibung des Großherzogs. Die badische Revolution hatte gesiegt, als sie eine verfassungsgebende Landesversammlung und eine provisorische republikanische Regierung bilden konnte. Sie hatte tatsächlich Rückhalt in der Bevölkerung und im staatlichen Machtapparat gewinnen können, bei Soldaten, Verwaltungsbeamten und Richtern.

Die Gegenrevolution nahte von jenseits der badischen Grenzen. Der vertriebene Großherzog hatte von seinem Exil in Mainz aus Hilfe der preußischen und der Reichstruppen erbeten. Im Auftrag der Frankfurter Zentralgewalt lenkte deren Kriegsminister hessische, württembergische und nassauische Kontingente nach Baden. Bayerische, württembergische und österreichische Truppen standen von Osten und Süden her bereit. Die Revolutionäre kämpften um die Anerkennung der Frankfurter Reichsverfassung. Diese letzte Revolutionswelle fand ihr trauriges Ende in Rastatt am 23. Juli 1849, als 5 600 in der Festung eingeschlossene Revolutionskämpfer kapitulieren mußten. Preußische Standgerichte liquidierten anders als in Sachsen und der Pfalz die Revolution auf blutige Weise. Hinzu kamen Kriegsgerichte und reguläre Gerichte, die insgesamt tausend Verurteilungen aussprachen.

Bei allem ist noch zu bedenken: Die deutsche Revolution von 1848/49 war nur der Teil einer europäischen Bewegung. Und diese ist – mit Ausnahme der Schweiz – überall gescheitert. Bereits im Sommer und Herbst 1848 hatte das königs- und kaisertreue Militär die Aufständischen in anderen revolutionären Zentren Europas niedergeworfen: nacheinander in Krakau, Posen, Prag, Paris und Oberitalien. Die traditionellen Heere der Fürsten ließen sich eben nicht zur Revolution hinüberziehen. Im Kampf bewiesen sie durchweg ihre Überlegenheit, unterstützt durch moderne Technik. Anschaulich gesagt: Preußische Zündnadelgewehre zerstörten den nationalen Barrikadenmythos. Die Annahme liegt nahe, daß die stehenden Heere noch nicht hinreichend vom nationalen Gedanken erfaßt waren. Wenn die Preußen auf sächsische Freischärler, auf badische Soldaten schossen, verschwendeten sie kaum einen Gedanken darauf, daß ihnen Deutsche gegenüberstanden. Immer dort drohten in der Revolution Soldaten sich zu verweigern, wo sie das Bewußtsein hatten, auf Landsleute zu schießen. Landsleute hieß 1848 aber in den Augen der Soldaten offenbar noch vorwiegend: Preußen, Badener, Sachsen, Württemberger, Bayern usw., nicht aber Deutsche. Es fehlte ihnen das, was die Franzosen seit 1789 als „fraternité" – als weltbürgerliche und zugleich nationale Brüderlichkeit priesen.

Wenn der Niedergang der Revolution ein europäisches Ereignis war, ist auch die nachträgliche Frage müßig: Aber wenn Friedrich Wilhelm IV. die Krone doch angenommen hätte? Er hat nicht, weil er nicht der Romantiker auf dem Thron war, sondern ein kühl kalkulierender, machtbewußter Monarch, dem die Verfügungsgewalt über „seine" Soldaten mehr bedeutete als jede Verfassung.

Die neuere Forschung verfolgt die „Komplexität von 1848". Sie sei in einigen Thesen festgehalten:

- Die Handelnden von 1848 auf allen fünf Ebenen vermochten nicht die Dynamik der Revolution als ganze zu überschauen. Ihr Urteils- und Entscheidungsvermögen war überfordert. Es gab kein entscheidendes Handlungszentrum.
- Die Handelnden von 1848/49 haben nicht nur ein einziges,

klar bestimmbares Ziel gehabt, mit dem sie dann gescheitert waren. Die Reichsverfassung war ein Ziel, die Revolution aber war mehr.

- Die Revolution war ambivalent: Sie war einerseits die nach rückwärts gerichtete Abwehrkrise einer vorindustriellen Gesellschaft, ihre Antwort auf Übervölkerung, Hungersnot, Teuerung, auf die Krise in Handel und Handwerk. Sie weckte Träume nach alten Zünften, abgeschotteter Stadtbürgerlichkeit und Arbeit ohne Maschinen. Sie erregte Ängste vor den freigelegten Klassengrenzen, die zuvor durch Ständeschranken verdeckt gewesen waren: Die Revolution legte Widersprüche frei, welche in der Gesellschaft selbst lagen und welche der Bewegung die Kraft entzogen.
- Die Revolution war andrerseits zugleich politische Emanzipationskrise, und das hieß: in der Gesellschaft reiften neue Formen heran, geeignet, die Probleme der Zukunft zu meistern. Parteien, Presse, Parlamente und Verbände waren die neuen Medien politischer Emanzipation. Der bürokratisch-militärische Staatsapparat und die alte Loyalität erwiesen sich aber als stärker. Man muß hier von einem abgebrochenen, verzögerten Emanzipationsprozeß in der deutschen Geschichte sprechen. Die monarchisch-adligen Eliten erkannten in der Revolution – anders als ihre englischen Standesgenossen – nicht die Chance, die ihnen der gesellschaftliche Wandel bot. Kein Herrscher der größeren deutschen Staaten war willig zu einem Verfassungskompromiß auf der demokratischen Basis von 1848. Das bewiesen nicht zuletzt die nachfolgenden bitteren zehn Jahre der Reaktion. Die Fürsten hatten ihre bürgerlichen Märzminister erfolgreich täuschen können. Sie benutzten sie in der Stunde der Not, sie entließen sie in der Stunde der Reaktion.

Erst während der 1860er Jahre reifte an den fürstlichen Höfen die Erkenntnis heran, daß eine konkurrierende öffentliche Meinung und politische Parteien den Staat nicht in Gefahr brachten. Im Gegenteil: Presse und Parteien konnten sich als willkommene Bündnispartner der eigenen Politik erweisen und benutzen lassen. Das war Bismarcks Politik. Als er 1862 preußischer Ministerpräsident wurde, war allenthalben das Erbe von 1848/49 in der Öffentlichkeit wieder lebendig, weit mehr, als bis heute beachtet worden ist. So gesehen war die Revolution noch nicht vollends gescheitert. Das spätere Erbe der Revolution war unter anderem der preußische Verfassungskonflikt der 1860er Jahre. Damals mißlang abermals, die größte deutsche Monarchie zu parlamentarisieren. Die Jahre 1848/49 aber mit ihrem Janusgesicht von Abwehr und Emanzipation waren in der Tat ein Scheideweg der deutschen Geschichte.

Auswahlbibliographie

Langewiesche, D., Die deutsche Revolution von 1848/49 und die vorrevolutionäre Gesellschaft: Forschungsstand und Forschungsperspektiven, Teil II, in: Archiv für Sozialgeschichte 31. 1991, 331–443 (eine kritische Gesamtschau zur Revolutionsforschung der letzten zehn Jahre, hervorragend auch für gezielte Fragen).

Langewiesche, D., Europa zwischen Restauration und Revolution 1815–49, München 1993[2].

Siemann, W., Die deutsche Revolution von 1848/49, Frankfurt 1993[5] (Gesamtdarstellung auf der methodischen Grundlage, die Wechselwirkung unterschiedlicher Handlungsebenen der Revolution zu erfassen, mit zahlreichen Tafeln und Tabellen).

Siemann, W., Vom Staatenbund zum Nationalstaat. Deutschland 1806–1871, München 1995.

Vollmer, F., Der Traum von der Freiheit. Vormärz und 48er Revolution in Süddeutschland in zeitgenössischen Bildern, Stuttgart 1983 (bes. wichtig für alle, die auf der Suche nach Illustrationen sind).

Werner Abelshauser

Die deutsche Industrielle Revolution

I.

Revolutionen – zumal erfolgreiche – gehören zu den seltenen Ereignissen der deutschen Geschichte. Über den Erfolg der Industriellen Revolution in Deutschland läßt sich aber kaum streiten. Selbst Zeitgenossen, die in der Industrialisierung eine Sackgasse menschlicher Evolution sehen und angesichts ihrer ökologischen Folgen zur Umkehr aufrufen, erkennen gerade dadurch ihre „revolutionäre" Dynamik an – auch wenn sie in der völligen Umwälzung der wirtschaftlichen Verhältnisse, die die Industrialisierung mit sich brachte, die Ursache vieler gegenwärtiger Probleme in Wirtschaft und Gesellschaft erkennen.

Aber war es denn eine deutsche Revolution? Zündete der revolutionäre Funke, der das zu enge und schon brüchig gewordene Gebäude des Feudalismus und der Agrargesellschaft endlich zum Einsturz brachte, nicht vielmehr in England? Kann nicht allein das Vereinigte Königreich für sich den Rang einer „First Industrial Nation", der ersten Industrienation, beanspruchen, deren Erfolgsrezepte erst viel später von Deutschland und von anderen Ländern des Kontinents imitiert wurden?

Die Vorstellung, die europäischen Staaten seien im Gänsemarsch, einer nach dem anderen, ins Industriezeitalter eingetreten, läßt sich nicht aufrechterhalten. Tatsächlich waren in der ersten Hälfte des 19. Jahrhunderts Teile der Rheinlande und Westfalens, des Elsaß und Belgiens, Böhmens, Schlesiens und Sachsens ihrer Wirtschaftsstruktur nach durchaus mit führenden britischen Industrieregionen vergleichbar. Anfänge der Industrialisierung lassen sich in den deutschen Staaten schon am Ende des 18. Jahrhunderts finden. Nur wenig später als in England wurde z.B. 1784 in Ratingen bei Düsseldorf eine mechanische Baumwollspinnerei errichtet, 1792 ein Kokshochofen in Oberschlesien, und auch der Bau von Dampfmaschinen nach der Art der britischen Erfinder Thomas Newcomen oder James Watt gehörte schon in der Napoleonischen Zeit zum Repertoire auch deutscher Ingenieure. Das Verhältnis zur britischen Entwicklung war in den deutschen Staaten zu diesem Zeitpunkt freilich ambivalent. Einerseits versuchten sie, die britischen Voraussetzungen für dynamisches Wirtschaftswachstum zu kopieren, andererseits wirkte das aus kontinentaler Sicht extrem negative Bild der sozialen Folgen der Industrialisierung gerade auch als abschreckendes Beispiel für Fehlentwicklungen, die es hier zu verhindern galt.

Großbritannien war deshalb zwar das Epizentrum der ersten Industriellen Revolution, doch folgten den Erschütterungen auf der Insel zahlreiche Nachbeben auf dem Kontinent. Die deutsche Industrielle Revolution gehört zu denen, die nach Intensität und Profil einen eigenen Charakter ausprägten und ihrerseits zum Vorbild für noch weniger entwickelte Volkswirtschaften, vor allem in Mittel-, Ost- und Südeuropa, geworden ist.

Ungeachtet vereinzelter regionaler Parallelen blieb die Entwicklung im deutschen Raum zeitlich hinter der britischen weit zurück. Folgt man dem Periodisierungsschema, das der amerikanische Wirtschaftshistoriker Walt Whitman Rostow vorgeschlagen hat,[1] erlebte die Industriewirtschaft der deutschen Staaten ihre Anlaufperiode in der ersten Hälfte des 19. Jahrhunderts und findet erst um die Jahrhundertmitte den Absprung in eine neue Qualität des wirtschaftlichen Wachstums, den Rostow in Anlehnung an die Fliegersprache den „Take-off" genannt hat. Großbritannien, das seinen „Take-off" in die Höhen eines sich selbst tragenden Wachstums schon gegen Ende des 18. Jahrhunderts gehabt hatte, trat zu diesem Zeitpunkt bereits in die folgende Phase der „industriellen Reife" ein, die Deutschland erst in den Jahren vor dem Ersten Weltkrieg erreichte.

Der Begriff des „Take-off" impliziert nach Rostow eine „Industrielle Revolution, die mit radikalen Änderungen in den Produktionsmethoden und ihren entscheidenden Wirkungen in relativ kurzer Zeit verbunden ist".[2] Ihr Hauptkriterium ist der Anstieg der produktiven Investitionen vom vorindustriellen Niveau von fünf Prozent oder weniger auf zehn Prozent des Volkseinkommens oder mehr. Die meisten Historiker folgen freilich dieser engen Definition der Industrialisierung nicht. Wenn sie nicht sogar den Revolutionsbegriff von Anfang an zurückweisen und die Industrialisierung als einen langen Prozeß der Akkumulation von Kapital, Qualifikation und neuer Formen wirtschaftlicher Gesinnung verstehen, der schon im Späten Mittelalter einsetzte – wofür einiges spricht –, bevorzugen sie wenigstens eine großzügigere Periodisierung des Umbruchs vom Agrar- zum Industriezeitalter.

Zum Verständnis der Ursachen der deutschen Industriellen Revolution muß die Anlaufperiode in der ersten Hälfte des 19. Jahrhunderts einbezogen werden. Aber auch am Ende der Periode des Aufstiegs, in der Preußen von 1850 bis 1873 das wirtschaftliche Wachstum institutionalisiert hat, kann die „Revolution" noch nicht als abgeschlossen gelten. Gerade die folgende Trendperiode des wirtschaftlichen Wachstums von der Gründerkrise bis zum Ersten Weltkrieg formte in besonderem Maße den Charakter der deutschen Industriewirtschaft und -gesellschaft, so daß die Grundzüge dieser Prägung noch heute zu erkennen sind. Auch wenn damit ein ganzes Jahrhundert ins Blickfeld gerät, läßt sich der Revolutionsbegriff dennoch rechtfertigen. Die Umwälzungen, die dieses Jahrhundert erlebte, sind dramatisch genug und stehen in einem engen, kontinuierlichen Zusammenhang.

II.

Auch die erste Industrielle Revolution ist kein autochthoner Prozeß gewesen, der allein und ausschließlich in England wurzelte. Wir wissen nicht erst seit heute, daß die Beiträge, die

Emigranten aus hochentwickelten Gewerberegionen Hollands, Frankreichs und Mitteleuropas geleistet haben, wesentliches zur Schaffung der „revolutionären" Konstellation in der britischen Wirtschaft und Gesellschaft der zweiten Hälfte des 18. Jahrhunderts beigetragen haben. Die britische Industrielle Revolution war aber insofern autonom, als ihre Entwicklung eigenen Gesetzen folgte. Sie muß daher der Ausgangspunkt für die Analyse jener Voraussetzungen sein, die zur Industrialisierung führten und deren materielle Entwicklung den Kern jeden Industrialisierungsprozesses ausmachen. Diese Voraussetzungen lassen sich wie folgt zusammenfassen:

- Ein starkes Bürgertum, das die Formulierung der Wirtschafts- und Finanzpolitik entscheidend mitbestimmt und erheblichen Anteil an der Ausübung der politischen Macht nimmt.
- Die ursprüngliche Akkumulation von Geldkapital, aus der der sprunghafte Anstieg der Investitionsquote zu finanzieren ist.
- Das Institut der freien Lohnarbeit als Grundlage des Arbeitsmarktes.
- Günstige naturräumliche Bedingungen, wie die Verfügbarkeit von Energiequellen und Rohstoffvorräten sowie eine verkehrsgünstige Lage, die den Transport von Rohstoffen und Fertigprodukten kostengünstig gestaltet.
- Und schließlich eine Entwicklung der Nachfrage, die die Kombination dieser Faktoren anregt und erst profitabel macht.

Die meisten dieser Faktoren sind zwar notwendig, aber nicht hinreichend für die Auslösung des Industrialisierungsprozesses. Sie müssen eng ineinander greifen, um ihre jeweiligen Wirkungen voll entfalten zu können.

III.

Kaum eine dieser Voraussetzungen war zum Zeitpunkt des britischen „Take-off" in Deutschland gegeben. Ihre Schaffung wurde in einigen der größeren deutschen Staaten, wie in Preußen, unter dem Eindruck der Französischen Revolution freilich schon früh zu einem Desiderat staatlicher Politik. Das oft zitierte Wort des preußischen Ministers Karl Gustav von Struensee gegenüber dem französischen Gesandten in Berlin läßt diese Absicht deutlich erkennen. Er sagte: „Die heilsame Revolution, die ihr von unten nach oben gemacht habt, wird sich in Preußen langsam von oben nach unten vollziehen."[3] In diesem Sinne leitete das Allgemeine Landrecht von 1794 die Entlassung der Bauern aus der Erbuntertänigkeit ein – wenn auch zunächst nur auf den königlichen Domänen. Es zeigte den Weg in den Rechtsstaat und verlieh dem Bürgertum zusammen mit größerer Rechtssicherheit auch „Property Rights", also jene Verfügungsgewalt über das Eigentum, die sich die bürgerliche Klasse Englands gegen den Widerstand der Krone erkämpfen mußte und die eine Grundvoraussetzung für private Investitionen ist.

Doch ungeachtet dieser und weiterer Fortschritte ging der Reformprozeß zu langsam voran, wie sich bald in der Auseinandersetzung mit dem revolutionären Frankreich zeigen sollte. Die katastrophale Niederlage gegen Napoleon verstärkte die Zweifel an der Überlebensfähigkeit einer feudalen Gesellschaft mit absolutistischem Herrschaftssystem. Sie schuf aber auch das innenpolitische Klima, in dem in Preußen unter den Staatskanzlern Karl Freiherr vom Stein und Karl August Fürst von Hardenberg in den Jahren 1807 bis 1820 – immer hart am Rande des bürokratischen Staatsstreiches – die Voraussetzungen für durchgreifende Reformen geschaffen werden konnten.

- Die Bauernbefreiung, die mit dem Steinschen Oktoberedikt von 1807 einsetzte und sich bis in die Mitte des Jahrhunderts hinzog, beseitigte Hindernisse auf dem Weg zu höherer Produktivität in der Landwirtschaft, erschloß damit eine Quelle der ursprünglichen Akkumulation und trug zur Mobilisierung neuer und freier Arbeitskräfte für den industriellen Arbeitsmarkt der Zukunft bei.
- Die Gewerbereform, die u.a. die Gewerbefreiheit brachte, stärkte das Bürgertum und förderte die innovativen Kräfte

in der Wirtschaft. Sie schuf den Rahmen für großbetriebliche Gewerbeformen, garantierte die freie Standortwahl der Unternehmen und ermöglichte die Mechanisierung der Produktion – zu diesem Zeitpunkt freilich alles noch weitgehend Zukunftsmusik.

- Die Steuer- und Finanzreform stärkte die unternehmerische Investitionsbereitschaft durch steuerliche Begünstigungen, erhöhte aber vor allem den finanziellen Interventionsspielraum des Staates, den dieser auch zur Gewerbeförderung nutzte.
- Die Gründung des deutschen Zollvereins im Jahre 1834 schuf endlich den großen Binnenmarkt und damit eine der wichtigsten Voraussetzungen für die Entfaltung der Marktkräfte in Deutschland.

Eine bürgerliche Gesellschaft konstituierte diese „Revolution von oben" gleichwohl nicht. Der fürstliche Absolutismus verwandelte sich in die Herrschaft der Bürokratie, deren Interventionsmacht fehlendes bürgerliches Engagement kompensieren mußte. Der wirtschaftliche Erfolg dieser Modernisierungsstrategie blieb freilich nicht hinter anderen europäischen Ländern zurück. Als um die Jahrhundertmitte die Konjunktur in ganz Europa anzog und den „Take-off" auch in Deutschland möglich machte, waren dort die notwendigen Voraussetzungen für den Erfolg der deutschen Industriellen Revolution geschaffen.

Auch in ihren sozialen Folgen unterschieden sich die Industrialisierungsverläufe in England und Deutschland signifikant. Konservative wie marxistische Beobachter der Industriellen Revolution haben unisono die Ursache des unübersehbaren Massenelends während der Anlaufperiode in den Wirkungen der Industrialisierung selbst ausgemacht. Noch in den 1840er Jahren zählen in Deutschland 50 bis 60 Prozent der Bevölkerung zu den eigentumslosen „Paupers", die, weil von der Hand in den Mund lebend, durch jede wirtschaftliche oder persönliche Krise in ihrer schieren Existenz bedroht waren. Liberale Zeitgenossen und mit ihnen die neuere historische Forschung haben diese Problematik dagegen vor allem der industriellen

Rückständigkeit und nur in Einzelfällen der Bedrohung durch überlegene Konkurrenz zugeschrieben. Friedrich List, der wortgewaltige Promotor einer nationalen Industrialisierung wurde nicht müde, das britische Beispiel zu preisen, wo selbst in Krisenzeiten die arbeitenden Klassen besser lebten als deutsche Honoratioren. „Vor einiger Zeit", schrieb er 1844,[4] „herrschte großes Wehklagen in Deutschland über die in England herrschende Not. (...) ein großer Teil des englischen Volkes leide an den allernötigsten Lebensbedürfnissen Mangel. Wir verstanden darunter, sie hätten kein Pumpernickel, kein Hafermus, keinen Welschkornbrei, ... oder keinen Kümmelbranntwein, sich eine heitere Stunde zu machen, und wahrlich, wenig fehlte, wir wären ihnen mit unserem Überfluß beigesprungen."

Tatsächlich gehörte aber in England – wie List genüßlich aufzählte – „bei einer beschäftigten Arbeiterfamilie" von fünf Köpfen etwas ganz anderes zu den „notwendigsten Lebensbedürfnissen"; nämlich täglich „im Durchschnitt fünf bis sechs Pfund Weizenbrot, drei bis fünf Pfund Kartoffeln ..., drei bis vier Pfund frisch geschlachtetes Fleisch, ein Viertel Pfund Butter und Käse, vier Unzen Zucker, eine Viertel Unze Tee, eine Flasche starkes Bier ..., sodann das erforderliche Gemüse und Gewürze, den Sonntagsplumpudding nicht zu vergessen." In Deutschland dagegen habe er „Reviere gesehen, wo ein Hering an einem an der Zimmerdecke befestigten Faden mitten über dem Tisch hängend unter den Kartoffelessern von Hand zu Hand herumging, um jeden zu befähigen, durch Reiben an dem gemeinschaftlichen Tafelgut seiner Kartoffel Würze und Geschmack zu verleihen." Dies mag genügen, um den Abstand zu illustrieren, der um die Jahrhundertmitte in der Lebenshaltung der Massen in beiden Ländern offenkundig ist.

Mit dem deutschen „Take-off" änderte sich die Entwicklung der Lebenshaltung gemessen an den Reallöhnen grundlegend. Für die zweite Hälfte des 19. Jahrhunderts, im „goldenen Zeitalter" der deutschen Industrialisierung, herrscht über ihren Trend unter den Wirtschaftshistorikern Einigkeit. Seit der Mitte der fünfziger Jahre sind demnach die Reallöhne gestiegen, seit den achtziger Jahren besonders stark. Dieses klare Ergebnis hebt sich deutlich von den widersprüchlichen und in der Tendenz negativen Erfahrungen im entsprechenden Abschnitt der britischen Industrialisierung (bis 1850) ab. Es wird von unseren Kenntnissen über den Strukturwandel des privaten Verbrauchs in Deutschland gestützt.

So folgt die Entwicklung der Nahrungsmittelausgaben je Kopf in den Jahren von 1850 bis 1913 der bekannten Hypothese des preußischen Statistikers Ernst Engel, wonach mit wachsendem Realeinkommen pro Kopf der Anteil der Nahrungsmittelausgaben an den Gesamtausgaben abnimmt. Innerhalb der Ausgaben für Nahrungsmittel steigt hingegen der Anteil der wertvolleren Lebensmittel stetig an. Dies gilt vor allem für Weizenmehl und Weizenbrot, Zucker, Schweinefleisch und Fett. Der Anteil der Hülsenfrüchte geht dagegen stark zurück, während die Kartoffel ihre Bedeutung behält. Auch die absoluten Ziffern des Pro-Kopf-Verbrauchs sprechen für einen steigenden Lebensstandard, der auch die breiten Schichten der Bevölkerung einschließt.

Selbst die mangelhafte Wohnungsversorgung der Arbeiter und der kleinen Selbständigen, von deren Problematik eine Flut zeitgenössischer Reformliteratur Zeugnis ablegt, widerlegt diesen Befund nicht. Auch hier gilt, daß das Tempo der Industrialisierung – gegen den äußeren Eindruck in den Einwanderungsregionen Berlin und Ruhrgebiet – als entscheidende Variable bei der Verbesserung der Wohnungsverhältnisse zu gelten hat.

Alles in allem gesehen fällt auf, daß der Durchbruch zur Industriegesellschaft der Arbeiterschaft in Deutschland deutlich weniger Opfer abverlangt hat, als dies nach den englischen Erfahrungen zu erwarten gewesen wäre. Dort belastete der sprunghafte Anstieg der Investitionsquote im „Take-off" spürbar den Konsum der breiten Massen, weil Investitionsmittel aus freiwilligen Ersparnissen nicht in ausreichender Höhe zur Verfügung standen. Für Deutschland hätte dies umso mehr gelten müssen, weil hier die erforderliche Investitionsanstrengung wegen der Rückständigkeit der deutschen Produktionsstruktur im Vergleich zum britischen „Take-off" besonders hoch war. Es ist ja in der Tat nicht gleichgültig, ob der Durchbruch im Textilzeitalter, wie in England, oder im Eisenbahnzeitalter, wie in Deutschland, erfolgte.

Ein Blick auf die Entwicklung der Einkommensverteilung macht jedoch deutlich, warum sich in Deutschland hohe Investitionsanstrengungen mit steigenden Reallöhnen vereinbaren ließen. Nehmen wir die kumulierte Reallohnposition der Arbeitnehmer als Maßstab. Sie signalisiert Verteilungsneutralität, wenn die Reallöhne um denselben Prozentsatz steigen, um den auch die Produktivität wächst. Die bestehende Verteilung des Volkseinkommens unter Selbständigen und abhängig Beschäftigten ändert sich dann nicht. Solange das Wachstum der Reallöhne aber noch unterhalb dessen blieb, was der Produktivitätsfortschritt an Verteilungsspielraum schuf, verstärkte sich die Ungleichverteilung weiter zugunsten der höheren Einkommen. Dies war in der zweiten Hälfte des 19. Jahrhunderts – ungeachtet steigender Realeinkommen – praktisch immer der Fall.[5]

Das Wachstum der Produktivität war in Deutschland groß genug, um neben einem, den Erfordernissen des „Take-off" angemessenen, relativ hohen Investitionsvolumen auch – zuerst mäßige dann beträchtliche – Reallohnzuwächse zu ermöglichen. Auf den allgemeinsten Nenner gebracht ist dies die Formel für die bemerkenswerte Stabilität der kapitalistischen Entwicklung während der deutschen Industriellen Revolution. Der aufzuteilende Kuchen war groß genug und wurde von Jahr zu Jahr größer, um Kapitalisten und Arbeiter, die einen mehr, die anderen weniger, vom Industrialisierungsprozeß profitieren zu lassen.

Auf dem Gebiet der Wirtschaftsverfassung führt die deutsche Industrielle Revolution ebenfalls zu anderen Ergebnissen als die britische. Deutschland, die verspätete Industrienation, war gezwungen, sich dem wirtschaftlichen und sozialen Strukturwandel des späten 19. Jahrhunderts zu stellen, wollte es die führenden Industriemächte überholen, ohne deren bisherigen Vorsprung im einzelnen aufholen zu können. Es war daher die

Herausforderung wirtschaftlicher Rückständigkeit, die auf zahlreichen Gebieten zur Entwicklung neuer Institutionen führte.

Rückständigkeit – gemessen am Stand der bürgerlichen Gesellschaft Englands – war aber nicht nur eine Herausforderung. Paradoxerweise erleichterte sie gleichzeitig die notwendige Anpassung an den wirtschaftlichen und gesellschaftlichen Strukturwandel des späten 19. Jahrhunderts. Der preußische Staat hatte seit den Stein-Hardenbergschen Reformen die Industrielle Revolution „von oben" betrieben, ohne sich voll mit den Erwerbsinteressen des industriellen Bürgertums zu identifizieren. Beamtenherrschaft und agrarisch-feudale Anachronismen der Macht behinderten im Preußen-Deutschland zwar nicht die Industrialisierung selbst, hielten den Staat aber – anders als in England – auf Distanz zu einem spezifisch liberalen Kapitalismus, der allein in marktmäßiger Bereicherung seine Erfüllung sah. Es war diese Präferenz der politischen Führung und der hohen Beamtenschaft für die Stabilität und die Sicherheit des Staates vor dem rationalen wirtschaftlichen Gewinn, die sich leichter als in England über in kurzfristiger Betrachtung negative Auswirkungen des neuen Kurses auf private Erwerbsinteressen hinwegsetzte.

Der Anpassungsprozeß wurde aber auch durch traditionelle ordnungspolitische Denkgewohnheiten und Erfahrungen gefördert, die noch bis ins 19. Jahrhundert hinein virulent waren und nun den neuen Verhältnissen im Prinzip wieder zu entsprechen schienen. Nur Epigonen der staatswirtschaftlichen Romantik des frühen 19. Jahrhunderts unterlagen dabei der Versuchung, „neuen Most in alte Schläuche zu fassen", d.h. für die wirtschaftlichen und sozialen Bedürfnisse des ausgehenden 19. Jahrhunderts auf die Formen der mittelalterlichen Zünfte und Genossenschaften zurückzugreifen. Wohl aber wuchs die Bereitschaft, jenen zwischen Individuum und Staat stehenden Korporationen wieder größere Bedeutung beizumessen, um die Kluft zwischen den isolierten Interessen von Individuen und einem mechanischen Interventionismus des Staates zu überwinden. Nur in wenigen Fällen führte dies zum direkten

Rückgriff auf alte Institutionen, wie die im schrumpfenden „alten" Mittelstand reaktivierten Innungen. Typischer war der Aufstieg neuer Institutionen und Methoden, die auf dem Gebiet des modernen Wohlfahrtsstaates, des Kartellwesens oder des wirtschaftspolitischen Staatsinterventionismus lagen. Sie entsprachen neuen Bedürfnissen, indem sie ihre Entstehung wachsender Konzentration des Kapitals, ausgeprägten zyklischen Schwankungen von Preisen, Renditen und Produktionsziffern, steigenden Mobilitätsanforderungen an den Arbeitsmarkt und insgesamt komplexeren Stabilitätsbedingungen der Industriegesellschaft verdankten.

Nach Bismarcks binnen- und außenwirtschaftlicher Wende zur „nationalen Wirtschaftspolitik" (1879) setzte auch im unternehmerischen Lager ein Umdenken ein. Von der Schwerindustrie ausgehend gaben deutsche Unternehmer das Prinzip des Wettbewerbs immer häufiger zugunsten kooperativer Formen der Marktbeherrschung auf. Während der schottische Liberale Adam Smith argwöhnte, wo immer Kaufleute zusammenkämen, bildeten sie eine Verschwörung wider das Publikum, sahen so einflußreiche deutsche Gelehrte wie der Staatswirtschaftler Gustav Schmoller gerade darin „die sittliche Bedeutung" von Kartellen und anderen unternehmerischen Korporationen zur Marktregulierung, daß sie eben „nicht durch Kauf und Gründung, Börse und Spekulation, sondern durch genossenschaftlichen Vertrag, durch Einsicht in die Notwendigkeit, durch den Sieg gemeinsamer Interessen über Eigennutz und kurzfristigen Egoismus" zustande kommen.[6] Obwohl die geschriebene Wirtschaftsverfassung des Reiches der wirtschaftlichen Tätigkeit nach wie vor einen liberalen Rahmen setzte, schufen die Kartelle in der Verfassungswirklichkeit eine neue Ordnung der Volkswirtschaft, indem sie die Marktmacht neu verteilten.

Die Kartellierung war die spezifisch deutsche Antwort auf innere Widersprüche der liberalen Wirtschaftsdoktrin. In der Tat war der Idealtypus „vollständige Konkurrenz" realiter umso weniger erreichbar, je besser der freie Wettbewerb funktionierte und fast zwangsläufig zu monopolähnlichen oder oligopolistischen Marktformen führte. Vor die Wahl gestellt, den Weg der Vertrustung zu gehen und ganze Wirtschaftszweige nach amerikanischem Muster zu einem marktbeherrschenden Unternehmen zusammenzuschließen, in dem alle ihre wirtschaftliche und rechtliche Selbständigkeit verloren, zogen deutsche Unternehmer zumeist den Weg der kollektiven, vertraglichen Regulierung des Marktes vor. Deutschland ist deshalb das klassische Land der Kartelle geworden, bevor noch der berühmte Spruch des Reichsgerichts von 1897 diesen Zustand legalisierte und damit der korporativen Marktwirtschaft als Ordnungsprinzip der deutschen Wirtschaftsverfassung volle privatrechtliche Legitimation und den Schutz der Gerichte verlieh.

Am Ende des 19. Jahrhunderts ist in Deutschland ein neuer Realtypus von Kapitalismus und bürgerlicher Gesellschaft im Entstehen begriffen. Es wäre falsch, im Abrücken von liberalen Grundsätzen der Wirtschaftsordnung „spätfeudale" Anachronismen oder Reste eines vorindustriellen Wertesystems zu sehen. Dies hieße, die Entwicklung hin zu einer die wirtschaftliche Ordnung des kommenden Jahrhunderts prägenden korporativen Marktwirtschaft zu übersehen.

Am Ende der Industriellen Revolution stand in Deutschland eine Industriegesellschaft, der es nicht vergönnt war, ihre Früchte zu ernten. Die Schuld an dieser Entwicklung – und damit zugleich an der Katastrophe der deutschen Geschichte im 20. Jahrhundert – ist auch in den Eigenarten des deutschen Industrialisierungsweges gesucht worden: in seiner Abkehr vom Liberalismus und in der Prärogative des Staates vor der bürgerlichen Gesellschaft. Zwei Weltkriege, die Hyperinflation von 1923, die Weltwirtschaftskrise der frühen dreißiger Jahre und die auf sie folgende NS-Diktatur haben ihre innere Dynamik blockiert und den Verteilungskampf verschärft. Es läßt sich aber schwerlich eine Wirtschaftsordnung denken, die diesen Belastungen ohne Schaden standgehalten hätte. Erst nach 1945 schien sich – in Westdeutschland – eine bewußt bürgerlich verfaßte Gesellschaft voll zu den Spielregeln der Industriegesellschaft zu bekennen. Es mag an dieser abermaligen, diesmal politisch verursachten „Verspätung" liegen, daß Deutschland heute – nicht nur im Osten – Mühe hat, wie andere ehemals hochentwickelte Industriestaaten vom wirtschaftlichen Leitbild der materiellen Produktion Abschied zu nehmen. Der französische Sozialwissenschaftler Jean Fourastié hat schon 1949 vor dem Hintergrund eines weltweiten Trends zur Dienstleistungsgesellschaft prophezeit, daß nichts weniger „industriell" sein wird, als die von der Industriellen Revolution hervorgebrachte Zivilisation.[7] Wenn diese Prognose wahr sein sollte, hat Deutschland noch einen langen Weg vor sich, das Erbe der Industriellen Revolution zu bewältigen.

Anmerkungen

1 W. W. Rostow, Stadien wirtschaftlichen Wachstums, Göttingen 1967[2].
2 Ebd., 76.
3 Bericht an Talleyrand am 13. August 1799, in: Preußen und Frankreich von 1795 bis 1807. Diplomatische Correspondenzen, Hg. P. Bailleu, 1. Teil (1881), ND Osnabrück 1965, 505.
4 Über die Beziehungen der Landwirtschaft zur Industrie u. zum Handel (1844), Werke V, Berlin 1928, 306f.
5 Zur Darstellung und Interpretation der kumulierten Reallohnposition für die zweite Hälfte des 19. Jh. vgl. W. Abelshauser, Lebensstandard im Industrialisierungsprozeß. Britische Debatte u. deutsche Verhältnisse, in: Scripta Mercaturae 16/2. 1982, 88.
6 Das Verhältnis der Kartelle zum Staat, Verein für Socialpolitik, Verhandlungen 1905, Mannheim, in: Schriften des Vereins für Sozialpolitik 116, Leipzig 1906, 254.
7 Die große Hoffnung des 20. Jahrhunderts, Köln 1954, 286.

Auswahlbibliographie

Abelshauser, W., Petzina, D. Hg., Deutsche Wirtschaftsgeschichte im Industriezeitalter, Königstein 1981.
Borchardt, K., Die Industrielle Revolution in Deutschland, München 1972.
Braun, R. u.a. Hg., Industrielle Revolution: wirtschaftliche Aspekte, Köln 1976[2].
Henning, F.-W., Die Industrialisierung in Deutschland 1800 bis 1914, Paderborn 1993[8].
Pollard, S., Peaceful Conquest. The Industrialization of Europe 1760-1970, Oxford 1981.
Tilly, R.H., Vom Zollverein zum Industriestaat. Die wirtschaftlich-soziale Entwicklung Deutschlands 1834 bis 1914, München 1990.

Hans-Ulrich Wehler

Der deutsche Nationalismus bis 1871

Nicht die Nation ist es, die den Nationalismus hervorbringt. Vielmehr besitzt der Nationalismus die Priorität, denn ihm eignet die Fähigkeit, sich die Nation zu schaffen. Darüber hinaus drängt der Nationalismus überall darauf hin, entweder einen bereits bestehenden älteren Herrschaftsverband in einen Nationalstaat zu verwandeln; oder aber er fordert für die Nation die Neugründung eines Nationalstaats, weil ihr nur dieser moderne Staatstypus sui generis eine angemessene politische Hülle gewährleiste. Setzt sich dieser Dreischritt vom Nationalismus zur Nation und zum Nationalstaat im historischen Prozeß durch, beginnt für eine als Nation in einem Nationalstaat verfaßte Gesellschaft, wie auch immer sie vorher organisiert war oder als Handlungseinheit noch gar nicht bestand, ein neuer Weg in die Zukunft. Unter den aufmerksamen Zeitgenossen ist daher auch stets das Gefühl weit verbreitet, an einer Weggabelung den verheißungsvollen Entwicklungspfad endlich eingeschlagen zu haben.

In einer solchen Perspektive läßt sich auch der deutsche Nationalismus diskutieren, um Klarheit über seine Entstehung und Wirkungsmacht zu gewinnen. Denn mit Nationalismus und Nation geht es um eine Problematik, die seit 1989 auch und gerade für die Deutschen erneut eine unerwartete Aktualität gewonnen hat. In der Diskussion geistert in letzter Zeit schon wieder die Parole von einem angeblich „normalen" Nationalismus herum, und die Identifizierung mit dem deutschen Nationalstaat von 1871 als politischer „Normalform" wird ebenso nachdrücklich gefordert, als gebe es so etwas wie einen „normalen" deutschen Nationalismus und als könnte man sich in der neuen Bundesrepublik, trotz der Jahre von 1933 bis 1945 und einer vierzigjährigen Eigenentwicklung, auf die Chimäre der „Normalität" einlassen. All das ist Anlaß genug, den deutschen Nationalismus genauer zu erörtern.

Als allgemeine Prämisse dient eine Art von anthropologischer Konstanten, daß Großgruppen offenbar ein Loyalitätsgefühl brauchen, das die „in-group" von der „out-group" abgrenzt und zugleich stabilisiert. Man weiß inzwischen, daß das eine Hülse ist, die mit der Loyalität gegenüber einer antiken Polis, einer Reichsstadt, einer historischen Region, einer Dynastie nahezu beliebig aufgefüllt werden kann. Der Nationalismus nun mit seinem Ziel, die Nation zu schaffen und ihr einen Nationalstaat zu erringen, ist durch und durch ein Phänomen der politischen Neuzeit. Deshalb sollte man ihn aus guten historischen und analytischen Gründen von älteren Loyalitätsformen wie dem Landespatriotismus, dem Stolz der Stadtbürger auf ihre Hansestadt, dem Royalismus scharf unterscheiden. Das klingt einleuchtend, trifft aber auf den ganzen Wust der nationalen Mythen, vor allem des 19. Jahrhunderts. Zu ihnen gehört die Vorstellung, daß die Entwicklung zur Nation in den europäischen Völkern keimhaft angelegt gewesen sei und sich unabänderlich entfaltet habe. Dieser Vorgang wird deshalb häufig in biologistischen Metaphern ausgedrückt: Aus dem „Keim" habe sich endlich die „vollendete Nation" entfaltet, und dazu gehört dann auch die teleologische Annahme, daß in ihrem Nationalstaat das Ziel der neueren Geschichte erreicht werde.

Dieses Ziel wurde in Deutschland erst 1871 erreicht. Die „Erfindung von Traditionen" hat jedoch dazu geführt, daß eine vermeintlich „deutsche" Nationalgeschichte bis ins Frühe Mittelalter oder noch weiter zurückverlegt worden ist. Diese Mythologie ist eminent erfolgreich gewesen. Wenn man in den Lehr- und Handbüchern zur deutschen Geschichte nachschaut, werden Karl der Große und Otto I., Wallenstein und Friedrich der Große ganz selbstverständlich in den Rahmen einer Nationalgeschichte der „Deutschen" gepreßt, obwohl die moderne Geschichtswissenschaft längst nachgewiesen hat, daß das Jahrtausend bis zum Ende des 18. Jahrhunderts durch andere Herrschaftssysteme, andere Politikformen, andere Lebenswelten als die nationalen geprägt worden ist. Daher wird jene Vergangenheit durch die nationalhistorischen Kategorien vergewaltigt, ihre Eigenart verfehlt und damit der Zusammenhang zu dieser vergangenen Realität versperrt. Dennoch sind solche Vorstellungen im allgemeinen Bewußtsein noch weithin lebendig, sie gelten als gesichertes historisches Wissen.

Gegen diesen tiefverwurzelten Mythos von der Langlebigkeit des Nationalismus und der Nation soll noch einmal die Interpretation vertreten werden, daß der moderne Nationalismus und die moderne Nation erst in den großen westlichen Revolutionen in England, Amerika und Frankreich geboren worden sind. Natürlich gab es dort längst ältere historische Traditionen: die Gemeinsamkeit der Sprache und der Kultur, der politischen Erfolge und der militärischen Glanztaten oder Niederlagen. Das waren integrierende Erfahrungen, die als eine historische „Verfügungsmasse“ vorausgesetzt werden müssen. Aber sie wurden erst jetzt zur Nationalsprache, zur Nationalkultur, zum Nationalkrieg, zum Nationalgefühl umstilisiert. Diese westlichen Pionierländer hatten jedenfalls schon einen Modellcharakter als frühe Nationen und Nationalstaaten gewonnen, als im deutschsprachigen Mitteleuropa – „Deutschland“ gab es ja zu jener Zeit weder geographisch noch politisch – eine Reihe von Vorbedingungen für das Aufkommen und die Übernahme des modernen Nationalismus als einer neuartigen Ideologie entstand.

Fragt man nach den strukturellen Voraussetzungen, die es überhaupt ermöglicht haben, daß in dem damals existierenden föderativen System der deutschsprachigen Staaten der Nationalismus und die Nation vehement diskutiert werden konnten, trifft man erstens auf die tiefe Erschütterung des Sozialgefüges durch ein beispielloses Bevölkerungswachstum, zweitens auf einen tiefgreifenden ökonomischen Wandel der Gesellschaft, deren Charakter gleichzeitig durch die älteren Spielarten des Kapitalismus, des Gewerbe-, des Handels- und des Agrarkapitalismus, verändert wurde. Drittens kommt der Zerfall der ständischen Sozialordnung und der jetzt einsetzende Aufstieg der modernen Klassengesellschaft hinzu, viertens die Erosion der traditionalen Legitimierung politischer Herrschaft und das korrespondierende Vordringen des säkularisierten Zentralstaates. Zu diesem Komplex gehört fünftens die Infragestellung der anerkannten soziokulturellen und religiösen „Weltbilder", die der alten Ordnung Halt und Verbindlichkeit gegeben hatten. Und schließlich existierte sechstens eine wesentliche Voraussetzung für die beginnende Transformation: Es gab eine soziale Trägerschicht für die neuen Leitvorstellungen und Ideen.

Was löste die Initialzündung aus, die das Ganze in Bewegung setzte? Das war eine Vielzahl von außerordentlich dramatischen Ereignissen und Entwicklungsschüben. Zu ihnen gehörten die Auswirkungen der Französischen Revolution, vor allem ihr Export durch Napoleon in das Europa östlich des Rheins, die völlige Veränderung der politischen Landkarte – nur wenige Dutzend deutscher Herrschaftsgebiete von anfänglich mehr als siebzehnhundert überlebten den großen politischen Konzentrationsprozeß seit 1803 –, die Folgen wichtiger Friedensverträge, die schmähliche Auflösung des tausendjährigen Alten Reiches. Kurzum: Auf allen Seiten gab es die Zerstörung der vertrauten Ordnung und gleichzeitig die Erfahrung von Fremdherrschaft, denn so wurde die französische Besatzungsmacht empfunden. Dadurch wurden Sprengkräfte freigesetzt, welche das überkommene Lebensgefüge überall in Frage stellten oder sogar vernichteten.

Zugleich wurde aber auch ein weiter Horizont geöffnet, der es gestattete, die Zukunft im Sinne des Nationalismus neu zu entwerfen. Durch diese strukturellen Veränderungen und die dramatische Beschleunigung des historischen Prozesses wurde eine vergleichbare Rezeptionsbereitschaft geschaffen, die anderswo mit einer Revolution verknüpft war: England spielte seine Vorreiterrolle, dann folgten Amerika und Frankreich. Aber auch in den deutschsprachigen Ländern war das Aufkommen des modernen Nationalismus – trotz der längeren Vorgeschichte gemeinsamer, wenngleich andersartiger Traditionen – an eine historische Krisenkonstellation gebunden, unter der er sich schließlich durchsetzte.

In diesem Kontext, und das ist hier das Entscheidende,

übernahm der Nationalismus wichtige soziale und politische Funktionen. Dabei steht als Herausforderung zunächst im Vordergrund die Frage nach der Regenerierung von zertrümmerten Staaten wie Preußen oder nach der Integration von Neustaaten, wie sie in Süddeutschland geschaffen wurden. Der altertümliche Untertanenverband sollte in eine Gesellschaft von Staatsbürgern verwandelt werden. Man muß aber weiter fragen: Welche spezifischen Funktionen versprach der Nationalismus besser zu erfüllen, als das die Kräfte der alten Welt taten? Was machte ihn für seine Verfechter ungleich attraktiver?

Erstens einmal bot er eine neue Legitimationsgrundlage. Ihre radikalste Variante war das Prinzip der Volkssouveränität, wie es der linke Flügel der Englischen Revolution, dann die Amerikanische Revolution entwickelt hatten. Die Vereinigten Staaten wurden schon auf der Grundlage der Volkssouveränität aufgebaut. An die Stelle des fürstlichen Gottesgnadentums trat der Konsens der Staatsbürger, die dort zu einer „neuen Nation" vereinigt wurden. Auf längere Sicht, wenn man die Vogelperspektive wählt, war dieser Gedanke der Nationaldemokratie von einer unwiderstehlichen Macht, und viele Probleme der Demokratie in Deutschland hängen damit zusammen, daß die nationaldemokratische Komponente lange Zeit unterentwickelt geblieben ist.

Zweitens spürten viele Menschen das, was man heute eine Integrationskrise nennt. Der Nationalismus versprach als Gegenmittel eine einheitsstiftende Kraft, er beanspruchte, wie vorher die Kirche, die Sinngebungs- und Rechtfertigungsinstanz des nachrevolutionären, säkularisierten Menschen zu sein. Er versprach sogar einen überlegenen Ersatz für die bisherigen konfessionellen oder landschaftlichen historischen Traditionen, und er beanspruchte herrisch das Loyalitäts- und Deutungsmonopol.

Auch wenn man den realhistorischen Zwängen die maßgebliche Bedeutung dafür zumißt, daß diese Integrationsvorstellungen des Nationalismus vordringen konnten, war seine Anziehungskraft doch zugleich ideengeschichtlich begründet. Man muß sich die Säkularisierungserfolge der Aufklärung vergegenwärtigen, die Wirkung des Theologischen Rationalismus im Protestantismus, aber auch die Auflösung der katholischen Geistlichen Fürstentümer. Der Nationalismus versprach gleichzeitig dem modernen Staat, das gesamte Gebiet von der Zentrale aus bis an die Peripherie im Namen der Nation zu durchdringen und jedermann in Anspruch nehmen zu können: als Schüler, als Steuerzahler, als Soldat.

Ein gut Teil der Attraktivität des Nationalismus bestand darin, daß er, modisch gesprochen, eine neue „Identität" verhieß. Das Revolutions- und Kriegszeitalter, das rund ein Vierteljahrhundert lang andauerte, hatte die Zugehörigkeitsgefühle vieler Menschen zerstört oder radikal in Frage gestellt. Es entstand eine Art von sozialpsychischem Vakuum, in der Sprache Freuds: eine tiefe Verstörung. Gerade unter denjenigen Intellektuellen, welche die Trägerschichten des Nationalismus bildeten, gab es ein ausgeprägtes Bedürfnis nach neuer Orientierung und nach einer neuen Identität.

Dabei flossen zwei Ideenströme zusammen – wie in allen Nationalismen bis heute. Zum einen war das der Mythos einer grandiosen, jetzt schon national gedeuteten Vergangenheit, und zum andern war das der Mythos einer nationalen Regeneration, demzufolge die Nation einer noch glanzvolleren Zukunft entgegengehe. Damit kam sogleich eine Sakralisierung der Legitimationsquellen ins Spiel. Die „deutsche Nation" und das „deutsche Volk" wurden zu historischen Potenzen hochstilisiert, obwohl sie doch erst seit einigen Jahrzehnten in der politischen Phantasie einer schmalen Intelligenzschicht vorhanden waren.

Es ist kein Zufall, daß dieser kleine Trägerverband anfangs im wesentlichen von protestantischen Theologen, Historikern, Schriftstellern, Beamten, Gymnasiallehrern gestellt wurde, die sich von kirchlichen Dogmen gelöst hatten und in ihrer Ersatzreligion die Nation in den Mittelpunkt stellten. Damit wurde der späteren Metaphysik der deutschen Nation und ihres Nationalstaates der Boden bereitet. Das war ein langwieriger Prozeß, aber schließlich gewann der Nationalismus die Qualität einer „politischen Religion".

Man muß sich bei alledem vor Augen halten, daß auch der frühe deutsche Nationalismus eine liberale Emanzipations- und Oppositionsideologie war. Er wollte die Herrschaft der Monarchen in den Einzelstaaten des Deutschen Bundes den Interessen der Nation unterordnen, er wollte die Adelsprivilegien auflösen, er wollte überhaupt die ständische Ungleichheit unter den Nationsgenossen beseitigen, er wollte die Befreiung von den Lasten des Ancien Régime in Angriff nehmen. Deshalb ging damals gewöhnlich die Gleichung auf: Wer in der großen Reformära von 1800 bis 1820 zu den Reformern gehörte, dachte in der Regel auch in den liberalen Kategorien der Nation und des Nationalismus. Deshalb verband sich mit dem frühen Nationalismus als liberaler Oppositionsbewegung – und so wurde er auch von den Konservativen korrekt wahrgenommen – der Ruf nach erweiterter politischer Partizipation. Seine Leitfigur war nicht mehr der gehorsame Untertan, sondern der aktive Staatsbürger, der allerdings durch Besitz oder Bildung qualifiziert sein mußte, ehe er am Gemeinwesen, an der Nation mitwirken konnte. Man kann sagen, daß auch der deutsche Liberalnationalismus bis zum Beginn der 1870er Jahre eine innenpolitische Modernisierungsbewegung gewesen ist, welche die alten Staaten und ihre Sozialverfassung verändern wollte.

Überall in den deutschen Einzelstaaten wurde der Nationalismus in seiner ersten Phase von den 1780er Jahren bis etwa 1820 – dann folgte der Einschnitt der Karlsbader Beschlüsse und die Stabilisierung der Restauration – von einer elitären Intellektuellenschicht getragen. Ihr gehörten Bildungsbürger an, die ein Sensorium für die Krisensituation besaßen und darauf reagierten, indem sie den Nationalismus und sein Ziel: die politisch souveräne Nation, nachdrücklich verfochten. Vorerst war es eine kleine Gruppe. Man kennt die Humboldts und die Schlegels, die Schleiermacher, Kleist, Jahn, Fichte, Arndt. Wenn man ein paar hundert Gymnasiallehrer, Pfarrer, Beamte und Professoren, dazu ein paar hundert studentische Burschenschaftler und Gymnasialschüler hinzurechnet, umschließen diese Zahlen die gesamte frühe deutsche Nationalgemeinde. Es ist eine völlig irreführende Vorstellung, daß sie schon am Anfang eine große Massenbewegung gewesen sei.

Ihre Ausweitung zu einer solchen Massenbewegung, wie sie dann 1848 während der Revolution zutage trat, basierte zunächst einmal darauf, daß sich die Kommunikationsmöglichkeiten grundlegend verbessert hatten. Die zunehmende Intensität des Nationalismus setzte auch eine zunehmende Dichte des Kommunikationsgeflechtes voraus. Dazu gehörte die Standardisierung der Schrift- und Umgangssprache; dazu gehörten gemeinsame Normen, Symbole, historische Erinnerungen, wie sie jetzt auch von den Nationalhistorikern in angeblich wissenschaftlich gefilterter Form weitergegeben wurden; dazu gehörte eine wachsende Anzahl von Zeitungen und Zeitschriften, in denen man sich über gemeinsame Probleme verständigte; dazu gehörte die Blüte des Verlagswesens, die hohe Mobilität der Studenten, auch erheblicher Teile der Beamtenschaft; dazu gehörten aber auch, ganz profan, die Schnellstraßen und dann vor allem das Eisenbahnsystem, das Zeit und Raum in einem ganz anderen Maße überwand, als das früher möglich gewesen war.

Man muß sich außerdem vergegenwärtigen, daß sich die Bildungselite, welche die Ideologie des Nationalismus und die Zielutopie der Nation verfocht, aus Bürgerlichen zusammensetzte, die oft eine Randstellung in der spätständischen Gesellschaft einnahmen und deshalb mit dem geschärften Blick des Außenseiters, des „Marginal Man", ihre Umwelt neu sahen, ehe sie ihr nationales Interpretationsangebot machten.

Zum Nationalismus gehören von Anfang an auch immer bestimmte Feindbilder. Unauflöslich ist zum Beispiel mit dem frühen deutschen Nationalismus der Franzosenhaß verquickt, der sich gegen die Fremdherrschaft und den „korsischen Despoten" richtete. Noch aber war es ein durchaus ambivalentes Verhältnis. Es gab sogar den Ruf nach einem „deutschen Napoleon" als Einheitsstifter. Der Turnvater Jahn etwa hat in seiner ekstatischen Sprache den „deutschen Heiland" gefordert, der endlich die Einheit bringen solle. Es gab unstreitig giftigen Fremdenhaß, namentlich auf die „Welschen", aber noch wurde er durch den Kosmopolitismus des frühen Nationalismus gebändigt.

Es ist nur zu verständlich, daß dieser Nationalismus von den monarchischen Herrschaftssystemen der ersten Restaurationsphase der 1820er und 1830er Jahre als „Untergangsdrohung“ (Dieter Langewiesche) empfunden wurde. Denn er wollte die Einzelstaaten einschmelzen in einen großen Nationalstaat, wollte die Monarchen aus dem Zentrum schaffen, um an ihre Stelle den konstitutionellen Staat setzen zu können.

Seit 1819 gab es jedoch für den deutschen Liberalnationalismus eine schmerzhafte Zäsur, die mit der Restaurationspolitik, welche den Nationalismus als einen ihrer Hauptfeinde ins Visier nahm, zusammenhing. Dennoch folgte seit dem Ende der 1820er Jahre bis 1848 ein riesiger Schritt nach vorn. Warum?

Es gab ein politisches und gesellschaftliches Umfeld, das die Zielvorstellungen des Liberalnationalismus weiter attraktiv hielt. Vielen politisch engagierten Liberalen und Demokraten begegnete der Deutsche Bund primär als Repressionsinstitution. Ihre Hoffnungen richteten sich daher um so mehr auf einen freiheitlichen, konstitutionellen Nationalstaat. Außerdem gab es zum einen bestimmte Krisenerfahrungen, die den Nationalismus größeren Schichten näherbrachten, und zum andern eine immense Erweiterung der sozialen Trägerschichten – das war sozialgeschichtlich der entscheidende Vorgang. Zu den Beschleunigungsfaktoren gehörte die Begeisterung für den griechischen Freiheitskampf gegen die Türken, der Philhellenismus, auch die Polenbegeisterung nach dem polnischen Aufstand Anfang der 1830er Jahre. Vielerorts schossen die Griechen- und Polenkomitees aus dem Boden. Sie begeisterten sich für „Stellvertreterkriege“, denn dort kämpften andere für ihre nationale Unabhängigkeit. Daran richtete man sich gewissermaßen auf in der Erwartung der künftigen eigenen Nations- und Nationalstaatsbildung. Für eine außerordentliche Belebung des deutschen Nationalismus sorgte die Rheinkrise von 1840, als Frankreich als Kompensation für eine Niederlage im Nahen Osten die Expansion zum Rhein zu suchen schien. Diese Krise hatte eine eminente mobilisierende Wirkung. Jetzt tauchten zahlreiche berühmt gewordene Lieder auf, etwa „Sie sollen ihn nicht haben, den freien deutschen Rhein“, und der greise Arndt predigte, daß „Alldeutschland“ nach Frankreich hineinmarschieren müsse. 1840 hat für diese politische Generation einen scharfen Einschnitt bedeutet.

Tiefer aber wirkte womöglich noch der jahrelange Kampf um die Herzogtümer Schleswig und Holstein. Der Kampf gegen den dänischen Nationalismus, der diese norddeutschen Gebiete in die Gesamtmonarchie integrieren wollte, wurde zunehmend mit nationaldeutschen Argumenten geführt. Große Häupter der späteren „borussischen Schule“, Droysen und Dahlmann etwa, auch Theodor Mommsen, nahmen alle schon an der Schleswig-Holstein-Debatte teil.

Die Erweiterung der sozialen Trägerschichten ist erst jüngst genauer bekannt geworden, wie es überhaupt bisher noch immer keine modernen Studien gibt, die größere Zeiträume in der Entwickung des deutschen Nationalismus im 19. und 20. Jahrhundert verfolgen, obwohl die Deutschen lange Zeit in einem Nationalstaat mit einer vorbehaltlos nationalhistorisch ausgerichteten Geschichtsschreibung gelebt haben und die Zäsur von 1945 die distanzierte Forschung hätte erleichtern können. Wir kennen jetzt aber endlich die Sickerprozesse, wie der Nationalismus etwa in der Turnerbewegung vordrang. Hinzuweisen ist auch auf die Männergesangsvereine: Man sang eben nicht folgenlos jede Woche Lieder von Körner, Arndt und Hoffmann von Fallersleben. Ebenso spielten die Burschenschaften, die sich nach einer relativ kurzen Verbotsphase wieder regen konnten, eine wichtige Vermittlerrolle.

Das alles mag prosaisch klingen, aber es waren Hunderttausende, die in diesen Vereinen fest organisiert waren, und noch einmal Hunderttausende in ihrem Umfeld, die auch erreicht wurden. Die Studenten sind deshalb wichtig, weil sie die künftigen Angehörigen der staatlichen Funktionseliten stellten. Sie gehörten zu den kommenden „Meinungsmachern“, ob sie nun in die Verwaltung oder in die Gymnasien einrückten; sie wurden zu Multiplikatoren des Nationalismus. Man kann an vielen Lebensgeschichten von Burschenschaftlern verfolgen, wie sie durch den nationalisierenden Einfluß ihrer Studienzeit geprägt worden sind. Bekannt sind auch die großen Kongresse, auf denen die Nationalgesinnten zu ihren wissenschaftlichen Tagungen zusammenkamen, etwa im „Verein deutscher Naturforscher und Ärzte“ oder auf den Germanistentreffen. Fünf- bis sechshundert „Meinungsführer“ trafen sich dort regelmäßig. Hinzu gehört ebenfalls die Reihe der großen Nationalfeste: das Kölner Dombaufest, das Gutenbergfest, das Fest zu Luthers 300. Todestag. Es gab zahllose Gründe, auf solchen Festen sich seiner nationalen Vergangenheit zu vergewissern, sich an ihr aufzurichten, auf eine nationale Zukunft zu hoffen.

In der Literatur: im Roman, in der politischen Lyrik, in den Reiseschilderungen, wuchs ebenfalls das nationalpolitische Engagement. Es äußerte sich in den Schriften des „Jungen Deutschland“, bis sie schließlich vom Deutschen Bund verboten wurden. Die politische Lyrik eines Herwegh, Hoffmann von Fallersleben, Freiligrath, von Männern mit einer großen Resonanz, fand – auch wenn ihr Werk verboten wurde – aus den Geheimverlagen in der Schweiz den Weg zum deutschsprachigen Publikum. Kurz: Aufgrund der politischen Umstände, der Beschleunigungserfahrungen und der anhaltenden Ausweitung der Trägerschichten wurde der Nationalismus bis 1848 eine Massenbewegung. Jetzt trat er in aller Öffentlichkeit hervor und versuchte, im ersten Anlauf die Gründung eines liberalen deutschen Nationalstaates zu erreichen.

Dieser Anlauf scheiterte aus Gründen, die hier nicht diskutiert zu werden brauchen. Aber es war bereits eine außerordentlich machtvolle Kraft, die sich damals äußerte, und nach dem Bürgerkrieg stellte sich sofort heraus: Der Nationalismus und seine Zielvorstellung, eine deutsche Nation und einen deutschen Nationalstaat zu schaffen, ließen sich nicht mehr unterdrücken. Zwar folgte eine zweite Restaurationsphase, aber sie vermochte nur kurzlebige Erfolge zu erringen.

Seit dem Ende der 1850er Jahre meldete der Nationalismus erneut seinen Machtanspruch an, unentwegt forderte er den liberalen Nationalstaat. Nur zwei neue Beschleunigungseinflüsse sollen noch hervorgehoben werden. Die erste Antriebskraft ging von der italienischen Nationalstaatsgründung seit 1859 aus. Denn sie demonstrierte in unmittelbarer Nachbarschaft, daß das Ziel, mit dem man 1848/49 gescheitert war, trotzdem erreichbar war. Ähnlich wie in den 1980er Jahren der Demonstrationseffekt der „Solidarität" in Osteuropa und auch in Ostdeutschland gewirkt hat, ist damals die deutsche Öffentlichkeit von der italienischen Einigung fasziniert gewesen. Und es gab, das war der zweite Schub, noch einmal einen furiosen Intellektuellennationalismus. Er wurde von der sogenannten „borussischen Schule" bedeutender, vielgelesener Historiker vertreten, die als die „deutsche Mission" Preußens predigten, daß es hier und heute einen deutschen Nationalstaat gründen müsse.

Von dieser Strömung ging eine erstaunliche Wirkung aus, da Historiker wie Droysen, Sybel, Mommsen, Treitschke, Publizisten wie Haym, Schriftsteller wie Freytag vom Nimbus der Bildungsreligion und der deutschen Wissenschaft zehrten. Die Geschichte war damals die Leitwissenschaft der liberalnationalen Öffentlichkeit. Ihre anerkannten Experten waren glänzende Stilisten, sie scheuten sich nicht, auch in Zeitungen und Zeitschriften regelmäßig zu publizieren. Sie waren durch und durch politisch denkende und schreibende Männer, und sie verschafften der „sozialen Erfindung" Glaubwürdigkeit, daß Preußen seit jeher einem historischen Gesetz folge und seine Aufgabe der deutschen Einigung jetzt wahrzunehmen habe.

Ideologiepolitisch war das eine fundamentale Herausforderung für alle, die auf Österreich, auf die großdeutsche Lösung setzten. Man muß jedoch konstatieren, daß es in Wien oder an den süddeutschen Universitäten keine Kapazitäten gab, die mit einem Mommsen, Sybel oder Treitschke auch nur von ferne hätten mithalten können. Österreichische Diplomaten sahen deren Wirkung auf die Öffentlichkeit durchaus und forderten ihre Regierung zur Bekämpfung auf. Aber man konnte weder hochqualifizierte Wissenschaftler aus dem Boden stampfen noch das Universitätssystem, das sie hervorgebracht hatte. Das war der Beitrag, den die Reformuniversität in dieser Zeit noch einmal zum modernen deutschen Nationalismus geleistet hat.

Daher blieben auf der andern Seite nur mediokre Kritiker wie Onno Klopp und Constantin Frantz oder ein klerikaler Fanatiker wie Edmund Jörg in München übrig. Sie alle konnten einem Vergleich mit den Häuptern der „borussischen Schule" nicht standhalten.

Trotzdem, das muß man nachdrücklich betonen, gab es entgegen der borussischen Legende keine Zwangsläufigkeit in der historischen Entwicklung hin auf einen preußisch dominierten Nationalstaat, auch nicht als Folge der ökonomischen Integration durch den Deutschen Zollverein. Fraglos wurden die ökonomischen Interessen von Berlin geschickt gesteuert und genutzt. Aber als es zum Schwure kam, während des deutschen Bürgerkrieges von 1866, waren alle wichtigen Zollvereinsstaaten auf der Seite Österreichs, keineswegs aber auf der Seite Preußens als der Vormacht des Zollvereins. John Maynard Keynes hatte unrecht, als er an die Stelle der Bismarckschen Formulierung von „Blut und Eisen" die Formel von „Kohle und Eisen" setzte. So ist es eben nicht gewesen. Politisch blieb offen, was aus der deutschen Geschichte dieser Jahre wurde. Realhistorisch ging der kleindeutsche Nationalstaat aus einer geradezu verzweifelten Therapie hervor: aus drei Kriegen, mit denen Bismarck das alte preußische Regime durch die Expansion aus seiner fundamentalen Krise befreien wollte.

Erst in den 1860er Jahren schoß mithin alles zu einer neuen Konstellation zusammen, die man selbst am Ende der 1850er Jahre so noch gar nicht hatte vorhersehen können: die preußische militärische Stärke, der kleindeutsche Nationalismus und das Sondertalent Bismarcks, des einzigen charismatischen Berufspolitikers, den es in Europa in der zweiten Hälfte des 19. Jahrhunderts gegeben hat. Das alles waren unvorhersehbare Größen. Und zweimal stand alles auf des Messers Schneide: einmal bei Königgrätz 1866, das andere Mal 1870 in den Sommer- und Herbstschlachten mit Frankreich, das alle militärischen Experten für überlegen hielten.

Aber dann kam die Reichsgründung als Ergebnis der großpreußischen Expansion. Sie wirkte wie die Erfüllung der „deutschen Mission" Preußens, und sie verschaffte einer „historischen Erfindung“ den Anschein der Wahrheit – in manchen Lehrbüchern bis heute. Sie erfüllte die Wünsche der Nationalbewegung, obwohl mehr als zwanzig Millionen Deutsche in Österreich und anderswo ausgeschlossen wurden. Sie legitimierte aber auch das alte preußische Machtkartell, und im Reich stärkte sie den Hegemonialstaat Preußen, der zwei Drittel der Bevölkerung und des territorialen Umfangs besaß. Die Integration von fünfundzwanzig Staaten und Städten in den Nationalstaat und die Umschmelzung der Bevölkerung in eine neue Reichsnation brauchten etwa fünfundzwanzig bis dreißig Jahre. Erst seit den späten 1890er Jahren gab es eine konsolidierte Reichsnation.

Noch in die 1870er Jahre fiel jedoch bereits ein folgenschwerer Inhalts- und Funktionswandel des Nationalismus. Der fast hundertjährigen Lebenszeit des Liberalnationalismus von den 1780er Jahren bis in die 1870er Jahre folgte die Periode des zunehmend konservativen Reichsnationalismus. Die Ursachen dieses Wandels sind klar zu erkennen. Der neue Nationalstaat erfüllte weithin die Wünsche der Nationalbewegung. Aber mit der Erreichung ihres Ziels mußte sie auch die Legitimationsbasis des Reiches, in der sich monarchische, charismatische und militärische Elemente mit den konstitutionellen verbanden, mußte sie den autoritären Charakter des politischen Systems in Kauf nehmen. Die durchschlagende Erfolgsdemonstration in drei Kriegen übte eine langlebige Wirkung aus, Erfolge des preußischen Militärstaats also und seines konservativen Spitzenpolitikers, der diese Politik leitete. Ein weitverbreitetes nationales Erfüllungsgefühl vereinigte sich mit dem typisch nationalistischen Sendungsbewußtsein, das die deutsche Nation in ihrem neugeschaffenen Staat einer glorreichen Zukunft entgegengehe. Hinzu kam die Entliberalisierung des Reiches seit der innenpolitischen Zäsur von 1879. Fortab hat dieser konservative Reichsnationalismus mit späteren Varianten seinen dominanten Einfluß behalten. Seit den neunziger Jahren, dann im Ersten Weltkrieg, während der Weimarer Republik und erst recht im „Dritten Reich“ wurde er zunehmend radikalisiert.

Die zerstörerischen Ergebnisse des deutschen Radikalnationalismus haben bis 1990 abschreckend gewirkt. Auch in dieser Perspektive ist es unbestreitbar, daß der deutsche Nationalismus, nachdem die Gründung seines Nationalstaats erreicht worden war, zu einem Scheideweg der modernen deutschen Geschichte geführt hat.

Auswahlbibliographie

Breuilly, J., Nationalism and the State, Manchester 1993^2.

Hobsbawm, E.J., Nationen u. Nationalismus seit 1780, Frankfurt 1992^2.

Langewiesche, D., Reich, Nation u. Staat in der jüngeren deutschen Geschichte, in: Historische Zeitschrift 54. 1992, 341–81.

Schieder, T., Nationalismus u. Nationalstaat, Hg. O. Dann u. H.-U. Wehler, Göttingen 1992^2.

Schulze, H., Staat u. Nation in der europäischen Geschichte, München 1994.

Wehler, H.-U., Deutsche Gesellschaftsgeschichte, I: 1700–1815, II: 1815–49, III: 1849–1914, München 1987/1995.

Wehler, H.-U., Nationalismus, in: ders., Die Gegenwart als Geschichte, München 1995, 127–85.

Dieter Langewiesche

Die Reichsgründung 1866/1871

„Wodurch hat man die Gnade Gottes verdient, so große und mächtige Dinge erleben zu dürfen? Und wie wird man nachher leben? Was zwanzig Jahre der Inhalt alles Wünschens und Strebens gewesen, das ist nun in so unendlich herrlicher Weise erfüllt! Woher soll man in meinen Lebensjahren noch einen neuen Inhalt für das weitere Leben nehmen?“[1] Mit diesen überschwenglichen Worten feierte der 53jährige Historiker Heinrich von Sybel 1871 die Reichsgründung. Sein Lebenstraum erfüllte sich. Viele Menschen werden damals ähnlich empfunden haben. Aber nicht alle. August Bebel und Wilhelm Liebknecht, zwei Wortführer der jungen sozialistischen Arbeiterbewegung, erlebten die Geburtsstunde des deutschen Nationalstaates im Gefängnis – „Reichsfeinde“, „vaterlandslose Gesellen“, wie man die Sozialisten bald beschimpfte, angeklagt des Hochverrats, weil sie sich gegen die deutschen Annexionspläne ausgesprochen hatten.

Aus der Taufe gehoben wurde das Deutsche Reich im Schloß von Versailles, im Zentrum Frankreichs, für das die Erfüllung des deutschen Traums vom eigenen Nationalstaat mit einer Demütigung begann: militärisch besiegt, vom Commune-Aufstand revolutionär erschüttert und territorial um Elsaß und Lothringen verkleinert, dem Siegespreis der deutschen Nation. Von nun an standen sich das neue Deutschland und Frankreich als „Erbfeinde“ gegenüber. Diese Hypothek der Reichsgründung wurde erst nach dem Zweiten Weltkrieg in der Ära Adenauer getilgt.

Die Reichsgründung erfüllte die Sehnsucht der Deutschen, ihre Nation zu einem Nationalstaat zusammenzufügen. Aber viele hatten ihn sich anders vorgestellt:

- Größer, denn Österreich, die alte deutsche Kaisermacht, gehörte nicht mehr dazu.
- Konfessionell ausgeglichener, denn das Ausscheiden Österreichs hatte den deutschen Nationalstaat zu einem Staat der Protestanten werden lassen, der bald einen inneren Krieg, den sogenannten Kulturkampf, gegen die Katholiken begann, deren nationale Loyalität bezweifelt wurde.
- Föderativer, denn die deutsche Nation wurde nun von Preußen geprägt. Das „dritte Deutschland" der Klein- und Mittelstaaten hatte seinen Schutzraum zwischen den beiden Großstaaten Preußen und Österreich verloren.
- Auch demokratischer und parlamentarischer hatten sich viele diesen deutschen Nationalstaat erhofft: Seine Geburt in drei Einigungskriegen, siegreich geführt von preußischen Truppen, schwächte die Durchsetzungskraft der liberal-demokratischen Nationalbewegung. Vom Schlachtfeld kehrte das alte, das militärstaatliche Preußen gestärkt zurück. Geführt von dem preußischen Ministerpräsidenten Otto von Bismarck, hatte es sich mit der Nationalbewegung verbündet. Dadurch veränderten sich längerfristig beide – das alte Preußen, wie es vor allem in der Hohenzollern-Monarchie, im Militär und im Adel überlebt hatte, und die moderne Idee *Nation*, die als revolutionäre Kraft aus der Amerikanischen und der Französischen Revolution hervorgegangen war, seither die Geschichte Europas bestimmte und nun das föderative Deutschland zu einem Nationalstaat zusammenfügte, den es in dieser zentralisierten Gestalt zuvor niemals gegeben hatte.

Die deutsche Nationalbewegung war im frühen 19. Jahrhundert als Oppositionskraft entstanden, gerichtet gegen die Obrigkeitsstaaten, die politische Reformen verweigerten. Österreich und Preußen standen an der Spitze dieser Reformblockade. Als Preußen dann aber in den sechziger Jahren umschwenkte, unter Bismarcks Führung sich die revolutionäre Idee *Nation* nutzbar machte, 1866 und 1870 gar seine Truppen marschieren ließ, um auch den deutschen Traum vom eigenen Nationalstaat zu verwirklichen, erst gegen Österreich, dann gegen Frankreich – da zog es die liberal-demokratische Nationalbewegung in seinen Bann und band ihr zugleich innenpolitisch die Hände.

Die Reichsverfassung von 1871 mit ihrem komplizierten Aufbau, der sorgfältig darauf berechnet war, das Parlament im Vorhof der Macht festzuhalten, bildete den Preis, den die deutsche Nation an das siegreiche Preußen zahlen mußte. Weil Preußen den Nationalstaat militärisch ermöglichte, unterblieb die verfassungspolitische Entscheidungsschlacht um mehr Parlamentarismus und Demokratie. Sie wurde auf die Zukunft vertagt. Auch dies gehört zu den innenpolitischen Hypotheken, unter denen der Nationalstaat beginnen *mußte*. Eine realistische Alternative gab es damals nicht. Das erkannten auch diejenigen an, die bis zuletzt gegen einen preußisch beherrschten kleindeutschen Nationalstaat gekämpft hatten. Ein Beispiel für ihre Resignation vor der Geschichte, die sie zu überwältigen schien, bietet der bayerische Preußengegner Johann Nepomuk Sepp. Als die Münchener Abgeordnetenkammer im Juli 1870 darüber debattierte, ob ein Kriegskredit bewilligt werden sollte, damit Bayern an der Seite Preußens in den Krieg gegen Frankreich ziehen könne, hielt Sepp eine aufsehenerregende Rede. Sie enthüllt die Macht der geschichtlichen Situation, die alle Widerstände überrollte:

„Zwischen heute und gestern liegen zehn Jahre. Das Referat ist seinem Kern nach noch gestern gearbeitet; heute schon sind die Verhältnisse mächtiger als die Menschen. ... Ich hatte einen ganz andern Vortrag vorbereitet, aber wer frägt sich nicht in diesem Augenblicke, ob seine Rede dem großen geschichtlichen Momente entspricht. ... Ich wollte für bewaffnete Neutralität sprechen ... Und jetzt komme ich mir vor wie der Prophet, der ausgezogen war, um zu fluchen, und er mußte segnen. ... Der furchtbare Appell an die Waffen ist erfolgt, das Gottesurteil wird herausgefordert. ... Wenn die Würfel fallen mögen, seien wir entschlossen. Wir wollen nicht als blinde Passagiere hinter dem Wagen der Ereignisse herlaufen." Aus Frankreich, fuhr er fort, kommen Lockangebote, eine gemeinsame antipreußische Allianz aufzubauen. „Ich gebe hierauf eine deutsche Antwort. Wir halten es für eine nationale Schmach und erklären es für Vaterlandsverrat, an solch ein Bündnis je wieder zu denken. Meine Herren! Durch eine fremde Nation werden wir Deutsche nicht unsere Schicksale bestimmen lassen, wir wollen die Herren unseres Geschickes bleiben. Nicht Halbfranzosen sitzen hier neben Deutschen, sondern Deutsche sind wir alle. ... Wir werden in den Krieg eintreten mit allem Ernst und aller Kraft. Gott gebe den Waffen der Deutschen den Sieg."[2]

Was zwang diesen Antipreußen aus Bayern, sich als Deutscher zu bekennen und sich einem Krieg auszuliefern, den er lieber vermieden hätte, dessen Anlaß er nicht billigte und von dem er glaubte, das bayerische Heer sei für ihn waffentechnisch nicht gerüstet? Vor zehn Jahren, sagte der Abgeordnete, hätte alles noch ganz anders ausgesehen. Was war inzwischen geschehen? Warum wurde aus einem überzeugten bayerischen Patrioten, der er weiterhin blieb, dem bayerischen Königshaus treu ergeben – warum wurde aus diesem katholischen Bayern ein Deutscher, der es für seine Pflicht hielt, den drohenden Krieg zwischen dem katholischen Frankreich und dem protestantischen Preußen zu einem deutschen Nationalkrieg zu erklären, zu einem Gottesurteil gar, auszufechten auf dem Schlachtfeld, dem sich kein Deutscher entziehen dürfe. Seine Gesinnungsfreunde waren überrascht, doch die meisten schlossen sich ihm an – mit Widerwillen zwar und nach einer letzten Gegenwehr gegen die Katastrophe, als die sie diesen Krieg empfanden. Erst stimmte das bayerische Abgeordnetenhaus mit deutlicher Mehrheit gegen den Kriegskredit, dann korrigierte es sich mit noch größerer Mehrheit: Der Kredit wurde bewilligt, sofern der Krieg unvermeidlich sei. Und davon zeigte sich die deutsche Nation bis weit in die Kreise der Preußengegner hinein überzeugt.

Warum konnte ein Konflikt, der ursprünglich um bloße dynastische Hoffnungen und Empfindlichkeiten entstanden war – es ging um die Kandidatur eines Hohenzollernprinzen um den spanischen Thron und den Widerspruch des französischen Kaisers dagegen –, warum konnte ein solcher dynastischer

Streit einen Krieg hervortreiben, den die deutsche Nation bereitwillig, vielfach begeistert, nicht selten religiös ergriffen als Nationalkrieg anerkannte?

Es wäre vordergründig, die Ursache für diese überraschende Haltung nur in der geschickten Taktik Bismarcks zu sehen, dem es gelungen war, den französischen Kaiser Napoleon III. zur Kriegserklärung zu provozieren. Daß Frankreich diesen ersten Schritt tat, war auch wichtig. Es stand nun in der internationalen Politik als Angreifer da, so daß Preußen auf die diplomatische Duldung der europäischen Großmächte England und Rußland rechnen konnte. Wichtig war Frankreichs ungeschickte Diplomatie auch für die deutsche Innenpolitik: Ein deutscher Staat schien von einem ausländischen Aggressor bedroht. Das ließ zweifellos die nationale Euphorie in ganz Deutschland emporschwellen. Doch warum sich die deutsche Nation so entschieden Preußens dynastisches Problem zueigen machte, warum eine nationale Begeisterung ausbrach, die alle immer noch vorhandenen Zweifel der Preußengegner hinwegspülte, sie nicht mehr am ehrlichen Willen Preußens, sich in den Dienst der Nation zu stellen, zweifeln ließ, warum dieser Stimmungsumschwung urplötzlich eine geeinte deutsche Nation hervorbringen konnte, bereit, an der Seite Preußens gegen Frankreich in den Krieg zu ziehen, das läßt sich nicht allein aus diesem Konflikt mit Frankreich erklären.

Die Reichsgründung, die aus dem deutsch-französischen Krieg hervorging, hatte tiefere Ursachen. Sie verblaßten jedoch schon für die Zeitgenossen und wurden später völlig verwischt, denn es prägte die Geburt und die Gestalt des deutschen Nationalstaats zutiefst, daß er aus drei Kriegen hervorgegangen war, erst gegen Dänemark, dann gegen Österreich und schließlich gegen Frankreich. Viele, die sich zur deutschen Nation bekannt und in der Nationalbewegung mitgewirkt hatten, sahen sich nun genötigt, sich mit einem Nationalstaat abzufinden, den sie so nicht gewollt hatten. Das Deutsche Reich als preußisch-protestantische Kriegsgeburt, dieses unerwartete, vielen auch unerwünschte Ergebnis überstrahlte dann rasch und gründlich die Alternativen, die zuvor im Gespräch gewesen sind. Der preußische Monarch Wilhelm I., sein militärischer Planer Moltke und vor allem sein Ministerpräsident Bismarck stiegen jetzt zu nationalen Heroen auf, in deren Schatten die Leistungen der liberal-demokratischen Nationalbewegung zu blassen Schemen verschwammen. Der Glanz der Sieger überdeckte alles. Und viele der Besiegten stellten sich auf ihre Seite, um an diesem Glanz teilzuhaben. Das war keineswegs bloßer Opportunismus. Darin zeigte sich zugleich der Anspruch der Nationalbewegung, als Mit-Schöpfer dieses Nationalstaates anerkannt zu werden, auch wenn er nicht oder nicht völlig nach ihrem Bilde ausgefallen war.

Was hatte diese Nationalbewegung gewollt? Wer gehörte zu ihr? Was tat sie, um ihrem Ziel näherzukommen? Warum konnte sie 1866 und erneut 1871 in die glanzlose Rolle des Juniorpartners an der Seite Preußens und seines überlegenen Staatsmannes Bismarck geraten? Und schließlich: Was hat sie im Urteil der Zeitgenossen und im Rückblick von heute her gesehen erreicht?

Der junge Nationalstaat war zunächst für die einen ein stolzer Bau, der einen langen Traum erfüllte und nicht mehr verändert werden sollte. Andere sahen in ihm ein rohes Gehäuse, das noch vieler Umbauten bedürfe, aber doch einen soliden Grundstock bot. Nur zwei bis drei Jahrzehnte später verstand ihn eine jüngere Generation als Ausgangspunkt neuer ausschweifender Hoffnungen. Sie wollte ihn zu einer imperialistischen Großmacht ausbauen, mit Kolonien in aller Welt. Nach dem Ersten Weltkrieg geriet er ins Zwielicht: Vielen galt er als das verlorene Ideal, doch mehr und mehr verwarfen ihn zugunsten etwas Neuem, noch Unbekanntem – beides richtete sich gegen die Gegenwart, also gegen die erste deutsche Demokratie. Nach dem Zweiten Weltkrieg folgte schließlich die zerknirschte Umwertung: 1871 als Auftakt zu 1914 oder gar 1933, zu Weltkrieg und Nationalsozialismus.

An Deutungsangeboten mangelt es also nicht, und nicht selten korrigierte sich ein und dieselbe Person unter dem Druck der geschichtlichen Erfahrung. Thomas Mann ist das wohl prominenteste Beispiel. Noch 1917, mitten im Ersten

Weltkrieg, hatte er sich in seinen „Betrachtungen eines Unpolitischen" mit dem „vielverschrieenen ‚Obrigkeitsstaat'", wie er ihn verteidigend nannte, identifiziert. Alle Versuche, ihn zu demokratisieren, lehnte er ab. 1945 urteilte er völlig anders: „Durch Kriege entstanden, konnte das unheilige Deutsche Reich preußischer Nation immer nur ein Kriegsreich sein. Als solches hat es, ein Pfahl im Fleische der Welt, gelebt, und als solches geht es zugrunde."[3]

Auch die Geschichtswissenschaft hat diese beiden Gesichter des Deutschen Reiches nicht harmonisieren können. Es gab und gibt sie beide. Die politische Öffentlichkeit stellt sie schroff gegeneinander. Erinnert sei nur an die Deutungen zweier Bundespräsidenten. Gustav Heinemann verurteilte das Deutsche Reich von 1871 als den ersten Schritt auf dem Weg zu den großen Katastrophen unseres Jahrhunderts, Karl Carstens hingegen würdigte es als Teil einer bewahrenswürdigen Nationalgeschichte.[4] Heute, da die staatliche Teilung Deutschlands überwunden ist, blicken viele auf der Suche nach Zukunftsgewißheit erneut hoffnungsvoll zurück zu den nationalstaatlichen Anfängen. Andere sehen darin hingegen eine Gefahr für die noch jungen Bürgertugenden der Bundesrepublik und für ein demokratisches Europa, das die alten nationalen Staatsgrenzen und die tiefen emotionalen Trennlinien, die damit verbunden waren, endlich zu überwinden scheint. Der Rückblick auf den deutschen Nationalstaat von 1871 führt also nicht in eine ferne, abgelebte Vergangenheit. Politisch spaltet er noch immer. Dieser Zwiespalt ist offensichtlich schon in der Reichsgründung angelegt, in der Art, wie sie zustande gekommen ist, was sie erreicht und was sie versäumt hat.

Schon Zeitgenossen haben die Reichsgründung eine „Revolution von oben" genannt.[5] Mit *Revolution* verband man seit 1789 die Vorstellung eines plötzlichen Fortschrittssprunges auf dem Weg in die Zukunft, erzwungen durch den Einsatz von Gewalt. Diese Gewalt ging aber 1866 und 1870 nicht von der Gesellschaft aus und war nicht gegen eine reformverweigernde staatliche Obrigkeit gerichtet. Sie kam vielmehr „von oben", vom preußischen Staat. Derselbe Staat, der 1849 die Revolution in Deutschland niedergeschlagen hatte, trat nun als Revolutionär auf. So empfanden es jedenfalls viele Zeitgenossen.

1864 hatte Preußen zunächst noch gemeinsam mit Österreich einen Krieg gegen Dänemark geführt. Es war kein Kabinettskrieg alten Stils, sondern ein deutsch-dänischer Nationalkrieg. Die deutsche Nation forderte Schleswig und Holstein für sich – wie 1848, doch im Gegensatz zu damals setzten die beiden deutschen Vormächte diese Forderung nun militärisch durch. Im ersten deutschen Einigungskrieg, wie man ihn im Rückblick nennen kann, trat Dänemark die Herzogtümer Schleswig und Holstein an die beiden Repräsentanten des Deutschen Bundes ab. Doch damit endete diese preußisch-österreichische Allianz.

Die Konflikte, die aus diesem Erfolg hervortrieben, lösten 1866 den zweiten deutschen Einigungskrieg aus. Es war ein innerdeutscher Staatenkrieg, denn die Mitgliedsstaaten des Deutschen Bundes führten an der Seite Preußens und Österreichs Krieg gegeneinander. Doch es war zugleich ein innerdeutscher Nationalkrieg, der die deutsche Gesellschaft in zwei verfeindete Lager teilte. In ihm zerbrach der Deutsche Bund, dieses Geschöpf des Wiener Kongresses, der 1815 an die Stelle des untergegangenen Heiligen Römischen Reiches Deutscher Nation einen lockeren Staatenbund gesetzt und damit die föderative deutsche Staatstradition den neuen Verhältnissen angepaßt hatte. Nach innen war dieses Gebilde stark genug, den Zerfall Mitteleuropas in eine Vielzahl konkurrierender Einzelstaaten zu verhinden; nach außen blieb es schwach genug, um die europäischen Nachbarn nicht zu gefährden. Diese Föderation wurde 1867 ersetzt durch den preußisch beherrschten Norddeutschen Bund – ein nationaler Rumpfstaat, der bis etwa zur Mainlinie reichte. Dank seiner überlegenen politischen, aber auch militärischen und wirtschaftlichen Kraft werde er binnen kurzem die süddeutschen Staaten an sich ziehen – so glaubten, hofften oder fürchteten viele. Der Schritt zum kleindeutschen Nationalstaat, einem Staat ohne Österreich, unter preußischer Führung, schien nur noch eine Frage der Zeit zu sein.

Der innerdeutsche Nationalkrieg von 1866 und sein Ergebnis wurden als eine „Revolution von oben“ empfunden, weil der preußische Staat zu vollenden schien, was den Revolutionären 1848/49 mißlungen war: Der kleindeutsche Nationalstaat zeichnete sich ab, und er entstand als Verfassungsstaat. Beides noch unvollendet, sowohl der Nationalstaat als auch der Verfassungsstaat, doch diese Grenzen würden sich überschreiten lassen – davon war die liberale Nationalbewegung überzeugt. In einer Hinsicht hatte der preußische Staat 1866 sogar radikaler gehandelt als es die meisten Revolutionäre 1848 geplant hatten. Im Gegensatz zur föderativen Paulskirchen-Verfassung von 1849, die wie die Revolution vor den Thronen haltmachte, wagte es das nationalrevolutionäre Preußen von 1866, vier bisher selbständige deutsche Staaten auszulöschen: das Königreich Hannover, Kurhessen, Nassau und die freie Stadt Frankfurt am Main.

In der Revolution von 1848/49 hatte sich das monarchische Preußen als stärkstes antirevolutionäres Bollwerk in Deutschland erwiesen, und seit Beginn der sechziger Jahre war es im berüchtigten Verfassungskonflikt zum Hoffnungsanker aller antiliberalen Kräfte geworden. Ausgerechnet dieses Preußen, dessen Monarch den kampfwilligen Junker Bismarck an die Spitze einer Regierung gestellt hatte, um den Liberalen und Demokraten ihre Parlamentarisierungshoffnungen notfalls mit Gewalt auszutreiben, vollstreckte nun unter Einsatz preußischer Truppen nationalpolitische Hoffnungen, die 1849 nicht zuletzt an diesen Truppen gescheitert waren.

Bismarck radikalisierte die nationalstaatlichen Pläne von damals, indem er den Föderalismus stärker beschnitt, als es 1848 möglich gewesen wäre, aber er begrenzte auch die Parlamentarisierung, die in der Reichsverfassung von 1849 vorgesehen und in den Revolutionsjahren schon praktiziert worden war. Wie sich beides auswirken würde, die Schwächung des Föderalismus und des Parlamentarismus, mußte die Zukunft zeigen. Zunächst einmal wirkte die preußische Politik als ein nationalrevolutionärer Akt.

Die Konservativen waren entsetzt. Einer der ihren machte

Revolution. „Nun ist aber die Revolution von oben durch Euch in Mode gekommen. Wehe Euch doppelt, wenn sie Euch nach hingweggespültem Rechtsgefühl in der Flut der Zeiten einmal selbst ergreift! Dann seid Ihr verloren!" Daß ein österreichischer Feldmarschall dies schrieb, kann nicht überraschen. Er und sein Monarch hatten die entscheidende Schlacht um Deutschland verloren. Doch auch ein konservativer Preuße wie Ludwig von Gerlach sprach von der „grundgottlosen Haupttat" Bismarcks, die zu einem allgemeinen „Versinken in die Revolution" führen werde.[6] Kein Zweifel, die königstreuen Konservativen aller Richtungen haben die Gründung des deutschen Nationalstaates als Frevel wider die monarchische Legitimität erlitten, als eine revolutionäre Tat, ausgeführt von einem der ihren, der ihr Vertrauen mißbrauchte. Das alte Preußen, fürchteten sie, werde vernichtet, indem Bismarck dieses Preußen in den Dienst der nationalen Idee stellte.

Es ist kein Zufall, daß sich die Konservativen erst in den siebziger Jahren mit dem neuen Nationalstaat aussöhnten. Damals ging die „liberale Ära" zu Ende, wie die Zeitgenossen die Reformphase seit 1866 nannten. Als in dem innerdeutschen Nationalkrieg der Deutsche Bund zerbrach, begann eine Art Liberalisierungswettbewerb zwischen dem Norddeutschen Bund und den noch selbständig gebliebenen süd- und mitteldeutschen Staaten. Alle warben um die politische Öffentlichkeit. Der Reichstag des Norddeutschen Bundes griff mit einer Fülle von Gesetzen liberalisierend in Wirtschaft und Gesellschaft ein. Und auch die anderen Staaten gewährten nun Reformen, die sie zuvor lange verweigert hatten.

Die Liberalen hatten zwar ihre verfassungspolitischen Vorstellungen nur begrenzt durchsetzen können – parlamentarische Regierungssysteme entstanden nicht, im Zentrum der Herrschaftsordnung stand weiterhin der Monarch –, doch es schien nur noch eine Frage der Zeit, bis sich auch das erfüllen würde, was jetzt noch nicht erreicht werden konnte. Die Liberalen waren voller Optimismus. Und das mit guten Gründen. Standen sie doch an der Spitze einer nationalen Bewegung, die ihrem langerträumten Ziel, dem deutschen Nationalstaat, greifbar nahe war. Vor allem aber repräsentierten sie das moderne Deutschland, das in den sechziger Jahren einen mächtigen Industrialisierungsschub erlebte.

Die Reichsgründungsära fiel in eine wirtschaftliche Schönwetterperiode. Es ging aufwärts. Die aussichtslose Massenarmut der ersten Jahrhunderthälfte gehörte der Vergangenheit an, das Zeitalter des Pauperismus wurde durch eine Gesellschaft im Aufschwung abgelöst. Davon profitierte die nationale Bewegung. Sie setzte auf die Industriegesellschaft der Zukunft, sie identifizierte den Nationalstaat mit besserem Leben für alle und mit mehr Demokratie – jedenfalls für die Männer. Auch Frauen zu politischen Vollbürgern machen zu wollen, soweit waren die wichtigsten Träger der nationalen Bewegung noch nicht, weder die Liberalen noch die Demokraten. Frauenemanzipation gehörte damals noch nicht zur Fortschrittsidee der allermeisten Männer, auch nicht der politisch progressiven.

Die Liberalen waren die Herolde dieser Fortschrittseuphorie im Banne der männlichen Nation. Liberal sein hieß nun national sein, mit dem Fortschritt im Bunde stehen, die Moderne repräsentieren. Wer die Gesellschaft mit seinen Ideen durchtränkt, dem gehört die Zukunft. Daran glaubten die Liberalen. Durch die Ereignisse von 1866 schienen sie glänzend bestätigt zu werden. Bismarck hatte ihnen zwar den Griff nach der Regierungsmacht verwehrt, doch er mußte mit der von den Liberalen geführten Nationalbewegung paktieren. Er brauchte sie, um Österreich aus der deutschen Nation auszuschließen. Denn nur die Kraft der nationalen Idee ließ aus dem Staatenkrieg zwischen Preußen und Österreich um die Vormachtstellung in Deutschland einen innerdeutschen Nationalkrieg werden, einen Krieg um die territoriale Gestalt des künftigen deutschen Nationalstaates.

Das nationalstaatliche Ideal, das nun triumphierte, war nicht von Bismarck, nicht von den staatlichen Machthabern und ihren Verbündeten entwickelt worden. Sie versuchten zwar, es für ihre Interessen zu nutzen, aber zunächst doch nur widerwillig. Die Okkupation der nationalen Idee von rechts setzte erst später im wilhelminischen Deutschland ein. In der Reichsgründungsära war der Nationalstaat immer noch ein demokratisches Zukunftsversprechen. Eine Vielzahl von Organisationen pries es unablässig öffentlich an und stellte es der Gegenwart als Wunschbild entgegen. In diesem weiten Netz formierte sich die nationale Bewegung. Sie reichte in den sechziger Jahren von den gemäßigten Liberalen über entschiedene Demokraten bis zu den jungen sozialistischen Parteien. Diese Kräfte vertraten höchst unterschiedliche politische und gesellschaftliche Ziele und konkurrierten heftig untereinander, doch sie alle sahen im Nationalstaat die unverzichtbare Voraussetzung, um ihre Zukunftshoffnungen erfüllen zu können.

Hauptsprecher der bürgerlich-liberalen Nationalbewegung der Reichsgründungsära waren der 1859 gegründete „Deutsche Nationalverein" und die liberalen Parteien, die in der ersten Hälfte der sechziger Jahre entstanden. Doch sie formten nur den institutionellen Kern. Umgeben wurde er von einem breiten Umfeld an gesellschaftlichen Organisationen und Veranstaltungen. Es reichte von wirtschaftlichen und beruflichen Interessenverbänden, die in dem Nationalstaat vor allem den einheitlichen großen Wirtschaftsmarkt vor Augen hatten, über die Vereine der Turner, Sänger und Schützen bis zu den großen Festen, auf denen das Bürgertum seine kulturelle Gestaltungskraft demonstrierte. Die Schillerfeiern von 1859 bildeten einen ersten Höhepunkt, große nationale Feste der Turner und Sänger schlossen sich an. Sie präsentierten der Öffentlichkeit eine nationale Einheit, die kulturell längst verwirklicht war, wirtschaftlich im deutschen Zollverein ein starkes Fundament besaß und auch von der Gesellschaft in dem dichten Netz von Organisationen vielfältigster Art bereits vorweggenommen wurde. Nur die staatliche Klammer – sie fehlte noch. Das war die Botschaft, die von der nationalen Bewegung unablässig ausging. Ihr mußten sich die deutschen Monarchen und Regierungen stellen. Preußen gelang das am besten. Warum?

Es war zu Beginn der Reichsgründungsära keineswegs selbstverständlich, daß der preußische Staat sich an die Spitze der nationalen Bewegung stellen würde. Auch wenn die von Historikern damals „wissenschaftlich" beglaubigte Legende von der vermeintlich uralten deutschen Mission des Hohenzollernstaates dies hartnäckig behauptete. Gewiß, Preußen besaß bessere Voraussetzungen, sich in einen deutschen Nationalstaat einfügen zu können, als die alte deutsche Kaisermacht Österreich. Die Revolution von 1848/49 hatte die Probleme, dem Vielvölkerreich der Habsburgermonarchie eine nationalstaatliche Ordnung überzustülpen, drastisch sichtbar gemacht. Diese Probleme bestanden im Reichsgründungsjahrzehnt unverändert fort. Doch Österreich versuchte durchaus, mit ihnen fertig zu werden. Im Innern hatte es eine Reformära eingeleitet, die liberalen Wünschen entgegenkam, und im Deutschen Bund warb es um Reformen, die in Richtung Bundesstaat zielten, ohne jedoch den Versuch zu unternehmen, die Nationalbewegung durch ein Parlamentarisierungsangebot auf seine Seite zu ziehen.

Preußen hatte zwar nicht die Hypothek eines Vielvölkerreiches zu tragen, doch als ein Staat, der mit seinem Parlament und seiner liberalen Öffentlichkeit seit Anfang der sechziger Jahre einen scharfen Verfassungskonflikt austrug, bot es sich der nationalen Bewegung keineswegs als Bündnispartner an. Ganz im Gegenteil. Es ist die große historische Leistung Bismarcks, die politischen Möglichkeiten erkannt zu haben, die sich Preußen im innerdeutschen Konkurrenzkampf gegen Österreich bieten würden, wenn es gelingen sollte, die nationale Bewegung und Preußen zusammenzuführen. Da wuchs nicht zusammen, was wie selbstverständlich zusammengehörte, auch wenn dies im Jubel über die gelungene Reichsgründung rückblickend von vielen so gesehen wurde.

Bismarck hatte nicht zielstrebig auf den deutschen Nationalstaat von 1871 hingearbeitet, wie es die nationale Heldenlegende vom Reichsgründer dann unermüdlich verklärte, und die deutsche Nationalbewegung hatte *diesen* Nationalstaat ebenfalls nicht gewollt. Er entstand vielmehr als ein Kompromiß, hervorgegangen aus zwei Kriegen, die den innenpolitischen Gestaltungsraum für alle Akteure unvorhersehbar veränderten. Ob auch ohne diese Kriege der Nationalstaat entstanden wäre, kann niemand wissen. Zunächst hatten viele Menschen geglaubt, der norddeutsche Rumpfstaat sei, wie es ein Liberaler 1867 formulierte, nur noch „eine Haltestelle für uns, wo wir Wasser und Kohlen einnehmen, Atem schöpfen, um nächstens weiter zu gehen.“[7] Es kam jedoch anders.

Die Militärverträge mit den süddeutschen Staaten und der um ein deutsches Zollparlament erweiterte Zollverein verbanden die deutschen Staaten zwar enger als zuvor. Doch ob daraus ein einheitlicher Nationalstaat hervorgehen würde, war durchaus unsicher. Aus der Wirtschaftseinheit entstand nicht automatisch die staatliche Einheit. Nicht einmal der nationale Krieg gegen Frankreich schuf zwangsläufig den deutschen Nationalstaat. In den Möglichkeiten der Zeit lagen auch andere Lösungen, etwa ein lockerer Staatenbund oder der Fortbestand dessen, was es schon gab, ergänzt um einige zusätzliche Klammern zwischen Nord und Süd. Daß es anders kam, war das gemeinsame Werk Bismarcks und der nationalen Bewegung. Deshalb konnte die Reichsgründung verfassungspolitisch nur als ein Kompromiß zustande kommen. Wer sich innenpolitisch durchsetzen würde, blieb der Zukunft überlassen. Aus dieser Unentschiedenheit erwuchsen die zwei Gesichter des Deutschen Reiches.

Anmerkungen

1 H. v. Sybel an H. Baumgarten, 27. 1. 1871, in: J. Heyderhoff Hg., Die Sturmjahre der preußisch-deutschen Einigung 1859–1870. Politische Briefe aus dem Nachlaß liberaler Parteiführer, Bonn 1925, 494.

2 Zitiert nach: H. Fenske Hg., Der Weg zur Reichsgründung 1850–1870, 421–424.

3 T. Mann, Deutschland u. die Deutschen (1945), in: Essays, Bd. 2. Politische Reden und Schriften, Hg. H. Kurzke, Frankfurt 1986, 295. Das Zitat aus den „Betrachtungen eines Unpolitischen“ findet sich in der „Vorrede“.

4 Vgl. die Nachweise bei D. Langewiesche, Geschichte als politisches Argument: Vergangenheitsbilder als Gegenwartskritik und Zukunftsprognose – die Reden der deutschen Bundespräsidenten, in: Saeculum 43. 1992, H. 1, 36–53.

5 Die unterschiedlichen Deutungen, die mit diesem Begriff verbunden sind, werden dargestellt bei D. Langewiesche, „Revolution von oben?“ Krieg und Nationalstaatsgründung in Deutschland, in: ders. Hg., Revolution u. Krieg. Zur Dynamik historischen Wandels seit dem 18. Jahrhundert, Paderborn 1989, 117–133.

6 Beide Zitate ebd., 123f.

7 J. v. Miquel, Reden, Halle 1911, 211.

Auswahlbibliographie

Fehrenbach, E., Verfassungsstaat und Nationsbildung 1815–1871, München 1992.

Gall, L., Bismarck. Der weiße Revolutionär, Berlin 1980 u. ö.

Mommsen, W. J., Das Ringen um den nationalen Staat. Die Gründung und der innere Ausbau des Deutschen Reiches unter Otto von Bismarck 1850 bis 1890, Berlin 1993.

Schieder, T., Das Deutsche Kaiserreich von 1871 als Nationalstaat, Hg. H.-U. Wehler, Göttingen 1992^{2}.

Wandruszka, A., Urbanitsch, P. Hg., Die Habsburgermonarchie 1848–1918, 6 Bde, Wien 1973ff.

Gerhard A. Ritter

Der deutsche Sozialstaat

Am 17. November 1881 verlas Bismarck im Weißen Saal des Berliner Schlosses eine Kaiserliche Botschaft – heute würden wir sagen, eine Regierungserklärung –, mit der ein umfassendes Programm zur Schaffung einer staatlichen Sozialversicherung der Arbeiter verkündet wurde. Den Text, den Bismarck in Vertretung des erkrankten Kaisers Wilhelm I. vortrug, hatte er weitgehend selbst redigiert. Die Kaiserliche Botschaft steht am Anfang einer Entwicklung, in deren Verlauf der Staat mehr und mehr Verantwortung für die soziale Sicherheit der einzelnen Bürger übernahm. Geändert hat sich dadurch das Leben des einzelnen, der vor bedrohlichen Daseinsrisiken wenigstens teilweise geschützt wurde; aber auch der Staat wandelte sich: Er kann heute zu Recht „Sozialstaat" genannt werden.

Dieser Begriff geht in Deutschland auf das 19. Jahrhundert zurück und ist in den Formulierungen „sozialer Bundesstaat" oder „sozialer Rechtsstaat" in den Artikeln 20 und 28 des Grundgesetzes verankert worden. Heute versteht man darunter einen Staat, der für die Verbesserung des rechtlichen Status und der Lebensbedingungen seiner Bürger wirkt und ein größeres Maß an Gleichheit herbeizuführen versucht. Die Mittel dazu sind insbesondere Sozialversicherung, Sozialhilfe oder die Bereitstellung sozialer Dienste, die Verankerung sozialer Grundrechte in der Verfassung sowie die rechtliche Regulierung der Arbeitsverhältnisse.

Der Durchbruch zu diesem neuen Typus des Staates und den mit ihm aufkommenden Rechtsdisziplinen des Sozialrechts und des Arbeitsrechts erfolgte in Europa in den letzten Jahrzehnten vor dem Ersten Weltkrieg. Das Pionierland war dabei das Deutsche Reich, das bereits in den 1880er Jahren unter der

Kanzlerschaft Otto v. Bismarcks für große Teile der Bevölkerung obligatorische Versicherungen gegen Krankheit, Unfall sowie Invalidität und Alter errichtete und damit das erste moderne System sozialer Sicherheit in der Welt schuf. Im Unterschied zur traditionellen, mit massiver sozialer und politischer Diskriminierung verbundenen Armenhilfe begründete die Sozialversicherung einen individuellen Rechtsanspruch der Versicherten auf bestimmte Leistungen.

Die führende Rolle Deutschlands bei der Entstehung und Entwicklung der Sozialversicherung vor 1914 war keineswegs selbstverständlich. Deutschland war nicht nur in der Entwicklung demokratisch-parlamentarischer Institutionen gegenüber vergleichbaren Ländern wie Großbritannien, Frankreich und den Vereinigten Staaten deutlich zurückgeblieben. Auch in anderen Bereichen der Sozialpolitik – wie der Arbeiterschutzgesetzgebung – oder in der Bereitschaft, den Gewerkschaften als Interessenvertretern der Arbeitnehmer eine wichtige Rolle in der Wirtschaft zuzuerkennen, hinkte es deutlich hinter anderen Industrienationen her.

Was waren die allgemeinen und die spezifisch deutschen Ursachen für die Entstehung und Durchsetzung der Sozialversicherung als der wohl wichtigsten Institution des modernen Systems der sozialen Sicherheit? Eine wesentliche allgemeine Ursache war der steigende Bedarf nach Regulierung der im 19. Jahrhundert durch die Folgen von Industrialisierung und Urbanisierung immer komplizierter gewordenen sozialen und wirtschaftlichen Verhältnisse. Ständegesellschaft und Zunftverfassung hatten sich aufgelöst; die Familie verlor weitgehend ihre Bedeutung als Produktionsgemeinschaft und Institution zur Vorsorge gegen Not. Schließlich geriet auch das traditionelle System der Unterstützung Bedürftiger, das auf Nachbarschaftshilfe und Verantwortung der Geburtsgemeinde aufbaute, infolge der Massenwanderung von Arbeitskräften und der Verstädterung ins Wanken. Auf den „kapitalistischen" Arbeitsmärkten wurde die Höhe der Löhne nicht länger vom Bedarf der Arbeiter und ihrer Familien bestimmt, sondern von den Gesetzen des Marktes reguliert.

Es bildete sich ein ständig wachsendes Industrieproletariat heraus. Die Gefahren seiner Verelendung wurden in der „sozialen Frage" thematisiert. Landwirtschaft und Heimarbeit verloren an Bedeutung; damit reduzierten sich auch die Arbeitsmöglichkeiten für Kinder, Frauen und Alte, die jetzt stärker vom regelmäßigen Einkommen des „Ernährers" abhängig waren. Die Maschinenarbeit erhöhte das Unfallrisiko; die Arbeitslosigkeit gehörte zu den neuen großen Daseinsrisiken, die schnell zum sozialen Abstieg führen konnten. Aus all diesen Gründen wuchs das Bedürfnis nach neuen Formen sozialer Sicherheit.

Wie notwendig aber diese großen wirtschaftlichen und sozialen Wandlungsprozesse als Voraussetzung für die Einführung der Sozialversicherung waren, reichen sie allein doch nicht aus, deren Entstehung zu erklären. Offensichtlich ist staatliche Sozialversicherung nicht einfach die natürliche Antwort auf einen bestimmten Grad von Industrialisierung und Urbanisierung und die dadurch ausgelösten sozialen Probleme. Sonst wären nicht in Deutschland, sondern in den in der industriellen Entwicklung zunächst führenden Nationen – Großbritannien, Belgien, der Schweiz, Frankreich und den Niederlanden – die ersten Sozialversicherungen geschaffen worden.

Wir müssen daher nach den spezifisch deutschen Traditionen und Bedingungen fragen, um die Vorreiterrolle Deutschlands zu erklären. Hier sind vor allem die Stärke älterer voremanzipatorischer, wohlfahrtsstaatlicher Ideen und Praktiken und die in der deutschen Tradition tief verwurzelte Konzeption der Reform von oben sowie die damit zusammenhängende interventionistische Praxis und das große Prestige der staatlichen Bürokratie zu nennen. Zweifellos spielte aber auch die im Vergleich zu anderen europäischen Staaten gegebene Schwäche des politischen und ökonomischen Liberalismus eine Rolle, gerade weil sie den Ideen des Laissez-faire und der individuellen und kollektiven Selbsthilfe keine große Tragfähigkeit verlieh. Dazu kommt die Stärke sozialreformerischer Traditionen im deutschen Katholizismus und in Teilen des Bürgertums. Ganz wesentlich war aber auch das Bestreben Bismarcks, die im europäischen Vergleich sehr früh politisch mobilisierte industrielle Arbeiterschaft Deutschlands durch soziale Konzessionen zu domestizieren und damit die bestehende Staats- und Gesellschaftsordnung zu stabilisieren. Die Sozialversicherungsgesetze waren darum eine Ergänzung des Sozialistengesetzes von 1878, mit dem Bismarck die von ihm als revolutionäre Bedrohung des Staates und der Gesellschaft angesehene Sozialdemokratie und die mit ihr verbundenen sozialistischen Gewerkschaften zu zerschlagen versuchte.

Allerdings spielten für Bismarck auch christlich-konservative Gesinnungen, die Hoffnung, mit Hilfe der Sozialgesetze die Liberalen zu schwächen, sowie vor allem der Druck konkreter Probleme – so das Ungenügen der traditionellen Armenfürsorge – eine wesentliche Rolle.

Die deutsche Sozialversicherung war und ist gekennzeichnet durch den Versicherungszwang für die erfaßten Bevölkerungskreise, die öffentlich-rechtliche Organisation der Versicherungen unter Ausschluß von Privatversicherungen, die enge Bindung der Versicherungen an die Erwerbstätigkeit aufgrund der weit überwiegenden Finanzierung durch Beiträge der Arbeitgeber und der Arbeitnehmer mit einem nur geringen Zuschuß des Reiches für die Rentenversicherung. Die Folge war eine Staffelung der Beiträge und Leistungen und eine im internationalen Vergleich relativ geringe Wirkung der deutschen Sozialversicherung als Instrument der Einkommensumverteilung. Anders als im deutschen Modell, das in seinen Grundzügen in Österreich, Ungarn und Luxemburg übernommen wurde, spielte z.B. in Großbritannien, Frankreich und Spanien zunächst die staatliche Regulierung oder Subventionierung freiwilliger Versicherungen eine wesentliche Rolle. Weiterhin wichen bereits vor dem Ersten Weltkrieg Dänemark, Neuseeland, einige australische Staaten und schließlich auch Großbritannien vom deutschen System der Rentenversicherung ab, indem sie in Weiterentwicklung der traditionellen Armenhilfe anstelle einer Altersversicherung eine allein aus Steuermitteln finanzierte, mit keinerlei Diskriminierung verbundene staatliche Altersversorgung für ihre unterstützungsbedürftigen und unterstützungswürdigen Bürger schufen.

Die beiden unterschiedlichen Modelle – Altersversorgung durch den Staat oder Altersversicherung im Rahmen staatlicher Gesetze bzw. staatlicher Gesundheitsdienst oder gesetzliche Krankenversicherung im Bereich des Gesundheitswesens – haben die Entwicklung der Systeme sozialer Sicherheit bis in unsere Gegenwart bestimmt. Während das Versorgungsprinzip an einem einheitlichen nationalen Mindesteinkommen ausgerichtet ist, gibt das Versicherungsprinzip grundsätzlich die Möglichkeit, durch unterschiedliche Beiträge auch Leistungen zu erbringen, die über die Gewährung eines Mindesteinkommens hinausgehen und die Erhaltung des gewohnten Lebensstandards im Alter oder bei Lebenskrisen zum Ziel haben.

Davon konnte allerdings in Deutschland vor 1914 angesichts des durchweg sehr niedrigen Niveaus der Leistungen noch keineswegs die Rede sein. Trotzdem läßt sich feststellen, daß durch die Sozialversicherung eine Verbesserung der Lebensverhältnisse für breite Teile der Bevölkerung bewirkt wurde. Vor allem die Kinder der Unterschichten sind meist erst mit der Krankenversicherung in den Genuß einer ärztlichen Versorgung bei Krankheit gekommen. Die Tuberkulose, die mit Abstand bedeutendste Ursache für die Frühinvalidität von Jugendlichen und jüngeren Erwachsenen, wurde wesentlich durch Leistungen der Versicherungen zurückgedrängt. Auch bei der Bekämpfung von Berufskrankheiten, der besseren Versorgung von Unfallverletzten und der Zurückdrängung der allerdings bis 1914 noch immer sehr hohen Säuglings- und Kindersterblichkeit spielten sie eine wesentliche Rolle. Genauso wären der Ausbau und die Modernisierung des Krankenhauswesens, der Zahnmedizin und der Kinderheilkunde ohne die Leistungen der Sozialversicherung nicht möglich gewesen. Schlecht blieb aber die Situation der Alten und Invaliden, da ihre Renten weit unter dem Existenzminimum lagen, und besonders der Witwen, die vor 1912 außer im Fall von Betriebsunfällen ihrer Männer keine Hinterbliebenenrente erhielten. Auch danach wurde der Rentenanspruch für Witwen von Arbeitern – im Gegensatz zu dem der Witwen von Angestellten – auf invalide Witwen beschränkt.

Politisch ist die Rechnung Bismarcks – jedenfalls auf kurze und mittlere Sicht – nicht aufgegangen. Die beabsichtigte Schwächung der Sozialdemokratie und der sozialistischen Gewerkschaften wurde nicht erreicht. Statt dessen erhielt die Arbeiterbewegung durch die neuen Institutionen der Sozialversicherung, an deren Verwaltung sie beteiligt war, sogar eine stärkere Position. Auf lange Sicht hat aber die Sozialversicherung den Prozeß der allmählichen Integration der Arbeiter in Staat und Gesellschaft, der allerdings nicht gegen, sondern gerade durch ihre Organisationen erfolgte, gefördert.

Die weitere Entwicklung der Sozialversicherung in Deutschland nach Bismarcks Sturz ist vor allem durch die Ausdehnung des Kreises der Versicherten und den allmählichen Ausbau der Leistungen gekennzeichnet. 1911 wurde schließlich nach jahrelangen Auseinandersetzungen eine gesonderte Renten- und Hinterbliebenenversicherung für Angestellte mit höheren Beiträgen und Leistungen als denen der Arbeiterversicherung geschaffen. Sie sollte das Sonderbewußtsein der Angestellten gegenüber den Arbeitern fördern und eine Barriere gegen das Vordringen der Sozialdemokratie und der sozialistischen Gewerkschaften in den sogenannten „neuen" Mittelstand bilden. Die Angestelltenversicherung wurde schließlich zu dem Modell, an dem sich in Zukunft alle Forderungen zur Verbesserung der Arbeiterversicherung und zur Gleichberechtigung der Arbeiter in der Sozialversicherung, die in der Bundesrepublik schrittweise erreicht wurde, orientieren sollten.

Mit der Entstehung der Weimarer Republik war in Deutschland ein qualitativer Sprung in der Entwicklung des Sozialstaates verbunden. Während die Sozialpolitik des Kaiserreiches von paternalistischem Fürsorgedenken und antigewerkschaftlichen Tendenzen geprägt worden war und der Stabilisierung des bestehenden Obrigkeitsstaates dienen sollte, wollte der Weimarer Sozialstaat die neue Demokratie sozial absichern. Dabei hat Deutschland mit der Verankerung sozialer Grundrechte des einzelnen in der Verfassung erneut eine Pionierrolle in der Entwicklung des Sozialstaates in Europa und der Welt gespielt. Der traditionelle liberale Grundrechtekatalog, der vor allem die Freiheitsrechte des einzelnen gegen den Staat schützen und dessen Aktivitäten begrenzen sollte, wurde ergänzt durch die Übertragung sozialer Aufgaben an den Staat.

Dazu gehörte die Erhaltung der Gesundheit und Arbeitsfähigkeit wie auch der Mutterschutz. Neu war auch, daß die Verfassung dem einzelnen einen Anspruch auf Arbeit oder Unterhalt gewährleistete. Allerdings blieben diese Bestimmungen der Verfassung ein Programm, dessen Verwirklichung – im Gegensatz zu den sehr viel weniger weitgehenden sozialen Grundrechten des Grundgesetzes von 1949 – nicht vor Gericht eingeklagt werden konnte. Eine radikale Neuerung stellte die in der Verfassung fixierte Verbindung der Idee des Sozialstaates mit dem Konzept einer modernen pluralistischen, auf der Interessenwahrung organisierter ökonomischer und sozialer Kräfte beruhenden Gesellschaft dar. Ein Ausdruck dieser Vorstellungen war die Verankerung des Rätewesens im Artikel 165 der Verfassung. Allerdings wurde die Absicht, den Arbeitnehmern durch ein System der Interessenvertretungen von Betriebsarbeiterräten bis zum Reichsarbeiterrat ein Recht zur Mitwirkung an der Gestaltung der Wirtschaft zu geben und die politischen Parlamente durch eine Repräsentation der wirtschaftlichen Kräfte und ihrer Organisationen in Bezirkswirtschaftsräten und einen Reichswirtschaftsrat zu ergänzen, nur zu einem kleinen Teil verwirklicht. Von der geplanten neuen Wirtschaftsverfassung wurden nur die Betriebsräte durch ein Gesetz von 1920, das die betriebliche Mitbestimmung in Deutschland verankerte, und ein faktisch weitgehend einflußloser Vorläufiger Reichswirtschaftsrat geschaffen.

Auch den dem Weimarer Sozialstaat zugrundeliegenden Vorstellungen über die zentrale Rolle organisierter sozialer und wirtschaftlicher Kräfte bei der Schaffung und Anwendung des Sozial- und Arbeitsrechts sowie der Rationalisierung und Entschärfung sozialer Konflikte wurde durch die gesellschaftliche, wirtschaftliche und politische Entwicklung bald der Boden entzogen. Zwar ist es zunächst zu einer relativ engen Zusammenarbeit von Gewerkschaften und Arbeitgeberorganisationen bei der Demobilmachung, der Sicherung der Vollbeschäftigung und der Wiedergewinnung der deutschen Märkte im Ausland in den ersten Jahren nach Kriegsende gekommen. Diese Zusammenarbeit, die einerseits auf der stillschweigenden Anerkennung der neuen demokratischen Ordnung und der „sozialen Errungenschaften" der Republik durch die Unternehmer und andererseits auf der Eindämmung wilder Streiks und revolutionärer Aktionen durch die Gewerkschaften beruhte, wurde durch die Inflation erleichtert. Diese erlaubte eine Vertagung der Frage, wer die Kosten des Krieges und der von den siegreichen Alliierten auferlegten Reparationen zu tragen habe. Mit der Stabilisierung der Währung Ende 1923, die die deutsche Wirtschaft wieder dem scharfen Wind internationaler Konkurrenz aussetzte, entfielen die Voraussetzungen der bisherigen Zusammenarbeit und die Auseinandersetzungen der Tarifparteien brachen in noch größerer Schärfe als vor dem Krieg wieder auf. Parallel dazu hat die Ausweitung der staatlichen Zwangsschlichtung von Arbeitskämpfen den Staat unmittelbar in soziale Konflikte verstrickt und seine Autorität sowohl bei den Gewerkschaften als auch vor allem bei den Arbeitgebern unterhöhlt.

Gleichzeitig waren die Kosten des Sozialstaates gestiegen: durch die Versorgung der Millionen von Kriegsopfern – arbeitsunfähige Kriegsbeschädigte, Waisen und Witwen von gefallenen Soldaten –, den großzügigen Bau von Sozialwohnungen, den Aufbau eines moderneren Systems der Fürsorge sowie vor allem durch die Einführung einer obligatorischen Arbeitslosenversicherung im Jahr 1927, mit der das Reich eine Gesamtverantwortung für den Arbeitsmarkt übernahm. In der Weltwirtschaftskrise seit 1929 brach die Arbeitslosenversicherung in Deutschland – wie in anderen europäischen Ländern – faktisch zusammen. Die Beiträge wurden erhöht, die Leistungen radikal gekürzt und die Voraussetzungen für die Gewährung von Arbeitslosenunterstützung erschwert. Immer mehr

Arbeitslose wurden zunächst auf die Krisenfürsorge für Arbeitslose, die man, wie die Arbeitslosenunterstützung, nur für einen begrenzten Zeitraum erhielt, und schließlich die Wohlfahrtsunterstützung der Gemeinden verwiesen. Die Leistungen der übrigen sozialen Sicherungssysteme wurden eingeschränkt. Damit trug man jedoch nicht nur der finanziellen Notlage des Reiches Rechnung. Vielmehr lieferte die Krise auch den Vorwand, die sozialen Komponenten des Weimarer Staates zurückzudrängen.

Auch im Bereich der Arbeitsbeziehungen kam es in der Weltwirtschaftskrise zu einer Erschütterung der Grundlagen, auf denen die Weimarer Demokratie beruhte. Während die Gewerkschaften angesichts der Massenarbeitslosigkeit vom Staat den Schutz ihrer Interessen und eine Korrektur des gestörten Gleichgewichts zwischen den Tarifparteien zu ihren Gunsten erwarteten, forderten die Arbeitgeber einen Abbau des Sozialstaates, um die Lohnnebenkosten zu senken, die schlechte Ertragslage der Unternehmen zu verbessern und die Position der deutschen Wirtschaft auf den Märkten des Auslandes zu stärken. Da der Sozialstaat von den Unternehmern meist als eine notwendige Begleiterscheinung des parlamentarischen Parteienstaates angesehen wurde, ist schließlich der Kampf um die Durchsetzung des von ihnen geforderten politischen Primats der Wirtschaft mehr und mehr auch zu einem Kampf gegen die Demokratie geworden.

Das Beispiel der Weimarer Republik lehrt, daß die Wirkung des Sozialstaates auf die Stabilität politischer Systeme ambivalent ist. Während er einerseits durch die Milderung des sozialen Elends und die Regulierung sozialer Konflikte Staat und Gesellschaft stabilisieren kann, besteht andererseits auch die Gefahr, daß durch ein zu direktes Engagement des Staates in Verteilungskonflikten dieser überbürdet und damit der Zusammenbruch eines politischen Systems gefördert wird.

In der Zeit der nationalsozialistischen Herrschaft seit 1933 wurde die Autonomie der Tarifparteien, die bereits in der Weimarer Republik durch staatliche Zwangsschlichtung untergraben worden war, vollends beseitigt. Die Gewerkschaften wurden zerschlagen und die freigewählten Betriebsräte durch sogenannte „Vertrauensräte“, in denen der „Betriebsführer“ eine entscheidende Rolle spielte, ersetzt.

Die Möglichkeiten der Perversion und des Mißbrauchs des Sozialstaates zeigten sich zudem in aller Schärfe in der nationalsozialistischen Gesundheits- und Bevölkerungspolitik. Auf früheren Ansätzen aufbauend wurde das organisatorisch vereinheitlichte öffentliche Gesundheitswesen in Konkurrenz mit der NSDAP, der Deutschen Arbeitsfront (DAF) und der Nationalsozialistischen Volkswohlfahrt zu einem willfährigen Transmissionsriemen der NS-Ideologie. Das galt auf dem Gebiet der sogenannten „Rassenhygiene“, bei der Verhinderung der Fortpflanzung von sogenannten „Gemeinschaftsunfähigen“ durch Zwangssterilisation und bei der Vernichtung angeblich „lebensunwerten Lebens“ durch eine spezifisch nationalsozialistische Ausprägung der Euthanasie. Die Infiltration der Sozialpolitik mit sozialdarwinistischen und rassenhygienischen Vorstellungen ist dabei durch den in der Weltwirtschaftskrise ausgelösten Sparzwang bei der Finanzierung des Systems sozialer Sicherheit noch forciert worden.

Im Unterschied zu der völligen Zerschlagung der demokratischen Komponente des Sozialstaates im System der Arbeitsbeziehungen und der weitgehenden Ausrichtung des Gesundheitswesens und teilweise auch der Wohlfahrtspflege an der rassistischen Ideologie des Nationalsozialismus ist das überkommene Sozialversicherungssystem zwar der nationalsozialistischen Politik angepaßt worden, blieb aber in seinen Grundzügen erhalten. Allerdings kam es auch hier zu einer von rassischen und politischen Gesichtspunkten bestimmten personellen Säuberung in den Versicherungen und bei den zur Kassenpraxis zugelassenen Ärzten sowie zur Ersetzung der Selbstverwaltungselemente der Versicherungen durch das Führerprinzip. Weitergehende Pläne der DAF zur Reform der Sozialversicherung wurden aber auf die Zeit nach dem Kriegsende vertagt und kamen daher nicht zum Tragen.

Die 1949 gegründete Bundesrepublik versteht sich als Sozialstaat. Dazu gehört die Auffassung, daß Staat und Gesellschaft insgesamt an einem sozialen Staatsziel ausgerichtet sein sollen. Weiter soll in dem eng mit dem Sozialstaat verknüpften Konzept der sozialen Marktwirtschaft die Wirksamkeit der Gesetze des freien Marktes im Bereich der Produktion durch die soziale Intervention des Staates zugunsten der schwächeren Bevölkerungsgruppen in der Sphäre der Verteilung ergänzt werden. Das zentrale Ziel des Sozialstaates – die Förderung des sozialen Ausgleichs – gilt dabei sowohl für den Bereich der Arbeitsbeziehungen als auch für das System der sozialen Sicherheit, das durch eine immer weitergehende Universalisierung und Ausdifferenzierung gekennzeichnet ist.

Nachdem schon in der NS-Zeit die selbständigen Handwerker in die Rentenversicherung aufgenommen worden waren, sind in der Bundesrepublik immer weitere Kreise der Selbständigen – unter ihnen auch die Bauern – sowie Sondergruppen wie Behinderte, schließlich auch Studenten und Schüler, in das soziale Sicherungssystem einbezogen worden. Gleichzeitig wurden immer mehr Formen von sozialer Benachteiligung – etwa durch die Hilfen für kinderreiche Familien – berücksichtigt. Schließlich erweiterten sich auch die Ziele des sozialen Sicherungssystems, das inzwischen über die Gewährung eines Existenzminimums hinaus der weitgehenden Erhaltung des gewohnten, oft hohen Lebensstandards bei Lebenskrisen und im Alter dienen soll. Dieses Konzept wurde zuerst in der Rentenreform von 1957 mit der in der Welt erstmaligen Einführung der sogenannten dynamischen Rente, die den aus dem Arbeitsleben ausgeschiedenen Rentner am ökonomischen Wachstum teilhaben läßt, verwirklicht.

Im Zuge des Ausbaus des Sozialstaates wurde so die Sozialpolitik von einer peripheren Beschäftigung mit speziellen Problemen von Randgruppen zu einer umfassenden Gesellschaftspolitik, die die Lebenschancen und Lebensverhältnisse fast der gesamten Bevölkerung wesentlich bestimmt.

Der Sozialstaat der Bundesrepublik steht in Gegenwart und Zukunft vor schweren Belastungsproben. Diese hängen einmal mit der Sozialunion der alten und der neuen Bundesländer, die mit hohen Kosten und großen Anpassungsschwierigkeiten verbunden ist, zusammen. Daneben wirft aber auch die zunehmende Überalterung der Bevölkerung, deretwegen immer weniger Beitragszahler die Kosten für immer mehr Rentner aufbringen müssen und die Zahl der Pflegefälle dramatisch zunimmt, gravierende Probleme auf. Weitere Schwierigkeiten bereiten die Explosion der Gesundheitskosten und die für das deutsche Sozialversicherungssystem kennzeichnende enge Bindung der sozialen Leistungen an eine lange und stabile Erwerbstätigkeit, die vor allem ledige Mütter und Witwen mit kleinen Kindern benachteiligt, aber auch angesichts der nun schon seit Jahren bestehenden hohen Dauerarbeitslosigkeit problematisch geworden ist.

Die Spannung von Freiheit und sozialer Sicherheit, von Selbstverantwortung des Individuums und Schutz durch den Staat ist im Wesen des Sozialstaates angelegt und kann letztlich nicht aufgehoben werden. Darin liegt auch die Ambivalenz des Sozialstaates, der einerseits durch die Befreiung von Not und sozialer Unsicherheit und durch die Reduzierung sozialer Abhängigkeit die reale Freiheit des einzelnen erhöht, andererseits aber dem einzelnen auch die freie Verfügung über einen beträchtlichen Teil seines Einkommens entzieht, ihn diszipliniert und dem Einfluß mächtiger Bürokratien ausliefert.

Die Alternative einer Abschaffung des Sozialstaates ist allerdings weder wünschenswert noch politisch durchsetzbar. Wir stehen daher vor der Aufgabe, dafür zu sorgen, daß die von uns geschaffenen immer komplexeren Systeme der sozialen Sicherheit nicht zum Selbstzweck werden, sondern Diener des Menschen bleiben. Nur so kann verhindert werden, daß die sozialen Netze, die den einzelnen vor dem Absturz ins Elend schützen sollen, zu Netzen werden, in denen er sich verstrickt und seine Freiheit verliert.

Auswahlbibliographie

Alber, J., Der Sozialstaat in der Bundesrepublik 1950–1980, Frankfurt 1989.

Baldwin, P., The Politics of Social Solidarity. Class Bases of the European Welfare State 1875–1975, Cambridge 1990.

Ritter, G. A., Sozialversicherung in Deutschland und England. Entstehung und Grundzüge im Vergleich, München 1983.

Ritter, G. A., Der Sozialstaat. Entstehung und Entwicklung im internationalen Vergleich, München 1991[2].

Sachße, C., Tennstedt, F., Geschichte der Armenfürsorge in Deutschland, 3 Bde, Stuttgart 1980–1992.

Gunther Mai

Der Erste Weltkrieg

„Der Kanzler erwartet von einem Krieg, wie er auch ausgeht, eine Umwälzung alles Bestehenden"; das Bestehende sei „sehr überlebt, ideenlos, ,... so sehr alt geworden'".[1] Während Reichskanzler Theobald v. Bethmann Hollweg Anfang Juli 1914 das Ende der Welt des 19. Jahrhunderts fatalistisch herannahen sah, erhofften sich die Altkonservativen vom Krieg die Festigung der patriarchalischen Ordnung. Jugendbewegung und völkischer Radikalismus ersehnten – wenngleich mit unterschiedlichen Prämissen – den Krieg als „Befreiung" aus der verkrusteten Stagnation der spätwilhelminischen Gesellschaft. Und nicht wenige Sozialdemokraten spekulierten, durch „Pflichterfüllung" im Krieg den Anspruch auf Teilhabe am „neuen Deutschland" erwerben und sich aus diskriminierender Duldung befreien zu können.

Der Widerspruch von Endzeitstimmung und Aufbruchshoffnung, der im August 1914 in die Kriegsbereitschaft mündete, spiegelte die innere Krise der europäischen Gesellschaft wider. Der Kern dieser Krise war der unbewältigte Übergang von der Agrar- zur Industriegesellschaft, war die Kluft zwischen traditionalen Wertbindungen einerseits und modernen Lebensformen andererseits.

Die seit der Jahrhundertwende geführte Debatte, ob Deutschland „Agrarstaat" bleiben oder „Industriestaat" werden solle, hatte diesen Trend ins allgemeine Bewußtsein gerückt. Als „Agrarstaat" hätte das Reich nur Kontinentalpolitik treiben können, wenn es z.B. auf die allgemeine Wehrpflicht verzichtete, um das Heer von der industriellen Arbeiterschaft ebenso unabhängig zu erhalten wie von bürgerlichen Offizieren. Seinen Niederschlag fand dieses Denken in der strategischen Planung für den Weltkrieg: So war der Schlieffenplan darauf abgestellt, einen „kurzen Krieg“ zu führen, flankiert vom „Burgfrieden“ als Garanten des inneren Status quo, ohne industrielle Mobilmachung und insofern auch ohne und gegen die Arbeiterschaft.

Als „Industriestaat“ dagegen verlor das Reich seine volkswirtschaftliche Autarkie, wurde vom Zugang zum Weltmarkt und insofern von einer Flotte abhängig. Zwar mußte das Heer seine soziale Autarkie aufgeben und sich in eine gewisse Abhängigkeit vom Bündnis mit der Arbeiterschaft begeben. Doch ohne industrielle Mobilisierung, das sahen technokratische Militärs wie Tirpitz oder Ludendorff ebenso präzise wie der seit 1911 virulenter werdende völkische Radikalismus, war ein „totaler“ Krieg nicht zu gewinnen. Nicht Ablenkung der inneren Konflikte nach außen, sondern Herstellung der inneren Solidarität als Voraussetzung für eine kraftvolle Außenpolitik, das war die Quintessenz dieser neuen Strategie. „Sozialreform nach innen, die Macht nach außen“, so hat es Friedrich Naumann 1900 als Exponent des „liberalen“ Imperialismus formuliert.[2]

Doch eine Richtungsentscheidung wurde im Kaiserreich nicht getroffen, vor allem um den prekären staatstragenden Kompromiß der „Sammlung“ von Industrie und Landwirtschaft nicht zu gefährden. Solange sich die agrarischen Eliten nicht nur die sozio-kulturelle Hegemonie, sondern mit Hilfe des preußischen Herrenhauses auch ein verfassungsmäßiges Vetorecht zu bewahren vermochten, war eine konsensuale Modernisierung des Reiches nicht zu erwarten. Das Reich trieb, wie Carl Helfferich es 1901 formulierte, „eine agrarische Politik in einem industriellen Staat“.[3]

Derart entstand eine Adaptionslücke zwischen „agrarischer“ Mentalität und „industrieller“ Lebenswelt, die lange auch in Teilen der politischen Linken nicht überwunden wurde, wie anarchistische oder agrarrevolutionäre Siedlungsutopien belegen. Im Gegenteil: Ein wachsender Teil der Gesellschaft fühlte sich von dieser Entwicklung erkennbar überfordert, und ein Lernprozeß im Umgang mit den Lebensweisen der industriellen Gesellschaft wurde bewußt verweigert. Das war der entscheidende Unterschied zu den westeuropäischen Gesellschaften, die sich trotz vergleichbarer Probleme beim Übergang zum postagrarischen Stadium im Laufe des 19. Jahrhunderts eine relativ homogene politische Kultur bewahrt hatten. In Mittel- und Osteuropa verfestigte sich dagegen eine fragmentierte, in geschlossene Sozialmilieus gegliederte, vom Prozeß der inneren Nationsbildung überformte und überforderte politische Kultur. Deutschland – seit Beginn des 19. Jahrhunderts durch die rheinbündischen Reformen einerseits, die preußischen andererseits in zwei Sphären unterschiedlicher Sozialstruktur und Werthaltungen gegliedert – verharrte nicht nur geopolitisch, sondern auch verfassungspolitisch und soziokulturell in einer europäischen Mittellage.

Wie sehr der Wandel zur industriell-urbanen Massengesellschaft unter dem pompösen Deckmantel des Wilhelminismus längst vorangeschritten war, das unterstrichen Verlauf und Ergebnis des Krieges. Denn entschieden wurde er durch die industriellen Ressourcen, durch die Verfügbarkeit von Rohstoffen und Arbeitskräften, durch das Maschinengewehr, das Flugzeug, das Unterseeboot und schließlich den Tank.

Die Niederlage an der Marne im September 1914 entschied faktisch nicht nur den Ausgang des Weltkriegs; sie zerstörte gleichzeitig auch die agrarisch-altkonservativen Hoffnung, durch einen siegreichen „Blitzkrieg“ eine industriegesellschaftliche Modernisierung verhindern zu können. Jetzt ließ sich die ursprüngliche Konzeption des im August 1914 ausgerufenen „Burgfriedens“ nicht länger aufrechterhalten, der lediglich den Status quo gegen die Arbeiterbewegung gewährleisten und notfalls auch durch eine Militärdiktatur gesichert werden sollte. Flexibler zeigte sich Reichskanzler v. Bethmann Hollweg, der – wie er am 10. September bekannte – durch „weitsichtige Sozialpolitik“ eine „Reform der Sozialdemokratie nach der nationalen und monarchischen Seite“ einzuleiten hoffte. Im Interesse eines „sozialen Volkskaisertums“ erkannte er einen gewissen Anspruch der Arbeiterschaft auf Entgegenkommen an; zu konkreten Zugeständnissen war er jedoch bis zuletzt nicht bereit.[4] Lediglich die Branchen der Industrie, die schon vor 1914 eine vorsichtige Kooperation mit den Gewerkschaften praktiziert hatten, und die Teile des Militärs, die aus Rücksicht auf die Bedürfnisse von Heeresersatz und Rüstungswirtschaft den „totalen“ Kriegseinsatz forderten, verschlossen sich nicht länger gewissen sozial- und verfassungspolitischen Reformen: nicht als Belohnung, sondern als Voraussetzung für den militärischen Sieg.

Nach der Marne-Schlacht mußte die industrielle Mobilmachung für einen unabsehbar langen Krieg in Angriff genommen werden. Das war die entscheidende Weichenstellung. Was zunächst als Notmaßnahme für eine Übergangszeit gedacht war, wurde seit Anfang 1915 zum Maßstab aller Dinge. Weitgehend autonom konnte die Industrie, mit staatlicher Exekutivgewalt ausgestattet, in sogenannten Kriegsgesellschaften die Rüstungsproduktion organisieren – von der Rohstoffbeschaffung über die Verteilung der Produktionsquoten bis zur Finanzierung der Investitionen. Infolge dieses Systems einer marktwirtschaftlich legitimierten Selbstverwaltung und einseitigen Meistbegünstigung wurde die Industrie zum eigentlichen Kriegsgewinner. Auch die Arbeiterschaft vermochte ihre Verteilungsposition zu behaupten, konnte diese teilweise sogar ausbauen, da die Beschaffung der Arbeiter zum entscheidenden Engpaß für die Rüstungsindustrie wurde. Der Mannschaftsbedarf von Heer und Industrie konnte langfristig nur auf Kosten von Landwirtschaft, Handwerk und Kleingewerbe sichergestellt werden. Während die Schwerindustrie den Arbeitszwang – auch für Frauen – forderte, setzte sich die Konsumgüter- bzw. Exportindustrie mit ihrem Kurs durch, über materielle Anreize und sozialpolitische Kompensationen die Rückendeckung der Gewerkschaften für die Kriegsanstrengung zu erkaufen.

Doch Preisanreize für die Industrie und Lohnanreize für die Arbeiter beschleunigten die inflationäre Lohn-Preis-Spirale, die von der staatlichen Kriegsfinanzierung ausging. Eingeengt durch politisch niedrige Preise, fehlende Investitionsmöglichkeiten und mangelnde kriegswirtschaftliche Effizienz gerieten Landwirtschaft, Handwerk, Handel und Mittelschichten entscheidend in Nachteil. Weder Schwarzmarktgewinne noch sozialprotektionistische Maßnahmen vermochten dies nachträglich zu korrigieren. Die materiellen Bedingungen von Krieg und Inflation boten nicht den Verteilungsspielraum, um allen sozialen Gruppen eine Bestandssicherung zu garantieren. Die Mittel zum physischen Überleben konnten nur noch nach den Kriterien der rüstungswirtschaftlichen Bedeutung zugeteilt werden. Angestellte und Beamte, Rentiers und Kapitaleinkommensbezieher, Handwerk und Handel waren mehr oder weniger unnütze Esser; und wer nicht arbeitete, der sollte – buchstäblich – auch nicht essen. Nicht länger Besitz und Bildung, Status und Tradition konstituierten und privilegierten die sozialen Klassen, sondern die ökonomischen Funktionen.

Die gehässige, das soziale Klima vergiftende Debatte um das „Kriegsgewinnlertum" wurde daher nicht allein um materielle Vorteile geführt, sondern um die gesellschaftlichen Umverteilungswirkungen der Kriegswirtschaft: die Positionsgewinne der Industrie zu Lasten der Landwirtschaft; die Konzentration der Rüstungsproduktion in Preußen zu Lasten der süddeutschen Staaten; die Vernichtung des Mittelstandes; die Bevorzugung der Industriearbeiter gegenüber Angestellten und Beamten.

Auch die SPD und die Freien Gewerkschaften gehörten zweifellos zu den Kriegsgewinnern. Ihre Spekulation war aufgegangen, sich zu diesem Zweck notfalls auch ohne weitreichende Zugeständnisse in die bürgerliche Gesellschaft wie in die monarchische Ordnung des Kaiserreichs einzuordnen. Trotz der immer wieder beteuerten grundsätzlichen Gegnerschaft gegen Imperialismus und Militarismus hatten beide, mit Ausnahme des radikalen linken Flügels, schon vor 1914 zunehmend die Identität von äußerer Sicherheit des Reiches und materieller Sicherheit des Bürgers behauptet. Aufgrund der Abhängigkeit einer wachsenden Zahl von Arbeitsplätzen vom Export wuchs die Bereitschaft, sowohl die Ausbeutung der Kolonien zugunsten der „Kulturvölker" mitzutragen als auch den Zugang zum Weltmarkt durch eine Flotte zu sichern.

Wenn aber nationale und soziale Befreiung zusammenfielen, mußte es im Interesse der Arbeiterschaft liegen, das staatliche und wirtschaftliche Überleben des Reiches in der Gemeinsamkeit mit Unternehmern und Staat gegen die behauptete politische Einkreisung und die ökonomische Erdrosselung durch die Entente zu verteidigen. „Die Not hat uns gelehrt", hieß es, „der Kampf der Klassen kann erst aufgenommen werden, wenn die Solidarität der Klassen den Bestand der übergeordneten Gemeinschaft gesichert hat".[5] Die Zustimmung der SPD zu den Kriegskrediten war im Lichte dieses Kalküls nur konsequent. Die Verteidigungsemotion des August 1914 gegen das reaktionäre Rußland war dabei kaum mehr als ein Alibi; den Vorrang hatte längst der wirtschaftliche Konkurrenzkampf gegen England gewonnen.

Nachdem im Krieg die Industrie aus der „Sammlung" mit der Landwirtschaft ausgeschieden war und sich der linke Flügel der SPD abgespalten hatte, war die Chance zur Gründung einer neuen gesellschafts- und staatspolitischen Bündniskonstellation gegeben. Diese „neue industrielle Mitte" entfaltete in der Tat ihre politische Wirkung seit Anfang 1915, als in der Berliner und der süddeutschen Metallindustrie sogenannte Kriegsausschüsse eingerichtet wurden, die unter militärischem Vorsitz mit Arbeitgeber- und Gewerkschaftsvertretern paritätisch besetzt waren. Aus diesen ging im Dezember 1916 das „Gesetz über den vaterländischen Hilfsdienst" hervor, das den Arbeitsplatzwechsel in der Rüstungsindustrie regulieren und begrenzen sollte, aber notgedrungen seinen Einfluß auch auf die Fragen der Arbeitsbedingungen und der Löhne ausdehnen mußte. Zwar waren alle Elemente des Weimarer Sozialstaats als Ergebnis von Kriegswirtschaft und Demobilmachung voll ausgebildet; doch ließ die im November 1918 gegründete „Zentralarbeitsgemeinschaft" von Arbeitgebern und Gewerkschaften bereits erkennen, daß die im Kriege erreichte Strukturhegemonie der industriellen Interessen nicht festgeschrieben wurde, daß das Bündnis von Arbeitgebern und Gewerkschaften nur ein kündbares auf Zeit sein würde.

Im Zeichen von Novemberrevolution und wirtschaftlichem

Zusammenbruch brachen nicht nur die alten Vorbehalte und Interessengegensätze neu auf, sondern angesichts des Versailler Friedensvertrags erschien erneut die innere Geschlossenheit das oberste Gebot. Als Übergangslösung, die schmerzhaften Strukturentscheidungen auswich, wurde ein System korporativen Interessenausgleichs installiert. Dieses sollte durch eine berufsständische, vertikale Versäulung der ökonomischen, sozialen und politischen Interessen allen Sozialgruppen eine balancierte Überlebens- und Mitbestimmungsgarantie gewährleisten – nicht zuletzt den am stärksten von Strukturwandel und Kriegswirtschaft betroffenen. Die „Gemeinwirtschaft“, wie sie seit 1915 diskutiert wurde, war von Rathenau und seinem Mitarbeiter Moellendorff, Technokraten aus der Elektroindustrie, in den Kriegswirtschaftsorganisationen praktisch vorbereitet worden und wurde erst nachträglich theoretisch fundiert. Indem gesellschaftliche Verteilungsgerechtigkeit und soziale Überlebensgarantie in Krieg und Nachkriegszeit sichergestellt werden sollten, sprach man auch von „Kriegssozialismus“. In dem Sinne wollten konservative Nationalökonomen die „Gemeinwirtschaft“ als „Volksgenossenschaft eines nationalen Arbeitsstaats aus der nationalen Kriegswirtschaft“ entstehen lassen.[6] Aber auch die Arbeiterbewegung griff dieses Modell in der Form der „sozialistischen Gemeinwirtschaft“, später in „Wirtschaftsdemokratie“ umbenannt, auf.

In Verbindung mit dem außenpolitischen Verteidigungskonsens führte die Suche nach neuen, korporativen Formen gesellschaftlicher und wirtschaftlicher Organisation bereits am Vorabend des Krieges auf allen Seiten des Parteienspektrums zu einer gemeinsamen Formel: der „Volksgemeinschaft“.

Der Begriff[7] war um 1870 bei Antisemiten wie Zionisten gleichermaßen aufgetaucht. Zum eigentlichen Protagonisten wurde um 1900 die Jugendbewegung. Bürgerlich-liberale Imperialisten, „technokratische“ Militärs, die das Bündnis mit der bürgerlichen Sozialreform suchten, jungdeutsche Ideologen und völkische Militaristen der „nationalen Opposition“ schlossen sich an.

„Gemeinschaft“, einerseits „affektuell“ (wie es Max Weber nannte), aber andererseits das rationale Kalkül kollektiver Interessenwahrung nicht ausschließend, war hier stets autoritär definiert und mit der Verteidigungsposition des Reiches begründet. Das individuelle und kollektive Überleben war in der Kriegsmangelgesellschaft nur garantiert, wenn der „neutrale“, von partikularer Einflußnahme freie Staat in der Lage war, Verteilungsgerechtigkeit als Balance von Opfer und Verzicht notfalls zu erzwingen. In der autoritären Staatsräson verknüpften sich die Prinzipien von „Nation“ und „Sozialismus“. Wohl erwuchs aus der „äußeren“ Verteidigungsgemeinschaft ein vordergründiger „Gemeinsamkeitsglaube“, doch ließ sich dieser, trotz aller Forderungen der Linken, nicht durch eine „innere“ Werte- und Reformgemeinschaft ergänzen. Es war indes nicht allein die Hoffnung auf eine soziale Dividende der äußeren Machtpolitik, die gerade die Pariagruppen des Kaiserreichs vor 1914 die „Volksgemeinschaft“ rezipieren ließ: die SPD, das katholische Zentrum und auch die Juden. Sondern ihnen war die „Volksgemeinschaft“ bekenntnishafter Gegenentwurf zum exklusiven Nationsbegriff der Konservativen und Völkischen, Anspruch auf versöhnende Solidarität der Nation mit den Bürgern.

Unter dem Eindruck von Krieg, Niederlage, Friedensvertrag und Inflation konnte die „Volksgemeinschaft“ kurzzeitig sogar zu einer Art Gründungskonsens der Republik werden; doch überdeckte die von außen erzwungene Solidarität, daß „Volksgemeinschaft“, „Gemeinwirtschaft“ und „Sozialismus“ – den seit Spengler und Spann auch die Rechte als opferpflichtigen Solidarismus des Einzelnen mit der Gemeinschaft entdeckt hatte – nur semantisch identische Topoi waren, die inhaltlich geradezu konträr definiert wurden. Dementsprechend zerbrach 1924/25, als die innere und äußere Krise vermeintlich überwunden schienen, der fragile Konsens. Alle Parteien, einschließlich der SPD, rückten vom Anspruch der „Volkspartei“ ab und suchten als Klassenparteien ihre Identität in den traditionellen Sozialmilieus. Doch vergeblich. Denn der Krieg hatte die Auflösung der bäuerlichen Welt beschleunigt, den

Zerfall der bürgerlichen Selbstgewißheit und ebenso die Zersetzung der proletarischen Subkultur.

Die beginnende Auflösung der Klassen bereits im Klassenstaat des Kaiserreichs hatte insofern ihre Schattenseiten, als sie die intermediäre Loyalitätsbildung in gesellschaftlichen Großgruppen zerstörte. Angesichts der zunehmenden Verstaatlichung der sozialen Netze von Familie, Nachbarschaft und Sozialmilieu in der Industriegesellschaft erschien die Spannung zwischen Selbstverwirklichung des Einzelnen und den Anforderungen des Gemeinwohls unüberbrückbar – es sei denn autoritär. Zudem traf der Verlust materieller Sicherheit und soziokultureller Gewißheit auf einen milieu- und klassenübergreifenden Wertewandel. Dieser, nicht-materialistisch und gemeinschaftsbezogen, kulturpessimistisch und vormodern, überlagerte seit 1900 (wie auch sonst in Europa) die sozialen Verteilungskonflikte und leitete den langfristigen Verfall des klassen- und milieugebundenen Loyalitätsverhaltens ein, der die Weimarer Republik prägen sollte. Die Revolte der Jugendbewegung, die Konjunktur der Lebensphilosophie Nietzsches und Bergsons, die provozierende Herausforderung der künstlerischen „Avantgarde" – all das war keineswegs nur bereichernder Fortschritt zu neuer Form und neuer Freiheit, sondern mehr noch erschrockene Suche nach neuer Bindung und Sinnstiftung durch eine „verlorene" Generation, wie Alfred Weber sie bereits 1911 genannt hatte.

Den langfristigen Folgewirkungen dieses ersten industriellen Massenkrieges standen Politik, Wirtschaft und Gesellschaft hilflos gegenüber. Es waren soziale und volkswirtschaftliche Kosten zu bewältigen, deren Dimension erst bei der Umstellung auf den Frieden für Sieger und Besiegte gleichermaßen grell hervortrat: die Demobilisierung der Millionenheere und deren Rückgliederung in den Arbeitsmarkt, der Wiederaufbau und die Rekonversion der Industrie auf Friedensproduktion, die Finanzierung der ungeheueren Kriegskosten und die Sanierung der Staatshaushalte, die Restituierung der zugunsten der Kriegswirtschaft stillgelegten Betriebe und Branchen, die Entschädigung der Kriegsopfer, neben den Angehörigen von acht Millionen Toten und zwanzig Millionen Verwundeten auch die von Unterernährung, Krankheit und psychischer Überforderung Gezeichneten. Reparationen einerseits, Inflation andererseits erschienen als der einzige Ausweg aus diesem Dilemma. Hatte schon die Suche nach künftiger industrieller Autarkie die Kriegsziele des Reiches maßlos gemacht, wurden die Friedensregelungen der Entente vernichtend. Die kriegsbedingte Zerstörung des Weltmarkts zog neue internationale Verteilungskämpfe nach sich; nationale Verteilungskämpfe, ideologisch überlagert, eskalierten zum Bürgerkrieg. Viel zu spät kam die ökonomische Intervention der USA, die für neue Stabilität sorgte, aber den Verlust des Vertrauens auf die neue Ordnung nicht mehr wettmachen konnte.

In dieser amerikanischen Intervention spiegelte sich der beginnende Niedergang Europas, der überformt wurde durch den sich entwickelnden Kampf zwischen dem amerikanischen Prinzip einer liberalkapitalistisch-demokratisch-freihändlerischen Weltordnung, wie sie Präsident Woodrow Wilson 1917/18 propagiert hatte, und dem sowjetischen Prinzip einer kommunistisch-autoritär-revolutionären Weltordnung, das konkurrierend von Lenin entworfen worden war. Ohnehin hatte sich die politische Topographie Europas am Ende des Krieges grundlegend verändert. Nicht nur waren Österreich-Ungarn und das Osmanische Reich als Großmächte verschwunden, an deren Stelle neue, instabile Nationalstaaten traten. Sondern das monarchische System wurde auch vom parlamentarischen bzw. republikanischen verdrängt, das Frauen erstmals das Wahlrecht gab. Doch bereits 1917 hatte Lenin die Staatswerdung des Bolschewismus, 1922 Mussolini die des Faschismus vollzogen. Beide stellten, trotz aller Unterschiede, die neue, bürgerlich-industrielle Ordnung revolutionär in Frage, im Inneren wie im Äußeren.

Der Erste Weltkrieg hat all diese Entwicklungen gebündelt, verstärkt und beschleunigt. Er hat sie nicht verursacht, ihnen keine prinzipiell neue Richtung, wohl aber eine neue Qualität verliehen. Die Adaptionslücke von „agrarischer“ Mentalität und „industrieller“ Lebenswelt war in Deutschland mehr als nur der Überhang sozial absterbender, aber politisch hegemonialer Eliten des 19. Jahrhunderts. Dem abrupten System- und Wertewandel in Revolution und Republik entsprach kein Lernprozeß im Umgang mit der anonymen Massenkultur, den urbanen Lebensformen, der pluralistischen Meinungskonkurrenz und dem wohlfahrtsstaatlichen Versorgungssystem. Und materielle Kompensationen als eine Art Überbrückungshilfe vermochte der Weimarer Sozialstaat nicht zu bieten. Nicht die „Modernisierung“ selbst, sondern ihre vom Krieg dramatisch beschleunigte Intensität und Verlaufsgeschwindigkeit, die fehlende Vermittelbarkeit der „Sinnhaftigkeit“ des Wandels verhinderten die soziale Zumutbarkeit und politische Akzeptanz der Veränderungen. Die Suche nach allumfassender Sicherheit vor den Risiken der postagrarischen Lebensformen, nach emotionaler und sozialer „Gemeinschaft“, mündete in die autoritäre Nostalgie. Das war die ebenso verständliche wie unzutreffende Lektion aus der Kriegserfahrung. Die Idee der „Volksgemeinschaft“ war insofern definiert durch kollektive Schicksalslagen; sie war weniger Klassen- als Generationenerfahrung. Oder anders gewendet: Sie war gelebter Mythos einer kollektiven Krisenbiographie. Sicherheit statt Freiheit, das war die Option, die sich noch bis in die Bundesrepublik der fünfziger und sechziger Jahre als traumatische Konstante erhalten sollte.

Erst auf dieser Grundlage wurde es der Rechten möglich, 1918 mit Hilfe der „Dolchstoß-Legende“ die Verantwortung für die Modernisierungsfolgen von der strukturellen auf die politische Ebene zu verlagern, Personen und Parteien, die Republik und das sogenannte Judentum verantwortlich zu machen. Und daran vermochte auch der Nationalsozialismus in der vorrangig soziokulturellen, erst 1929 wirtschaftlich überformten Krise der Republik erfolgreich anzuknüpfen. Ihm gelang es kurzzeitig, die agrarische „Blut-und-Boden“-Ideologie und die industrielle Mobilmachung zu einer erfolgreichen Sozialtechnik zu verknüpfen. Er trug jedoch – wenngleich unfreiwillig – dazu bei, durch die forcierte Rüstungspolitik und mehr noch die Folgen seiner Niederlage im Zweiten Weltkrieg diesen immanenten Widerspruch endgültig zu überwinden.

Insofern kommt dem Ersten Weltkrieg der Rang einer welthistorischen Zäsur zu, von ähnlich einschneidender Bedeutung wie die Französische Revolution von 1789. Er hat den Durchbruch zur industriell-urbanen Massengesellschaft endgültig erzwungen, die politische Akzeptierung wie die soziale Zumutbarkeit dieses Wandels aber erschwert.

Anmerkungen

1 K. Riezler, Tagebücher, Aufsätze, Dokumente. Hg. K. D. Erdmann, Göttingen 1972, 180–193 passim.

2 F. Naumann, Demokratie und Kaisertum (1900), in: ders., Werke. Politische Schriften, Hg. T. Schieder, II: Schriften zur Verfassungspolitik, Opladen 1964, 1–351, hier 348.

3 Beiträge zur neuesten Handelspolitik, II, Berlin 1901 (= Schriften des Vereins für Socialpolitik, Bd. 98), 259.

4 Zit. nach: G. Mai, Das Ende des Kaiserreichs. Politik und Kriegführung im Ersten Weltkrieg, München 1993^{2}, 173 ff.

5 Zit. nach: G. Mai, „Verteidigungskrieg" u. „Volksgemeinschaft". Staatliche Selbstbehauptung, nationale Solidarität und soziale Befreiung in Deutschland in der Zeit des Ersten Weltkrieges 1900–1925, in: W. Michalka Hg., Der Erste Weltkrieg, München 1994, 583–602, hier 589.

6 D. Krüger, Nationalökonomen im wilhelminischen Deutschland, Göttingen 1983, 127.

7 Zu Einzelnachweisen vgl. Mai, „Verteidigungskrieg".

Auswahlbibliographie

Hardach, G., Der Erste Weltkrieg 1914–1918, München 1973.

Hirschfeld, G. und Krumeich, G. Hg., Keiner fühlt sich hier mehr als Mensch . . .: Erlebnis und Wirkung des Ersten Weltkriegs, Essen 1993.

Mai, G., Das Ende des Kaiserreichs. Politik und Kriegführung im Ersten Weltkrieg, München 1993^{2}.

Michalka, W. Hg., Der Erste Weltkrieg, München 1994.

Offer, A., The First World War: An Agrarian Interpretation, Oxford 1989.

Schieder, W. Hg., Erster Weltkrieg. Ursachen, Entstehung und Kriegsziele, Köln 1969.

Bernd Weisbrod

Die Krise der bürgerlichen Gesellschaft und die Machtergreifung von 1933

Als vor mehr als sechzig Jahren die braunen Kolonnen im Fackelschein durch das Brandenburger Tor marschierten, um die Machtergreifung am 30. Januar 1933 zu feiern, produzierten sie ein Trugbild, das bis in die Gegenwart hinein wirksam geblieben ist. Diese Inszenierung, die durch ihre ständige Wiederholung in den Bildmedien längst geläufig geworden ist, bestätigt die Macht der Bilder, die selber einen Teil des Geheimnisses für Hitlers Erfolg barg. Denn weder handelte es sich um eine „Machtergreifung", die sich aus der Existenz der uniformierten Masse auf der Straße hinreichend erklären läßt, noch wurde die Regierungsbildung überall als spektakuläres Ereignis oder gar als „Scheideweg deutscher Geschichte" erkannt.

Die Ernennung Hitlers zum Reichskanzler einer „Regierung der nationalen Konzentration" folgte weder einem großen Machtergreifungsplan, noch war sie unvermeidlich. Hitlers eigene Entscheidung im August 1932, dem Reichspräsidenten v. Hindenburg die uneingeschränkte Regierungsgewalt abzufordern, entsprang eher einer diffusen Angst vor dem offiziellen Berlin und seinen Verstrickungen als einem bestimmten Kalkül. Sein einziges Kalkül – und das sollte auch später so bleiben – war, selbst auf die Gefahr hin, seine eigene Partei in die Zerreißprobe zu führen, das Vabanque-Spiel. Bekanntlich hat der Versuch des Reichspräsidenten, den autoritären Präsidialkabinetten noch eine letzte Chance zur Zähmung der nationalsozialistischen Bewegung zu geben, nichts gefruchtet. Von Papens „starker Staat", den das nationalkonservative Bürgertum mit Carl Schmitt herbeigeredet hatte, um sich der demokratischen Ansprüche der modernen Massengesellschaft zu erwehren, räumte in dem staatsstreichähnlichen Schlag gegen Preußen im Juli 1932 auch noch die letzte Weimarer Bastion gegen die nationalsozialistische Gefahr beiseite. Schließlich machte General v. Schleicher mit seinen militärischen Bürgerkriegsszenarien auch noch dem letzten Wehrertüchtiger klar, daß die Träume von der wieder schimmernden Wehr gegen die SA überhaupt nicht, ohne sie aber auch nicht zu verwirklichen sein würden.

So blieb nur die „große" Hitler-Lösung als letzte Möglichkeit, der sich auch die vielen kleinen Hindenburgs nicht verschließen konnten, weil die Präsidialkabinette über keine weitere politische Option mehr verfügten. Die aus Weimar schon längst ausgewanderten bürgerlichen Eliten aus Industrie und Landwirtschaft, Verwaltung und Reichswehr fanden je länger desto mehr Gefallen an der „aggressiven Negation des Weimarer Parteienstaats" (Martin Broszat). Diesem lasteten sie sowohl die vermeintliche nationale Schwäche des Weimarer „Systems" als auch die vermeintliche Stärke der organisierten Arbeiterbewegung an, die ihrerseits in einem ursächlichen Zusammenhang gesehen wurden. Zwar wäre den meisten sicherlich eine „kleine" Hitler-Lösung angenehmer gewesen, aber angesichts der politischen Selbstlähmung, die aus der Zersplitterung des bürgerlichen Parteienlagers und der rigorosen Ausschaltung der Sozialdemokratie herrührte, mußte man schließlich auch das Risiko einer „großen" Hitler-Lösung in Kauf nehmen. Insofern fand die Machtergreifung nicht in einem Machtvakuum statt, wie Karl-Dietrich Bracher das vor vier Jahrzehnten beschrieben hat, sie war vielmehr das Ergebnis eines politischen Machtspiels mit einer großen Unbekannten, nämlich Hitler. Die Hauptspieler waren aber jene bürgerlichen Politiker, die um keinen Preis nach Weimar zurückwollten.

Das trügerische Bild von der marschierenden SA, die sicherlich ein wichtiges Pfand in Hitlers Spiel war, zeigt nichts von alledem. Es läßt jedoch ahnen, warum Hitler und die Seinen bezeichnenderweise lieber von einer „nationalen Erhebung" als von einer „Machtergreifung" sprachen. Eine „nationale Revolution" begannen sie erst dann zu beschwören, als es galt, die soziale Dynamik der vermeintlich zu kurz gekommenen SA abzubremsen. Erst nach dem sogenannten Röhm-Putsch im Sommer 1934 kam die wirkliche „Machtergreifung" zu einem vorläufigen Ende. Sie hatte begonnen mit der Aufkündigung der bürgerlichen Freiheitsrechte in der Reichstagsbrandverordnung, der rücksichtslosen Zerschlagung der Arbeiterbewegung, der mehr oder weniger eilfertigen Selbstgleichschaltung der bürgerlichen Interessenverbände und der willfährigen Selbstaufgabe der bürgerlichen Parteien im Ermächtigungsgesetz. Die Säuberung der Verwaltung, die Wiederherstellung einer autoritären Betriebsverfassung und die beginnende Aufrüstung und Remilitarisierung der Gesellschaft taten ein übriges, um das politische System von Weimar zu zerstören. Es entstand ein Herrschaftskompromiß, der nicht nur die Schlüsselstellung der Partei, sondern auch den Schutz der gesellschaftlichen Machtpositionen der bürgerlichen Eliten vor einer wirklichen sozialen Revolution zumindest vorübergehend festschrieb.

Wie wir wissen, war das noch nicht das Ende des großen Hasardspiels, auf das sich die bürgerliche Gesellschaft trotz aller Vorbehalte mit ihren sozialen Ängsten und ihrer fragmentierten politischen Binnenausstattung eingelassen hatte. Sie war dem Versprechen der nationalen Erneuerung, der bürgerlichen Sekurität und der erlösenden Volksgemeinschaft mit erstaunlicher Leichtigkeit erlegen. Das Angstbild des Rotfront-Aufstandes, das der Weimar-Verachtung immer neue Nahrung gegeben hatte, hatte sich zwar zunehmend als Hirngespinst erwiesen. Aber die Parolen des Anti-Marxismus, die bis weit in das bürgerliche Lager hinein größere Zugkraft behaupten konnten als die antisemitischen Tiraden, erwiesen sich deshalb als so erfolgreich, weil sie sich im Kern auf den diskreditierten Gesellschaftskompromiß von Weimar bezogen. Ein neuer Kompromiß war im Entstehen begriffen und in einigen Ländern auch schon vor 1933 in bürgerlich-nationalsozialistischen Koalitionen erprobt worden, ein Kompromiß, für den die marschierenden Kolonnen nun den Alleinvertretungsanspruch erhoben.

Deutlich wird dies, wenn man das öffentlich inszenierte Bild der Marschkolonnen und das diskrete Bild der politischen Händel in den Korridoren der Macht zusammensetzt. Noch deutlicher vielleicht, wenn man den Reflex der Berliner Ereignisse vor Ort sucht. Des politischen Kulissengeschiebes in Berlin überdrüssig, standen nur in wenigen Ruhrgebietsstädten kleine und kaum bewaffnete Gruppen der „Eisernen Front", wie schon beim „Preußen-Schlag", zumindest bereit. Sie wurden vom Parteivorstand der SPD mit der Parole vertröstet: „Bereit sein ist alles" – und zwar, wie es intern hieß, „für den Moment, wo Hitler von der Demokratie abweicht"![1] In den vielen kleinen Bürgerstädten dagegen, in denen die NSDAP vor allem im protestantischen Deutschland ihre Hochburgen hatte, war die Machtergreifung keines großen Aufhebens wert. Hier wurde endlich eingelöst, was der Historiker Friedrich Meinecke schon nach der Septemberwahl 1930 im Verhältnis von Bürgertum und Nationalsozialismus beobachtet hatte: „Man lacht über ihre wirtschaftlichen Forderungen, schilt auch in den Kreisen der oberen Zehntausend gesittet über ihren Straßenradau – und doch, merkwürdig, geht in diesen selben Reihen das Geraune über die Nützlichkeit und dermaleinstige Verwendbarkeit des Nationalsozialismus sachte weiter."[2]

Hinter diesem stillen Einvernehmen stand, bei aller öffentlichen Distanzierung, nicht nur eine Teilübereinstimmung in zentralen politischen Fragen. Dieser Prozeß war auch keineswegs auf das Bürgertum im engeren Sinne beschränkt. Der Zerfall des bürgerlichen Parteienlagers machte aber erst den Weg für eine anti-marxistische und national-populistische Sammlungsbewegung frei. Die NSDAP beerbte neben den völkischen Restbeständen der frühen Weimarer Republik zunächst die bürgerlichen Splitter-, Interessen- und Regionalparteien, die in der zweiten Hälfte der zwanziger Jahre den liberalen Weltanschauungsparteien ihre Klientel streitig gemacht hatten. Mit ihrem aktivistischen Politikstil brach sie auch relativ mühelos in die klassische Domäne der bürgerlichen Honoratiorenpolitik im Gemeindeleben, im Vereinswesen oder in den Hochschulen ein. Selbstverständlich trug auch die Verschärfung der Wirtschaftskrise zu der rasanten Erosion der politischen Loyalität außerhalb des katholischen und sozialistischen Lagers bei, wobei die drohende Radikalisierung des Millionenheers von arbeitslosen Industriearbeitern eher sekundär verstärkend wirkte. Der Generationenkonflikt und die nationalistische Überhöhung jedweden Unbehagens mit den Erscheinungsformen der modernen Großstadtkultur kamen hinzu.

All das ist relativ gut erforscht und bekannt. Tatsächlich war aber die Kohärenz der bürgerlichen Gesellschaft schon vor dem Siegeszug des Nationalsozialismus ernsthaft bedroht, nicht nur politisch, sondern auch als Lebensentwurf mit Geltungsanspruch für weit über das Bürgertum im engeren Sinne hinausgehende Gruppen. Dabei spielte die Herausforderung durch die organisierte Arbeiterschaft und die politische Entmachtung des liberalen Bürgertums als wilhelminische Erblast sicherlich eine wichtige Rolle. Der „autoritäre Nationalstaat" (Wolfgang Mommsen) hatte zweifellos schon eine spezifisch deutsche Prägung der bürgerlichen Gesellschaft hervorgebracht, in der die Tugenden der „Zivilgesellschaft" weniger zählten als Regierungstreue und Staatsnähe, wie sie im Prototyp des beamteten Bildungsbürgers zum Ausdruck kamen. Der eigentliche Bruch erfolgte jedoch erst durch die Aufkündigung der bürgerlichen Sekurität in Krieg, Revolution und Nachkriegszeit. In diesem Bündel von traumatischen Erfahrungen hat jedoch die Revolution oft nur eine imaginierte Rolle gespielt, die den gesamten Zeitraum umspannende Inflation jedoch eine durchaus reale.

Auf dem flachen Lande und in den kleinen und mittleren Bürgerstädten, die immer noch das nationale Rückgrat der bürgerlichen Gesellschaft stellten, erschien die Revolution zunächst nur als schwacher Widerschein des roten Leuchtens in den Metropolen. Selbst in Berlin begnügten sich die besorgten Bürger in den besseren Vierteln mit der Aufstellung von privaten Polizeiposten. In den traditionellen Universitätsstädten inszenierte die studentische Jugend eine „Gegenrevolution", noch ehe es überhaupt eine nennenswerte Revolution gegeben hätte, und suchte die Bewährung als bewaffnete Ordnungstruppe der bürgerlichen Gesellschaft im fremden proletarischen Territorium.

Aber erst die Inflation stiftete überall die Erfahrung einer „great disorder" (Gerald Feldman). Sie erfaßte schließlich alle wohl etablierten Maßstäbe der bürgerlichen Ordnung: die Sicherheit des Einkommens, die Verläßlichkeit der Bildungsprivilegien, die fein austarierte soziale Distanz und die diskreten Unterschiede des sozialen Status. Zwar wurden verschiedene Vermögens- und Einkommensarten unterschiedlich betroffen: Die Sachwertbesitzer erzielten einen spürbaren Vorteil gegenüber den Beziehern von Kapitaleinkünften, der auch durch die Steuerpolitik der Bürgerblock-Kabinette in der Stabilisierungsphase nur unzureichend ausgeglichen werden konnte. Aber schließlich konnten sich fast alle als Verlierer fühlen, weil mit dem Geldwert auch das Vertrauen in die Verlässlichkeit des Wirtschaftslebens überhaupt geschwunden war.

Hinzu kam die Zerstörung der Vertrauensbasis für jegliche bürgerliche Lebensplanung und die drastische Erosion des Einkommensgefälles in den bürgerlichen Berufen, insbesondere im beamteten Bildungsbürgertum. So schrumpfte beispielsweise im preußischen Staatsdienst der Abstand der Bezüge zwischen den höheren Beamten und den mittleren und unteren Beamten von fünf zu eins vor dem Krieg auf zwei zu eins. Zwar öffnete sich die Einkommensschere in der Beamtenschaft wieder bis zur Weltwirtschaftskrise, aber das Bewußtsein der Deklassierung blieb.

Besonders deutlich wird das bei den Professoren, die der Republik in der Regel wenig Sympathie, aber dem Siegeszug ihrer nationalsozialistischen Studenten immerhin ein gewisses Verständnis entgegenbrachten. Sie hatten, wie andere Beamte auch, „überproportional unter der kriegsbedingten Inflation gelitten", aber auch „überproportional am wirtschaftlichen Aufschwung" profitiert: Ihre Gehälter lagen in der Weltwirtschaftkrise wieder 40% über dem Vorkriegsstand und vier- bis sechsmal höher als der Durchschnittslohn eines Arbeiters, während sie vor dem Krieg nur drei- bis viermal so hoch gewesen waren.[3] Dennoch wurden diese „Mandarine“ (Fritz Ringer) des deutschen Bildungsbürgertums nicht müde, dem weit verbreiteten bürgerlichen Krisenbewußtsein ihre Stimme zu leihen und das Weimarer System für den Untergang der bürgerlichen Kultur und Gesellschaft verantwortlich zu machen, den sie selbst zu beschleunigen im Begriffe waren.

Die historische Wahlforschung hat in letzter Zeit mit Hilfe von hochaggregierten Daten zurecht darauf hingewiesen, daß sich die stark fluktuierende Wählerschaft der NSDAP am Ende der Weimarer Republik keineswegs nur aus dem krisengeschüttelten Mittelstand, sondern prinzipiell aus allen Bevölkerungskreisen rekrutierte. Dieser „volksparteiliche“ Anspruch fand jedoch deutliche Grenzen an den relativ immunen katholischen und sozialistischen Milieus. Es ist darüber hinaus kennzeichnend, daß die nationalsozialistischen Hochburgen der Spätphase der Weimarer Republik stark mit den (ländlich-protestantischen) Wahlkreisen korrespondieren, die bei der Reichspräsidentenwahl von 1925 Hindenburg als Vertreter des „Reichsblocks“ gegen den Kandidaten des Weimarer „Volksblocks“ unterstützten. Hier zeichnete sich erstmals jene Koalition der „republikfeindlichen und republikskeptischen Kräfte“ ab, die Hitler später als „Sammlungsbewegung des bürgerlich-protestantischen Lagers“ mobilisieren konnte.[4]

Man kann aus diesen Ergebnissen durchaus eine Revision der traditionellen Mittelstandsthese ableiten. Immerhin stammten bis zu 40% der NSDAP-Wählerschaft aus der Arbeiterschaft. Aber dies ändert nichts daran, daß die NSDAP auch als „Volkspartei des Protests“ einen deutlichen „Mittelstandsbauch“ (Jürgen Falter) aufwies. Schon Zeitgenossen wie Theodor Geiger sahen, daß sich die nationalsozialistische Bewegung anschickte, „wie das Zentrum – nur mit zahlenmäßig größerem Erfolg – als Volksbewegung alle Soziallagen zu durchdringen“.[5] Aber in den ressentimentgeladenen Milieus der Selbständigen in Handel und Gewerbe fand sich der eigentliche Nährboden für eine Bewegung, die sich gegen alle Erscheinungsformen der Moderne verschwor: Die großstädtische Lebensweise und der heimatlose Intellektualismus, die organisierte Arbeiterschaft und die großen Konzerne, der internationale Kapitalismus wie der internationale Sozialismus, all diese Feindbilder ließen sich mit der antisemitischen Rhetorik glänzend mobilisieren. Dabei ging die „Panik des Mittelstandes" (Theodor Geiger) weniger aus der materiellen Verarmung als der spezifischen Krisenwahrnehmung des Mittelstandes hervor, die sich an dem ideologisch überhöhten Wunschbild des Sozialprotektionismus im Kaiserreich orientierte.

Wie „Besitz", so war auch „Bildung" durchaus von den Aussichten angetan, die die Machtergreifung zu eröffnen schien. Nicht nur der Freiburger Wende-Rektor Martin Heidegger war geneigt, dem neuen Regime, als dessen Repräsentant man sich nicht ganz zu unrecht auch fühlen durfte, mehr als nur Vorschußlorbeeren zu geben. Die junge Generation, die zweifellos an der „Überfüllungskrise" in den akademischen Berufen litt, hatte der NSDAP schon lange vor 1933 zu einer Mehrheitsposition in der Studentenschaft verholfen. Neben der altbekannten „Panik des Mittelstandes" ist also auch ein spezifisches „Muster der Verführbarkeit"[6] in den akademischen Berufen als Widerlager für den Brückenschlag auszumachen, der die populistische Massenbewegung mit den bürgerlichen Funktionseliten verband und der die eigentliche gesellschaftliche Basis der Machtergreifung darstellte.

Die deutschen Akademiker waren in der Weimarer Republik in den „freien" Berufen ebenso wie im öffentlichen Dienst in eine „Berufskrise" geraten, nicht so sehr weil sich ihre materielle Lage entscheidend verschlechtert hätte, wie schon das Beispiel der Professoren zeigt, sondern weil sie sich in den sozialen Errungenschaften der modernen Professionalisierung bedroht sahen. Tatsächlich ging die vielbeklagte „Überfüllung" der akademischen Berufe neben den demographischen Verwerfungen des Krieges auch auf einen Reformschub im höheren Bildungswesen und die einsetzende „Berufsdemokratisierung" zurück: Das staatliche Berechtigungswesen ließ zumindest eine gewisse soziale Öffnung durch neue Zugangsqualifikationen oder Konkurrenzberufe zu.

In den einzelnen akademischen Berufen, bei Ingenieuren

und Ärzten, Anwälten und Lehrern, herrschten zwar unterschiedliche Marktbedingungen im einzelnen, in allen gemeinsam machte sich jedoch gegen Ende der Weimarer Republik eine allgemeine Professionalisierungskrise geltend, die zugleich Merkmale eines Generationenkonflikts aufwies. Die Zerstörung der bürgerlichen Sekurität setzte sich hier mit der ungewohnten Verunsicherung bürgerlicher Lebensentwürfe fort. Der „Interessenrepublikanismus", der sich in den Verbänden der gewerblichen Wirtschaft und der Landwirtschaft schon vor der Weltwirtschaftskrise verflüchtigt hatte, fand schließlich auch in den akademischen Berufen keinen Anklang mehr. Das bürgerliche Verbandswesen erwies sich daher auch ohne allgemeine Nazifizierung seiner Klientel als anfällig. Trotz relativ geringer Organisationstiefe gelang es der NSDAP, sich diese Ängste zunutze zu machen und mit eigenen Berufsverbänden oder in den unterwanderten Standesorganisationen als Garant bürgerlicher Respektabilität und professioneller Interessen darzustellen.

Das Versprechen der „Reprofessionalisierung" wurde schließlich – nach ersten politischen Entlassungen im Zusammenhang mit dem Preußen-Schlag – in der großen „Säuberung" eingelöst, die mit dem „Gesetz zur Wiederherstellung des Berufsbeamtentums" vom April 1933 in den Verwaltungen und den freien Berufen einsetzte. Die Entfernung von Sozialdemokraten und Liberalen, Frauen und Juden versprach zwar, die Aufrückchancen der jungen Generation insbesondere in der großstädtischen Ärzte- und Anwaltschaft zu verbessern. Sie machte aber die freien Berufe im „Dritten Reich" wie die Beamtenschaft zu einem instrumentalisierbaren Stand, zu „unfree professions" (Konrad Jarausch). Das liberale Ethos der freien Berufe war dem „Führer" als vermeintlichem Retter aus der Kulturkrise geopfert worden zum Preis eines letztlich auch moralisch indifferenten Funktionärs- und Expertentums.

In dieser weitgehenden Selbstpreisgabe der akademischen Berufe spiegelt sich eine tiefgreifende Krise der bürgerlichen Gesellschaft wider, die mit der Bedrohung von bürgerlichem Status und bürgerlicher Sekurität einherging. Ein „Sinken der

Geltung des Bürgertums" gegenüber der Arbeiterschaft hatte Friedrich Meinecke schon vor dem Ende des Ersten Weltkriegs diagnostiziert. In der Weimarer Republik beschleunigte sich dieser „Aushöhlungsprozeß spezifisch bürgerlicher Sozialformen" und ergriff den Wertekanon und Lebensentwurf von Bürgerlichkeit überhaupt.[7] Bei gleichzeitig demonstrativer Urbanität und Modernität der bürgerlichen Avantgarde in den Großstädten hatte sich der traditionelle Begriff von Bürgerlichkeit verflüchtigt: Die bürgerliche Öffentlichkeit zog sich in Bünde, Zirkel und Gesinnungsgemeinschaften zurück, die Sekurität erwies sich als Illusion, der Kultur- und Bildungsbegriff verlor seine Verbindlichkeit, und der aufklärerische Anspruch wich schon lange vor dem Sieg des Nationalsozialismus der Flucht in den politischen Irrationalismus.

Die letzte Bastion bürgerlicher Werte und Moral erlag schließlich dem nationalsozialistischen Gewaltappell. Die grundsätzliche Akzeptierung von immer mehr und keineswegs nur symbolischer Gewalt in dem nachholenden Stellvertreter-Bürgerkrieg, den die Nationalsozialisten inszenierten, brach erkennbar mit den Grundlagen der bürgerlichen Welt.[8] Diese „historische Regression" des deutschen Bürgertums (Franz Neumann) offenbart die ganze Reichweite der Krise der bürgerlichen Gesellschaft im nachrevolutionären Deutschland. Der Appell an die bewaffnete Selbstverteidigung, wie sie in den bürgerlichen Einwohnerwehren der „Gegenrevolution" schon erprobt worden war, die Verherrlichung des Kriegserlebnisses im Stile Ernst Jüngers und die Usurpation des staatlichen Gewaltmonopols im allgegenwärtigen Männlichkeitswahn der paramilitärischen Verbände, all dies leistete der „Zersetzung des Gewissens" (Norbert Elias) Vorschub, wie sie im „Dritten Reich" dann zutage trat.

Die Machtergreifung war in diesem Sinne nicht nur die Folge der politischen Selbstlähmung des bürgerlichen Lagers, sie war ein Indiz für eine tiefgreifende Krise der bürgerlichen Gesellschaft überhaupt. Die Auflösung des bürgerlichen Wertekanons von Besitz und Bildung stellte auch die Maßstäbe der konventionellen Moral zunehmend in Frage. Paradoxerweise ließen die politischen und rassistischen Verfolgungsmaßnahmen im Windschatten von Hitlers Anfangserfolgen sogar die Illusion einer wiederhergestellten bürgerlichen Ordnung entstehen. Die juristisch kaum drapierte Enteignung und Entrechtung, die Verweigerung elementarer bürgerlicher Freiheitsrechte und selbst die brutalen Morde beim sogenannten „Röhm-Putsch" konnten noch recht erfolgreich als die Einlösung der bürgerlichen Postulate von „Ruhe und Ordnung" und „nationaler Wiedergeburt" ausgegeben werden. Unter diesen Vorzeichen ließ sich vielleicht wieder recht gut bürgerliche Karriere machen, aber das zivilisatorische Projekt der bürgerlichen Gesellschaft in Deutschland, deren politische Moral als „Bürgergesellschaft" in freier Selbstverantwortung schon immer schwach ausgeprägt gewesen war, hatte endgültig seinen Geist aufgegeben.

Anmerkungen

1 H. Schulze Hg., Anpassung oder Widerstand? Aus den Akten des Parteivorstands der deutschen Sozialdemokratie 1932/33, Bonn-Bad Godesberg 1975, 147f.
2 F. Meinecke, Nationalsozialismus und Bürgertum, Kölnische Zeitung Nr. 696, 21. Dez. 1930, in: Politische Schriften und Reden (= Ges. Werke, II), Darmstadt 1955, 443.
3 C. Jansen, Professoren und Politik. Politisches Denken und Handeln der Heidelberger Hochschullehrer 1914–1933, Göttingen 1992, 29.
4 J. W. Falter, Hitlers Wähler, München 1991, 370.
5 T. Geiger, Die soziale Schichtung des deutschen Volkes. Soziographischer Versuch auf statistischer Grundlage (1932), ND Stuttgart 1967, 112.
6 K. Jarausch, Die Not der geistigen Arbeiter: Akademiker in der Berufskrise 1918–1933, in: W. Abelshauser Hg., Die Weimarer Republik als Wohlfahrtsstaat. Zum Verhältnis von Wirtschafts- und Sozialpolitik in der Industriegesellschaft, Stuttgart 1987, 280–99.
7 H. Mommsen, Die Auflösung des Bürgertums seit dem späten 19. Jahrhundert, in: J. Kocka Hg., Bürgertum und Bürgerlichkeit im 19. Jahrhundert, Göttingen 1987, 288–315.
8 B. Weisbrod, Gewalt in der Politik. Zur politischen Kultur in Deutschland zwischen den beiden Weltkriegen, in: Geschichte in Wissenschaft und Unterricht 43.1992, 391–404.

Auswahlbibliographie

Falter, J. W., Hitlers Wähler, München 1991.
Fritzsche, P., Rehearsals for Fascism. Populism and Political Mobilization in Weimar Germany, Oxford 1990.
Jansen, C., Professoren und Politik. Politisches Denken und Handeln der Heidelberger Hochschullehrer 1914–1935, Göttingen 1992.
Jarausch, K.H., The Unfree Professions. German Lawyers, Teachers, and Engineers, 1900–1950, Oxford 1990.
Jones, L.E., German Liberalism and the Dissolution of the Weimar Party System, 1918–1933, Chapel Hill 1988.
Mommsen, H., Die verspielte Freiheit. Der Weg der Republik von Weimar in den Untergang 1918 bis 1933, Berlin 1989.

Joachim Radkau

Nationalsozialismus und Modernisierung

Theodor Heuss, der spätere Bundespräsident, veröffentlichte Ende 1931 ein Buch über den Nationalsozialismus, das kurz hintereinander acht Auflagen erlebte; es trug den Titel „Hitlers Weg". Nach den Maßstäben der damaligen Zeit war das Buch eine respektable Leistung; es wirkte wie eine kluge, wohlinformierte und ausgewogene Analyse. Am Schluß des Buches resümierte Heuss, dem Leser möge folgende Erkenntnis deutlich werden: „Im Nationalsozialismus als Bewegung offenbart sich eine Auflehnung gegen die Institutionen, gegen das Programm, gegen das Papier, gegen die ‚neue Sachlichkeit'". Die NS-Bewegung habe mit ihrem Führerkult die „mechanistisch-rationale Ordnung" des Weimarer Parlamentarismus ausgelöscht, „indem sie die Wendung auf den Menschen, den einen wählte. Programm, Entgleisung, Kontroverse – all das tritt hinter diesem Vorgang zurück, der einem starken natürlichen Bedürfnis den Weg weist. Man folgt nicht der Sache, sondern dem Mann, man glaubt nicht an Lehrsätze, aber an den Führer. Der ist sinnenhafter."[1]

Soweit Heuss, anderthalb Jahre vor der nationalsozialistischen Machtergreifung. Die Art und Weise, wie er den Nationalsozialismus interpretierte, bewegte sich in den Bahnen des 1920 verstorbenen Max Weber, des größten Sozialwissenschaftlers seiner Zeit, der in der gesamten modernen abendländischen Geschichte einen allesumfassenden Prozeß der Rationalisierung, der – wie er sagte – „Entzauberung der Welt" erkennen wollte. Wenn man diesem Interpretationsmuster folgt, und wenn man den Nazismus als Auflehnung gegen diesen Prozeß der Entzauberung deutet, dann ergibt sich daraus zwar gewiß, daß die NS-Bewegung zutiefst unvernünftig, irrational, anachronistisch war. Dieses Urteil besaß jedoch 1931 – und das kann man bei Heuss deutlich erkennen – einen Beigeschmack, der aus späterer Sicht peinlich und fatal wirkt: einen Beigeschmack von unverhohlener Sympathie für den Nationalsozialismus und von Verharmlosung der nationalsozialistischen Gefahr. Viele Zeitgenossen, auch scharfe Gegner der NSDAP, empfanden ähnlich wie Heuss eine gewisse Melancholie darüber, daß die Welt immer kälter und nüchterner werde, und da erblickten sie in der NS-Bewegung, auch wenn sie sie im Prinzip ablehnten, doch immerhin einen Farbtupfer, der in den grauen Alltag Dramatik und Leidenschaft brachte. Und wenn man der Rationalisierungs- und Modernisierungstheorie folgte, konnte man sich ein gewisses Vergnügen an der NS-Bewegung durchaus leisten; denn als antirationale, antimodernistische Reaktion kämpfte sie ohnehin auf verlorenem Posten und mußte am Ende scheitern.

Man sollte meinen, daß diese Art der Deutung durch die dann folgenden Geschehnisse gründlich in Mißkredit geraten sei. Das war jedoch nicht der Fall. In der gesamten Nachkriegszeit bis in die sechziger, ja noch in die siebziger Jahre hinein besaß die Interpretation des Nationalsozialismus als antimodernistischer Bewegung große Verbreitung. Wie ist das zu erklären? Die NS-Politik wirkte von ihrem Endergebnis her – dem entsetzlichen Trümmerfeld, das sie hinterließ – in der Tat vollkommen absurd und wie ein Hohn auf alle Rationalität. Dadurch erschien die Theorie, daß der Nationalsozialismus eine Auflehnung gegen die Rationalisierung gewesen sei, noch einmal plausibel. Aber es gab noch einen weiteren Grund für die Popularität dieser Theorie: Sie war wie geschaffen dafür, eine Legitimation für viele Rationalisierungs- und Modernisierungsprozesse nach 1945 zu liefern. Alle diese Prozesse schienen, wenn man dieser Theorie folgte, schon in sich einen Beitrag zur Überwindung des Nationalsozialismus zu enthalten.

Selbst Albert Speer, Hitlers Supertechnokrat, der Lieblingsbaumeister und spätere Rüstungsminister des Führers, behauptete in den siebziger Jahren, Hitler sei „geradezu antimodern eingestellt“ gewesen, und nicht zufällig hab er „zum Symbol der nationalsozialistischen Ideologie nicht die moderne Sämaschine, sondern den Sämann", „nicht den Traktor, sondern den Pflug" erhoben.[2] Solche Worte wirken aus dem Munde Speers merkwürdig, denn noch nie in der deutschen Geschichte hatte ein Techniker in seiner Hand eine solche Machtfülle vereint wie diejenige, die Hitler Speer verlieh, und Speer selber hat an anderer Stelle darauf hingewiesen, in welchem Maße der Nationalsozialismus in seinem ganzen Stil, seiner gesamten Machtmethodik ein Phänomen des technischen Zeitalters war. Aber wenn Speer den Führer als antimodern charakterisierte, rückte er selber, der Techniker, bei aller äußeren Nähe zu Hitler doch in eine tiefe Distanz zu ihm. Es wäre ungerecht, Speer eine billige Selbstreinwaschung zu unterstellen; dessen ungeachtet muß man fragen, ob Speer nicht doch mehr, als er wahrhaben wollte, ein Prototyp des NS-Systems war.

Hitler selbst bekannte gelegentlich in kleinem Kreis: „Ich bin, ich sage es ganz offen, ein Narr der Technik".[3] Hitler benutzte schon vor 1933 als erster deutscher Politiker im Wahlkampf das Flugzeug; der ganze Stil der NS-Veranstaltungen wäre ohne Lautsprecher und Scheinwerfer nicht vorstellbar. Das im nachhinein populärste Projekt des „Dritten Reiches", der Autobahnbau, lebte von der Vision der kommenden Massenmotorisierung. Ganz besonders jedoch war das typisch nationalsozialistische Kriegskonzept, das Konzept des Blitzkrieges, das auf Tempo und Überrumpelung setzte, von der modernen Technik inspiriert, von Panzern und Flugzeugen, von der Motorisierung zu Lande und in der Luft. Aber auch das KZ-System wäre ohne Maschinengewehre und elektrischen Stacheldraht nicht möglich gewesen. Der Zusammenhang von Technik und Macht war den NS-Führern in einem Maße bewußt wie noch keiner deutschen Regierung davor.

Den 1940 von Hermann Rauschning im Exil veröffentlichten „Gesprächen mit Hitler" zufolge, die jahrzehntelang als bester Einblick in die geheimsten Absichten des Führers galten, erklärte Hitler, Ingenieure seien Narren.[4] Aber Rauschnings Buch hat sich längst als unzuverlässige Quelle herausgestellt. Hitler ließ in seiner gesamten Politik nicht im geringsten erkennen, daß er Ingenieure für Narren hielt; ganz im Gegenteil. Selbst solche Ingenieure, die dem Nationalsozialismus ablehnend gegenüberstanden, äußerten noch lange nach 1945, daß ihre Berufsgruppe nie zuvor so viel gesellschaftliche Anerkennung genossen habe wie in der NS-Zeit.

Es gibt eine Geschichte, die immer wieder erzählt wird, um zu beweisen, daß Hitler ein Feind der Wissenschaft und der auf Wissenschaft basierenden Technik gewesen sei – woraus sich, wenn das stimmt, ergäbe, daß die Wissenschaft in sich ein Gegengift gegen den Nationalsozialismus enthält. Carl Bosch, Nobelpreisträger für Chemie und Vorstandsvorsitzender des I. G. Farben-Konzerns, will im Mai 1933 Hitler eindringlich auf die verheerenden Auswirkungen der antijüdischen Maßnahmen auf die deutsche Wissenschaft hingewiesen haben. Zu seinem Entsetzen habe der Führer diese Warnungen in den Wind geschlagen und dem Chemiker ins Gesicht gesagt: „Dann arbeiten wir eben einmal hundert Jahre ohne Physik und Chemie".[5] Aber diese Geschichte ist nur von Bosch selbst bezeugt, und Hitler pflegte sonst ganz und gar nicht in dieser Weise zu reden. Im Gegenteil, die Chemie, und nicht zuletzt die forschungsorientierte Chemie wurde in der Folgezeit förmlich zu einem Eckpfeiler des nationalsozialistischen Vierjahresplans, in dem gerade der I. G. Farben-Konzern einen kolossalen Einfluß erlangte.[6] Durch die nationalsozialistische Autarkiepolitik vor dem Weltmarkt geschützt, konnten Großprojekte der Chemieforschung zur Herstellung synthetischer Stoffe weit besser gedeihen als später im Zeichen der liberalen Handelspolitik Ludwig Erhards.

Aber war nicht der ideologische Kern des Nazismus, das Phantom der Höherzüchtung der arischen Rasse, so wissenschaftsfern und wissenschaftsfeindlich wie nur möglich? Wir dürfen jedoch nicht von dem ausgehen, was wir heute unter Wissenschaft und Wissenschaftlichkeit verstehen. Die Eugenik, die Lehre von der Verbesserung der menschlichen Erbsubstanz, genoß in den zwanziger Jahren hohes wissenschaftliches Ansehen: nicht nur in Deutschland, sondern international, und keineswegs nur auf der extremen Rechten, sondern sogar in

Teilen der politischen Linken.[7] Die NS-Ideologie lag erheblich mehr, als viele nach 1945 wahrhaben wollten, auf der Linie dessen, was einst als wissenschaftlicher Fortschritt galt. Selbst Max Weber, der vielen Sozialwissenschaftlern, die aus dem nationalsozialistischen Deutschland emigrierten, als geistiger Gegenpol zum Nationalsozialismus galt, erhoffte das Heil von einem charismatischen Führer, der die Trägheit und Seelenlosigkeit der Bürokratie überwinden sollte.[8]

Als schlagender Beweis für die Wissenschaftsfeindlichkeit des Nazismus galt früher oft das Schicksal der Atomphysik und Kerntechnik im „Tausendjährigen Reich". Lange Zeit kursierte folgendes Bild der Dinge: Die Nazis hätten die fortschrittliche, auf der Einsteinschen Relativitätstheorie basierende Atomphysik als „jüdische Wissenschaft" verfemt und statt dessen eine wissenschaftlich minderwertige, dafür ideologisch linientreue Physikergruppe gefördert, die sich unter dem Banner der von ihr so genannten „Deutschen Physik" sammelte. Das schlechte Verhältnis der Nazis zur Wissenschaft, zusammen mit dem passiven Widerstand der wirklich guten Atomphysiker, hätte, dieser Geschichte zufolge, verhindert, daß Hitler in den Besitz einer Atombombe kam. Es war eine erbauliche Geschichte, die die deutsche Wissenschaft in der Nachkriegszeit gut brauchen konnte.

Aber die neuere Forschung zeigt, daß in Wirklichkeit alles viel komplizierter und viel weniger erbaulich war. Weder besaßen die Verfechter der „Deutschen Physik" einen festen Rückhalt an der NSDAP, noch waren sie allesamt besonders schlechte Wissenschaftler. Nationalsozialisten gab es nicht nur dort, sondern auch in den Kreisen der modernen, auf der Relativitätstheorie basierenden Physik. Der Nobelpreisträger Werner Heisenberg, der führende Kopf unter den Gegenspielern der „Deutschen Physik", genoß die persönliche Protektion Heinrich Himmlers, des Reichsführers SS. Es war auch keineswegs so, daß der Heisenbergkreis passiven Widerstand gegen den Bau der Atombombe geübt hätte. Die Wahrheit war die, daß dieser Kreis gar nicht die nötige technische Kompetenz zu einem solchen Projekt besaß und daß die deutschen

Physiker zu der erforderlichen Kooperation großen Stils nicht in der Lage waren.[9]

Am Ende ergibt sich die einigermaßen paradoxe Bilanz, daß das nationalsozialistische Atombombenprojekt nicht deshalb scheiterte, weil die Nazis die Wissenschaft zu sehr gegängelt hätten, sondern eher aus dem Grund, weil die NS-Diktatur dem Eigenwillen der Professoren weit mehr Spielraum überließ als zur gleichen Zeit die amerikanische Regierung mit dem „Manhattan Project", dem Atombombenprojekt unter der Leitung von Robert Oppenheimer! Die einzige Wirkung des deutschen Atomprojekts bestand darin, daß die Amerikaner die Bombe bauten, und daß, wenn der Krieg 1945 noch drei Monate länger gedauert hätte, Hiroshima in Deutschland gelegen hätte. Erfolgreicher waren die Nationalsozialisten dagegen mit ihrem Raketenprojekt, wo sie das Glück hatten, auf den richtigen Mann zu setzen, nämlich auf Wernher von Braun, und wo keine etablierte Wissenschaftszunft hineinspielte.

Es hat seine guten Gründe, wenn die Theorie, die den Nationalsozialismus als Aufstand gegen die Moderne deutete, in den letzten 25 Jahren zunehmend in Zweifel geriet. Das geschah nicht zufällig zu jener Zeit, als sich die Zweifel mehrten, ob die Moderne in ihrem Wesen so human sei, wie die Anhänger des Fortschritts behauptet hatten. Einen ersten Durchbruch für die neue Sichtweise brachte 1968 das Buch des amerikanischen Historikers David Schoenbaum, das in Deutschland unter dem Titel „Die braune Revolution", in den USA unter dem Titel „Hitler's Social Revolution" (Hitlers soziale Revolution) erschien. Für Schoenbaum ordnet sich die Sozialgeschichte des „Dritten Reichs" – der reaktionär-romantischen „Blut-und-Boden"-Ideologie ungeachtet – in ihren großen Zügen ganz in den Modernisierungsprozeß ein, ja mehr noch: In der NS-Zeit machte dieser Prozeß, Schoenbaum zufolge, sogar revolutionäre Fortschritte. Die Industrialisierung, die Landflucht, die Verstädterung schritten voran, überkommene Klassenunterschiede wurden nivelliert, die vertikale Mobilität, die Chance des Aufstiegs von unten nach oben nahm zu, die Zahl berufstätiger Frauen stieg erheblich an, der moderne Massentourismus erhielt durch die NS-Organisation „Kraft durch Freude“ einen Initialschub.[10]

Die neuere Forschung hat diesem modernen Bild von der NS-Zeit noch manche weiteren Züge hinzugefügt. Das Forschungsprojekt des Bochumer Historikers Hans Mommsen zur Entstehungsgeschichte des Volkswagenwerks hat zwar gezeigt, daß das große Ziel, etwas Ähnliches wie die Ford-Werke in Deutschland zu errichten, in der NS-Zeit nicht annähernd erreicht wurde; das damalige Deutschland war von der Massenmotorisierung noch weit entfernt, – zumindest von dem, was man heute unter Massenmotorisierung versteht. Aber in vielen Köpfen war die kommende Motorisierung schon in den dreißiger Jahren als Zukunftsperspektive vorhanden; und der Mensch lebt nicht zuletzt aus Zukunftserwartungen. Der ehelose Führer des „Dritten Reiches“, der bekannte: „Meine Liebe gehört dem Automobil“, verkörperte in dieser Beziehung bereits einen neuen deutschen Typus, der mit dem Auto durch tiefe libidinöse Bedürfnisse verbunden ist. Und wenn Hitler auf der Berliner Automobilausstellung von 1933 die erstaunliche Feststellung traf, der Kraftwagen gehöre „mehr seinem ganzen Wesen nach zum Flugzeug als zur Eisenbahn“, gab er zu erkennen, daß für ihn zum Autofahren die Raserei gehörte, das Gefühl, durch die Landschaft gleichsam zu fliegen. Daher auch der Autobahnbau, obwohl dieser damals sehr spürbar auf Kosten des autogerechten Ausbaus der bestehenden Straßen ging: einer Aufgabe, die eigentlich dringender gewesen wäre. Der Autobahnbau war weniger, als früher oft behauptet wurde, von militärischen Motiven geleitet; gerade viele Militärs waren von den Autobahnen nicht erbaut, weil diese feindlichen Fliegern eine leichte Orientierung boten. Entscheidend für den Autobahnbau war die Aussicht, daß der Autofahrer hier rücksichtslos rasen konnte, ohne bremsen zu müssen: und das war eine Mentalität, die derjenigen vieler Nazis – und nicht nur von ihnen – entsprach.[1]

Nun noch zum Thema „Rationalisierung“. Als die große Zeit der Rationalisierung galten in Deutschland früher die zwanziger Jahre, die Ära der Weimarer Republik. Der Nationalsozialismus wurde, wie schon erörtert, vielfach als Gegenbewegung gegen diesen Trend zur Rationalisierung verstanden. Und in der Tat, wenn man sich lediglich an die Literatur hält, stellt man fest, daß es in den zwanziger Jahren eine Flut von Publikationen zum Thema „Rationalisierung" gab, die jedoch nach der 1929 einsetzenden Weltwirtschaftskrise verebbte. Wenn man aber nicht nur die gedruckte Literatur, sondern die realen Geschehnisse betrachtet, erkennt man, daß gerade auch die Wirtschaftsgeschichte der NS-Zeit von rasanten Rationalisierungsvorgängen durchzogen ist – nur geschah das damals viel geräuschloser als in den zwanziger Jahren. Man handelte, ohne unnötig viel darüber zu reden. In den zwanziger Jahren war die Fließbandarbeit ein Modethema; aber, genau gesehen, war das automatisch laufende Fließband auf längeren Produktionsstrecken immer noch ziemlich selten; in den dreißiger Jahren dagegen nahm die fremdgesteuerte Fließbandarbeit merklich zu.[12] Hitler verehrte Henry Ford, und zwar schätzte er nicht nur Fords Antisemitismus, sondern auch die Fordschen Produktionsmethoden, die damals als das Nonplusultra der mechanisierten Massenproduktion galten. In der Öffentlichkeit intonierten die Nazis das Hohelied des deutschen qualifizierten Facharbeiters; intern aber erklärte ihr Führer: „Bei uns hat es immer geheißen: deutsche Werkmannsarbeit. Man wollte damit glauben machen, daß es sich um etwas Unerreichbares handelt. Das ist ein Bluff. Eine moderne Riesenpresse stanzt mir das mit einer Genauigkeit aus, wie es bei unserer Handarbeit gar nicht möglich ist."[13]

In der Anfangszeit der NS-Regierung, als die Verminderung der Arbeitslosigkeit die vorrangige Aufgabe war, setzten sich hier und da noch Bestrebungen durch, die Mechanisierung zu bremsen: So wurde für die Zigarrenindustrie, die in manchen Regionen viele Heimarbeiter ernährte, ein Maschinenverbot erlassen, und ähnliches galt auch beim Autobahnbau. Aber dieser Trend schlug bald in sein Gegenteil um. Fritz Todt, der Generalbevollmächtigte für die Bauwirtschaft und Leiter des Autobahnbaus, verkündete 1939: „Die Parole für die deutsche Bauwirtschaft auf dem Weg zur deutschen Rationalisierung lautet: die menschliche Arbeitskraft sparsam und wertvoll ansetzen. ... Unsere gemeinsame Aufgabe ist die Erzeugung einer wahrhaften Psychose für den Gedanken der Leistungssteigerung.«[14]

Die NS-Regierung erzwang zwar die Schließung des berühmten Dessauer Bauhauses, das den funktionalen, industrialisierten Serienwohnungsbau propagierte. Aber im Endeffekt stand die nationalsozialistische Baupolitik in ihren Zielen und Methoden der modernen Architektur näher, als früher oft angenommen wurde; und manche in der NS-Zeit erbauten Siedlungen waren funktionaler als diejenigen, die das Bauhaus geplant hatte. Ungeachtet ihres konservativen Frauenideals standen führende Nazis, mit Hitler an der Spitze, der Mechanisierung des Haushalts durchaus positiv gegenüber. Die Ehestandsdarlehen waren nicht zuletzt dafür bestimmt, diesen Prozeß voranzutreiben; Hitler selbst träumte von einem Haushalt, in dem möglichst viel durch einen Knopfdruck geschah und der Wecker, der morgens die Hausfrau weckte, zugleich das Kaffeewasser zum Kochen brachte.[15] Der Blut-und-Boden-Ideologie zum Trotz suchten die Nationalsozialisten nach der Annexion Österreichs die Grundgedanken der Rationalisierung selbst steirischen Bergbauern beizubringen.[16]

Am Ende bleibt die Frage: Was ist aus alledem zu folgern? Muß man resümieren, daß der Nationalsozialismus ein Phänomen der Modernisierung war, ja daß er den Modernisierungsprozeß sogar vorangetrieben hat? Und wenn das stimmt, was würde dieses Ergebnis bedeuten? Hieße das, daß der Nationalsozialismus in seinem Kern trotz allem fortschrittlich war? Oder müßte man umgekehrt daraus folgern, daß der Fortschritt in seinem Kern inhuman ist?

Diese ganze Art, Fragestellungen zu formulieren und Theorien aufzustellen, geht an der Sache vorbei. Zum einen ist die Annahme fragwürdig, daß es nur den einen Fortschritt, die eine Modernisierung gebe: Die Geschichte zeigt, daß es eine ganze Reihe von verschiedenen Wegen in die Moderne gibt, auch wenn diese sich vielfach ähneln und überschneiden. Zum anderen ist der Versuch, große Prozesse bewerten zu wollen, in der

Geschichtswissenschaft gewöhnlich sehr umstritten. Ein Reich des Guten und ein davon scharf getrenntes Reich des Bösen gibt es in Tolkiens phantasievoller Romantriologie „Der Herr der Ringe“ und gab es in der Rhetorik Ronald Reagans. Aber in der realen Geschichte findet man solche klaren Verhältnisse gewöhnlich nicht. Und noch etwas ist wichtig: Es ist methodisch fragwürdig, viele Phänomene der NS-Zeit immer gleich auf ein angebliches Wesen des Nationalsozialismus zu beziehen und aus ihnen Folgerungen über dieses Wesen abzuleiten. Man kann daran zweifeln, ob es einen inneren Wesenskern des Nazismus überhaupt gab. Vielleicht bestand das Schlimmste der NS-Ideologie darin, daß ihr innerster Kern hohl war.

Seit langem streiten sich verschiedene Historikerschulen darüber, ob die NS-Politik einem großen Plan folgte oder nicht.[17] Wie auch immer man diese Frage insgesamt beantworten mag, ist doch zumindest deutlich, daß es im Hinblick auf Technik, Rationalisierung, Modernisierung keine ein- für allemal feststehende NS-Doktrin und keine konsequent eingehaltene politische Linie gab. Hier gab es viel Eigendynamik, viel Ungeplantes, viel tastendes Hin und Her, und das, was am Ende herauskam, hatte mit den ursprünglichen Absichten der NS-Führung häufig gar nicht viel zu tun. Der Autobahnbau und die Politik der Massenmotorisierung folgten ganz offensichtlich nicht einem von langer Hand gefaßten, spezifisch nationalsozialistischen Plan. Die NS-Führung griff hier nur Pläne auf, die schon längst in der Schublade lagen, und suchte sich an die Spitze von internationalen Trends zu setzen, die in ihrem Ursprung nichts mit dem Nationalsozialismus zu tun hatten. Die Geschichte ist im allgemeinen keine Aufeinanderfolge von Planung und Planerfüllung, sondern ein ungeplantes Ineinanderwirken unterschiedlicher Kräfte mit unbeabsichtigten Langzeitwirkungen: Das mußte die Führungsschicht der DDR zu ihrem Leidwesen erfahren, und das gilt mehr oder weniger auch für die Geschichte des nationalsozialistischen Deutschlands.

Werner Sombart, damals eine Koryphäe der deutschen Sozialwissenschaft, der einst der Sozialdemokratie nahegestanden hatte, versuchte in der ersten Zeit nach 1933, sich dem NS-

Regime als Vordenker in der Technologiepolitik anzudienen, und er veröffentlichte 1935 die Schrift „Die Zähmung der Technik“, die heftige Diskussionen auslöste und auch heute noch Interesse verdient. Sombart polemisierte mit großer Schärfe gegen einen ungezügelten technischen Fortschritt und forderte etwas Ähnliches wie das, was wir heute ein Amt für Technikbewertung, Technology Assessment, nennen würden; er wollte diese Behörde jedoch mit einer Macht ausstatten, von der heutige Befürworter der Technikbewertung nur träumen können. Sombart forderte, für ein Kulturland solle es sich von selbst verstehen, alle landschaftlich reizvollen Gegenden für Autos und Motorräder zu sperren und den Bau von Fabriken nur an solchen Orten zu gestatten, wo nichts zu verderben sei.[18] Diskussionen über solche Forderungen waren im nationalsozialistischen Deutschland durchaus möglich; allerdings zeigte sich sehr rasch, daß Ideen dieser Art keinerlei Durchsetzungschance besaßen. Manche NSDAP-Kreise nahmen um 1933 den Kampf mit den Großunternehmen der Energiewirtschaft auf und propagierten ein dezentrales, so weit wie möglich auf regenerative Ressourcen gestütztes Konzept der Energieversorgung.[19] Selbst Hitler zeigte Sympathie für solche Pläne; aber die etablierten Machtstrukturen der Energiewirtschaft waren stärker, und gerade das nationalsozialistische Energiewirtschaftsgesetz von 1935 befestigte die regionalen Energieversorgungsmonopole.

Manchmal kann man verblüfft sein, welche alarmierenden Hinweise auf Gefahren der Technik während der NS-Zeit trotz des Terrors und der geistigen Gleichschaltung veröffentlicht und diskutiert werden konnten: es gibt da Äußerungen, die man spontan eher in die siebziger als in die dreißiger Jahre datieren würde. Eine gewisse Ambivalenz zwischen Faszination durch die Technik und Furcht vor der Technik lag schon damals in der Luft; man braucht darin allerdings kein antimodernes Element zu sehen, sondern kann diese Ambivalenz im Gegenteil als typisches Phänomen der Moderne begreifen. Nehmen wir etwa den zuerst 1936 erschienenen Bestseller „Anilin“, eine romanhafte Schilderung der Geschichte der deutschen Farbenindustrie, die laut Verlagswerbung in der Folgezeit die höchste Auflage aller deutschen Romane erreichte. Ihr Verfasser war Karl Aloys Schenzinger, der mit dem „Hitlerjungen Quex" bereits das erfolgreichste nationalsozialistische Jugendbuch geschrieben hatte. Der ganze Roman „Anilin" ist ein Heldenlied auf die deutsche Chemie. Umso verblüffter ist der Leser, wenn der Verfasser an einer Stelle eindringlich schildert, wie die Steinhauer an Silikose, die Schriftsetzer und Glasbläser an der Bleivergiftung qualvoll zugrunde gehen, um dann lakonisch fortzufahren: „Aus den Anilindämpfen aber schleicht der Krebs."[20] Diese Bemerkung war damals, 1936, keine Technikkritik, sondern heroischer Fatalismus! In jenem Jahr, als der nationalsozialistische Vierjahresplan proklamiert wurde, war die Anilinchemie die deutsche Industrie schlechthin, die Retterin Deutschlands aus der Rohstoffknappheit; niemand konnte auch nur im Traum daran denken, daß Deutschland auf Anilin verzichten könne. Unter diesen Umständen diente der Hinweis auf die krebserzeugende Wirkung des Anilins nur dazu, den Chemiker mit der Gloriole des tragischen Helden zu umgeben.

Abschließend noch ein Hinweis auf eine Seltsamkeit in der Psychogeschichte des „Dritten Reiches": Es gab einen Glauben, der sich bei den Deutschen bis kurz vor Kriegsende hielt, auch als alle anderen Hoffnungen auf den Nationalsozialismus längst verflogen waren – das war der Glaube an die „Wunderwaffen", die Deutschland am Ende doch noch den Sieg bringen würden.[21] Hier, in diesem Punkt, fand die NS-Propaganda immer noch Glauben bei vielen Menschen, auch als man ihr sonst fast nichts mehr glaubte. Das Phänomen ist psychologisch interessant; man kann es aus der vorne geschilderten Ambivalenz der allgemeinen Stimmung erklären. Denn in dem Glauben an die „Wunderwaffen" vereinten sich die beiden sonst einander widerstreitenden Impulse: die Faszination durch die Technik und die Furcht vor den Schrecken der Technik. Wie man beide Impulse so kombiniert, daß daraus ein vernünftiger Umgang mit der Technik entsteht: dieses Problem blieb damals und bis in unsere Zeit hinein ungelöst.

Nach 1945 folgte in Westdeutschland ein Jahrzehnt, in dem die Politiker und Wirtschaftler zur Technik im allgemeinen ein nüchtern-pragmatisches Verhältnis pflegten und die Technik gar kein großes politisches Thema war. Und genau diese Zeit, in der kaum jemand von der Technik Wunder erwartete, war die Zeit, in der die Grundlagen des „Wirtschaftswunders" gelegt wurden. Gerade diese Periode, die in einer Geschichte der technischen Erfindungen nahezu ein leerer Fleck ist, war die Zeit, in der die Technik in Deutschland so erfolgreich wie noch nie zur Hebung des Massenwohlstands angewandt wurde. Es war die Ära Ludwig Erhards, in der die Einsicht durchdrang, daß es nicht darauf ankommt, großartige Erfindungen um jeden Preis durchzusetzen, sondern daß aller wirtschaftliche Erfolg davon abhängt, sich an der Nachfrage zu orientieren, Märkte zu schaffen und Märkte zu erobern. Der Kult der Technik war für die DDR viel eher charakteristisch als für die frühe Bundesrepublik; erst seit der Mitte der fünfziger Jahre mit der damaligen Begeisterung für die Kernenergie und seit 1957 mit dem Start des Sputnik begann sich das Meinungsklima zu ändern, und die neuen Großprojekte der Kerntechnik knüpften an manche Strukturen der Vergangenheit vor 1945 an.[22] Der nüchtern-pragmatische Umgang mit der Technik in den bundesdeutschen Gründerjahren war eine Art und Weise, die schlimmen Erfahrungen der Kriegs- und Zwischenkriegszeit zu bewältigen; es war eine Art der Vergangenheitsbewältigung, die bislang noch nie gewürdigt worden ist, die aber heute, da wir die Folgen einer falschen Technikeuphorie erneut vor Augen haben, wieder in Erinnerung gerufen zu werden verdient.

Anmerkungen

1 T. Heuss, Hitlers Weg, Hg. E. Jäckel, Tübingen 1968, 168.
2 A. Speer, Technik und Macht, Hg. A. Reif, Frankfurt 1981, 45.
3 W. Jochmann Hg., Adolf Hitler – Monologe im Führerhauptquartier 1941–1944, München 1982, 275 (9.2.1942).
4 H. Rauschning, Gespräche mit Hitler, Zürich 1940, 29.

5 K. Holdermann, Im Banne der Chemie. Carl Bosch – Leben und Werk, Düsseldorf 1953, 272.

6 D. Petzina, Autarkiepolitik im Dritten Reich. Der nationalsozialistische Vierjahresplan, Stuttgart 1968, 122f.

7 P. Weingart u.a., Rasse, Blut und Gene. Geschichte der Eugenik und Rassenhygiene in Deutschland, Frankfurt 1988, 105ff., 139ff.

8 W. J. Mommsen, Max Weber. Gesellschaft, Politik und Geschichte, Frankfurt 1974, bes. 44ff.

9 J. Herbig, Kettenreaktion. Das Drama der Atomphysiker, München 1976; M. Walker, Die Uranmaschine. Mythos und Wirklichkeit der deutschen Atombombe, Berlin 1990.

10 D. Schoenbaum, Die braune Revolution. Eine Sozialgeschichte des Dritten Reiches, Köln 1968; H. Spode, „Der deutsche Arbeiter reist". Massentourismus im Dritten Reich, in: G. Huck Hg., Sozialgeschichte der Freizeit, Wuppertal 1980, 281–306.

11 J. Radkau, Technik in Deutschland, Frankfurt 1989, 309f.

12 C.S. Maier, Between Taylorism and Technocracy: European Ideologies and the Vision of Industrial Productivity in the 1920s, in: Journal of Contemporary History 5.1970, 21–67; A. Kugler, Von der Werkstatt zum Fließband, Etappen der frühen Automobilproduktion in Deutschland, in: GG 13.1987, 304–39.

13 Jochmann Hg., 255.

14 F. W. Seidler, Fritz Todt. Baumeister des Dritten Reiches, Frankfurt 1988, 209.

15 Jochmann Hg., 306f.

16 K. Stocker, Landwirtschaft zwischen „Rückständigkeit" und „Fortschritt". Notizen zur Industrialisierung des Agrarbereiches in der NS-Zeit am Beispiel der Oststeiermark, in: Zeitschrift für Agrargeschichte und Agrarsoziologie 38.1990, 62-86.

17 I. Kershaw, Der NS-Staat, Reinbek 1993[2].

18 W. Sombart, Die Zähmung der Technik, Berlin 1935, 29.

19 F. Lawaczeck, Technik und Wirtschaft im Dritten Reich. Ein Arbeitsbeschaffungsprogrammm, München 1932.

20 K.A. Schenzinger, Anilin, Berlin 1937, 265.

21 M.G. Steinert, Hitlers Krieg und die Deutschen, Düsseldorf 1970, 596f.

22 J. Radkau, „Wirtschaftswunder" ohne technologische Innovation? Technische Modernität in den 50er Jahren, in: A. Schildt und A. Sywottek Hg., Modernisierung im Wiederaufbau. Die westdeutsche Gesellschaft der 50er Jahre, Bonn 1993, 129–54.

Auswahlbibliographie

Beyerchen, A.D., Wissenschaftler unter Hitler. Physiker im Dritten Reich, Frankfurt 1982.

Ludwig, K.-H., Technik und Ingenieure im Dritten Reich, Düsseldorf 1974.

Mehrtens, H., Richter S. Hg., Naturwissenschaft, Technik und Ideologie. Beiträge zur Wissenschaftsgeschichte des Dritten Reiches, Frankfurt 1980.

Radkau, J., Technik in Deutschland. Vom 18. Jahrhundert bis zur Gegenwart, Frankfurt 1989.

Speer, A., Technik und Macht, Hg. A. Reif, Frankfurt 1981.

Stommer, R. Hg., Reichsautobahn. Pyramiden des Dritten Reichs, Marburg 1982.

Ulrich Herbert

Der Zweite Weltkrieg

Die Zeitgenossen hatten den Krieg zwischen 1914 und 1918 „Weltkrieg" genannt, weil er alle bisherigen nationalen Begrenzungen gesprengt und das bis dahin vorstellbare Ausmaß des Grauens überstiegen hatte. Daß er dereinst die in der Bezeichnung ausgedrückte Einzigartigkeit verlieren und durch schlichte Numerierung zum „Ersten", dem ein weiterer Weltkrieg folgen sollte, degradiert werden würde, schien 1918 nicht vorstellbar und noch weniger, daß es nur 21 Jahre dauern sollte, bis der Zweite Weltkrieg begann.

Die Erfahrungen des Ersten Weltkrieges ließen im September 1939 Jubelstürme, wie sie vor allem in Deutschland und Österreich den Kriegsbeginn im August 1914 begleitet hatten, nicht aufkommen. Beklommenheit und Furcht kennzeichneten eher die Stimmung – in Polen, England und in Frankreich nicht anders als in Deutschland; in der Führung des nationalsozialistischen Regimes nicht anders als im Volk.

Anders als 1914 bestanden 1939 auch keinerlei Zweifel daran, von wem dieser Krieg ausging. Zu aggressiv und zum Krieg entschlossen hatte sich die deutsche Führung in den vergangenen Jahren gezeigt; und der Angriffskrieg gegen Polen war denn auch von der deutschen Führung kaum notdürftig als Reaktion auf angebliche polnische Grenzverletzungen kaschiert worden. Daß dieser Krieg gegen Polen keine begrenzte Auseinandersetzung bleiben würde, war allen Beteiligten von Beginn an klar. Ein weiteres Zurückweichen der Westmächte war im Falle Polens ausgeschlossen. Hitler selbst hatte bereits in der ersten Phase nach seiner Machteroberung 1933 sowohl vor der deutschen Generalität als auch gegenüber der Führungsgruppe seines Regimes keinen Zweifel daran gelassen, daß er zum einen die im Vertrag von Versailles festgelegten territorialen Ergebnisse des Ersten Weltkrieges so schnell wie möglich gewaltsam zu revidieren bestrebt war und daß er zum anderen darüber weit hinausreichende Pläne hegte, die aufeinander bezogen in mehreren Stufen erreicht werden sollten: eine erhebliche Vergrößerung des unmittelbaren deutschen Territoriums, die deutsche Vorherrschaft in Europa, die Eroberung eines quasi-kolonialen Hinterlandes in Osteuropa, die Etablierung Deutschlands als Weltmacht neben England, Japan und den USA; auf lange Sicht die deutsche Vorherrschaft in der Welt nach einer Auseinandersetzung mit den USA.[1]

Zu solchen Plänen stand die wirtschaftliche, soziale und militärische Ausgangssituation in Deutschland bei Kriegsbeginn in denkbar scharfem Kontrast. Zwar waren zwischen 1933 und 1939 erhebliche Anstrengungen zur rüstungswirtschaftlichen Vorbereitung auf den Krieg unternommen worden – auf die Führung eines Weltkrieges jedoch war das Großdeutsche Reich nur ungenügend vorbereitet. Es fehlte vor allem an Devisen, an Rohstoffen und an Arbeitskräften. Die Ausrüstung der Wehrmacht mit schwerem Gerät war für einen längeren Abnutzungskrieg bei weitem nicht ausreichend. Die zumutbare Belastbarkeitsgrenze der eigenen Bevölkerung schien schon vor Kriegsbeginn erreicht – vor nichts hatte die NS-Führung mehr Angst als vor inneren Unruhen; nicht zuletzt, weil sie der Überzeugung war, daß der Erste Weltkrieg nicht durch feindliche Überlegenheit, sondern durch den „Dolchstoß" aus der Heimat verloren worden sei, durch Streiks und Demonstrationen der angesichts der schlechten Versorgungslage unzufriedenen Bevölkerung.[2]

So war die gesamte Kriegsführung von vornherein darauf abgestellt, das deutsche Volk selbst möglichst zu schonen und einen möglichst großen Teil der durch den Krieg entstehenden Belastungen den zu erobernden Ländern Europas aufzubürden – durch die Nutzung der industriellen und landwirtschaftlichen Produktionskapazität dieser Länder für deutsche Zwecke, durch die Ausbeutung der Rohstoffe, schließlich auch durch die Heranziehung der einheimischen Bevölkerung zu

Arbeitsleistungen für Deutschland, sei es im Lande selbst, sei es als Freiwillige oder Zwangsarbeiter im Reichsgebiet. Auf der so erweiterten Grundlage sollte dann der nächste „Feldzug" durchführbar werden, der seinerseits die deutschen Kapazitäten wieder erweitern und die Wehrmacht zur Führung des nächsten Krieges befähigen werde.

Diese der deutschen Kriegführung zugrunde liegende strategische Konzeption war in höchstem Maße riskant; schon allein daraus resultierte jene von Beginn des Krieges gegen Polen an festzustellende Rücksichtslosigkeit und Härte. Die hier angelegte Entwicklung verband sich mit der ideologisch motivierten Tendenz zur Brutalisierung des Krieges vor allem bei den nachrückenden Einheiten von Polizei und SD, die im Hinterland die polnische Führungsschicht einsperrten oder umbrachten und sofort mit umfangreichen Um-, Aus- und Ansiedlungen begannen. „Völkische Flurbereinigung" lautete der von Hitler selbst geprägte Begriff, unter dem diese Aktionen standen.

Am Beispiel Polens wurden die weltanschaulich, sicherheitspolizeilich und wirtschaftlich motivierten Vorstellungen der deutschen Führung schon wenige Wochen nach Kriegsbeginn offenbar: Ein Großteil der Polen und möglichst alle Juden sollten aus den zu annektierenden Teilen Westpolens vertrieben und „Volksdeutsche" vor allem aus Ost- und Südosteuropa dort angesiedelt werden. Die Polen wollte man im neugeschaffenen „Generalgouvernement" konzentrieren, wo sie, wie der Chef der Sicherheitspolizei und des SD, Reinhard Heydrich, formulierte, als „führerloses Arbeitervolk" auf niedrigem sozialen Niveau leben sollten. Die Juden sollten deportiert werden – wohin, war nicht klar. Solange diese Entscheidung nicht gefallen war, wurden sie „provisorisch" in Lagern und Gettos im „Generalgouvernement" untergebracht, wobei die Lebensbedingungen möglichst schlecht sein sollten, schon damit sich daraus kein Dauerzustand entwickeln konnte.

Schon im Frühjahr 1940 war abzusehen, daß die Verhältnisse in diesen Lagern und Gettos sich rapide verschlechtern und die Todeszahlen bald erheblich ansteigen würden. Zugleich begannen im Generalgouvernement immer rabiater werdende Arbeiterrekrutierungen; allein im Jahre 1940 wurden fast eine Million polnische Arbeiterinnen und Arbeiter nach Deutschland zum „Arbeitseinsatz“ gebracht – die meisten gegen ihren Willen. Tausende von Polen wurden während der ersten Kriegswochen von den Einsatzgruppen umgebracht; Tausende, bald Zehntausende von Menschen in Konzentrationslager gesperrt.[3]

In Deutschland wich nach den ersten großen Erfolgen der Wehrmacht die ursprüngliche Beklommenheit in zunehmendem Maße einem Gefühl der Erleichterung. Nach den Erfolgen in Nordeuropa stieg die zuversichtliche Stimmung weiter an und erreichte nach dem unerwartet schnellen Sieg über Frankreich ihren Höhepunkt. Selbst in Kreisen, die bis dahin den Nationalsozialisten reserviert oder ablehnend gegenübergestanden hatten, entwickelten sich Anerkennung und Bewunderung für Hitler, aus der bald auch Zustimmung und Unterstützung hervorgingen. Insgesamt muß man davon ausgehen, daß die weit überwiegende Mehrheit der deutschen Bevölkerung dem NS-Regime in dieser Phase – zwischen dem Sommer 1940 und Herbst 1941 – loyal und positiv gegenüberstand.

In dieser Phase schien alles möglich zu sein. Kein Wirtschaftsstab, der nicht großangelegte, grenzüberschreitende Kriegszielpläne entworfen hätte; keine höhere Parteidienststelle, die nicht von eigenen „Kolonialgebieten“ im Osten träumte. Deutsche Juristen entwarfen ein neues Völkerrecht, das die Welt in Hegemonialzonen aufteilte, mit Europa als deutsch dominiertem „Großraum“. Kolonialpläne in gigantischen Maßstäben wurden entwickelt; Städteneubauten in wahrhaft megalomanischen Größenordnungen projektiert. Der Krieg schien schon vorbei, der Sieg schon festzustehen. „Jetzt, nach dem Kriege“, so begannen viele Denkschriften in diesen Monaten.[4]

Mit der Umorientierung des Angriffsziels nach der nicht erfolgreichen Schlacht um England von der britischen Insel auf die Sowjetunion wurde diese Planungswut auf das Gebiet der UdSSR konzentriert. Daß die Sowjetunion in kürzester Zeit besiegt werden würde, daran bestanden keine Zweifel. Die nun in den Planungsstäben von Partei und SS, Wehrmacht und Wirtschaft sowie in den universitären und den staatsnahen Forschungsinstitutionen einsetzende Vorbereitung auf die Verwaltung und Ausbeutung der Sowjetunion haben in der Geschichte kaum einen Vergleich. Da hemmende Ressourcenknappheit keine Rolle mehr zu spielen schien, konnte jede Stelle nach ihren Vorstellungen und Wünschen planen, ohne auf die Anspruchskonkurrenz anderer Institutionen Rücksicht nehmen zu müssen. Riesige Bevölkerungsgruppen in der Sowjetunion sollten umgesiedelt, ganze Landstriche entvölkert werden, um die landwirtschaftlichen Produkte des Landes für den Import ins Reich nutzbar zu machen. Die Bevölkerung in den Städten hätte deshalb nicht mehr ernährt werden können. Der Tod von, wie es hieß, „vielen zehn Millionen Menschen" wurde daher als gegeben hingenommen. Dabei war nicht zu übersehen, daß ein klar definiertes und rational vermittelbares Kriegsziel gegenüber der Sowjetunion gar nicht bestand – es gab keinerlei Vorstellungen darüber, wie man nach einem deutschen Sieg diese riesigen Räume tatsächlich organisieren und verwalten wollte. Die vagen Pläne von einer „völkischen Großraumordnung" erreichten nie das Stadium der Konkretion. Zudem war die militärische Vorbereitung der Wehrmacht auf diesen Krieg angesichts der auch bereits zu dieser Zeit feststellbaren Stärke der Roten Armee durchaus unzureichend; insbesondere für einen längeren Krieg war man weder ausgerüstet noch kriegswirtschaftlich eingestellt.[5]

Aus der rückblickenden Perspektive ist daher bereits seit dem Winter 1941/42 der Ausgang des Krieges absehbar: Als Hitler im Dezember 1941 angesichts der Stockungen und Rückschläge an der Ostfront die Umstellung der deutschen Kriegswirtschaft vom Konzept der schnellen, begrenzten Operationen auf einen langen Abnutzungskrieg befahl, war ein deutscher Sieg – auch unabhängig vom Kriegseintritt der USA – bereits unwahrscheinlich geworden. Aber welche furchtbaren Ausmaße hatte die deutsche Strategie des Vernichtungs- und Ausbeutungsfeldzugs bis dahin bereits angenommen! In den besetzten Gebieten des Ostens waren weiträumige Landstriche verwüstet worden; die Mordkommandos von Polizei und SS hatten bis zum Februar 1942, ihren eigenen Aufzeichnungen zufolge, bereits mehr als eine halbe Million sowjetischer Juden ermordet, vorwiegend durch Massenerschießung – zunächst nur Männer, seit Mitte August 1941 wurden auch die Frauen und die Kinder ermordet: In diesen Tagen ist der Schritt von der Massentötung zum Genozid getan worden: zur planmäßigen Ausrottung eines ganzen Volkes.[6] In Weißrußland und der Ukraine, wo viele Bewohner, die die Schrecken der stalinistischen Kollektivierung auf dem Lande mit ihren Millionen von Toten gerade hinter sich hatten, die Deutschen durchaus mit gewissen Hoffnungen begrüßt hatten, errichteten die nationalsozialistischen Besatzungsbehörden ein Terrorregime, das große Teile der Bevölkerung umzusiedeln oder als Zwangsarbeiter nach Deutschland zu deportieren begann. Daher war es kein Wunder, daß seit dem Frühjahr 1942 der Zulauf zu den Partisanen in der Sowjetunion immer größer wurde. Die sowjetischen Kriegsgefangenen, die im Hinterland der Ostfront in riesigen Lagern zusammengetrieben und ihrem Schicksal überlassen wurden, hätte man in Deutschland als Arbeitskräfte dringend benötigt. Aber nur wenige von ihnen waren noch am Leben; die meisten waren verhungert, andere an Seuchen gestorben oder erschossen worden. Bis Kriegsende starben mehr als drei Millionen sowjetischer Kriegsgefangener in deutscher Hand.[7]

Die sogenannten „unzumutbaren Verhältnisse" in den Lagern und Gettos für die Juden im „Generalgouvernement" sowie die Kritik an den weithin bekanntgewordenen Massenerschießungen durch die Einsatzgruppen und Polizeibataillone in der Sowjetunion hatten Himmler und Heydrich seit dem Spätsommer des Jahres 1941 nach neuen Wegen suchen lassen, wie man sich der Juden im Osten entledigen konnte; denn ein realistisches Ziel, wohin man sie hätte deportieren können, gab es nicht. Aus diesen Überlegungen entwickelte sich im Verlauf der zweiten Hälfte des Jahres 1941 der Plan, die Juden mit Hilfe von Giftgas umzubringen – und zwar nicht nur die in

Osteuropa lebenden, sondern alle Juden im deutsch beherrschten Europa. Seit der Jahreswende 1941/42 wurde dieses Vorhaben in die Tat umgesetzt – in Chelmno, Sobibor, Belzec, Treblinka, Auschwitz und anderen Vernichtungslagern, wohin die Züge mit der jüdischen Bevölkerung Europas rollten. In einigen mit Deutschland verbündeten Ländern, so in Kroatien und Rumänien, wurden die Juden von den Anhängern der einheimischen Regimes umgebracht; in wieder anderen, wie in Serbien, ohne direkte Beteiligung der SS von Einheiten der Wehrmacht.[8]

Der Krieg war erst zweieinviertel Jahre alt. Deutschland hatte fast ganz Europa erobert und die halbe Welt zum Feind. In Osteuropa hatte es ein Besatzungsregime etabliert, das in bezug auf Brutalität und Unterdrückungsdynamik alle bisher gekannten Dimensionen sprengte. Zudem hatte es mit der Verwirklichung eines Völkermordprogramms begonnen, dem in weniger als drei Jahren sechs Millionen Menschen zum Opfer fielen. Und doch lebte man in Deutschland nach wie vor in fester Siegeszuversicht. Zwar machten sich die Auswirkungen des Krieges jetzt auch im Alltagsleben bemerkbar; gleichwohl lag die Lebensmittelversorgung der deutschen Bevölkerung bis 1944 auf dem höchsten Niveau aller kriegführenden europäischen Länder. Mittlerweile war das Straßenbild durch ein sich stetig ausweitendes Netz von Lagern für ausländische Arbeitskräfte gekennzeichnet – insgesamt wurden im Verlaufe des Krieges mehr als zehn Millionen von ihnen nach Deutschland gebracht – die Mehrheit davon zwangsweise. Im Herbst 1944 wurde der höchste Stand der Ausländerbeschäftigung mit 7,8 Millionen erreicht. Ein Drittel aller Beschäftigten im Deutschen Reich waren mithin ausländische Zivilarbeiter oder Kriegsgefangene. Mehr als die Hälfte von ihnen waren Polen und Russen, die in Deutschland unter zum Teil fürchterlichen Verhältnissen leben und arbeiten mußten.[9]

Aber in dem Maße, in dem der Krieg im Osten sich verschärfte, nahmen auch die direkten und indirekten Belastungen für die deutsche Bevölkerung zu – die Zahl der Einberufungen stieg, die Zahl der Gefallenen und Verwundeten ebenso. Als im

Herbst 1942 auch der zweite deutsche Vorstoß in der Sowjetunion keinen Sieg brachte und im Winter 1942/43 die 6. Armee in Stalingrad eingekesselt und vernichtet wurde, schlug in Deutschland die Stimmung um. Dazu trugen als wesentlicher Faktor auch die nun vermehrt einsetzende Bombardierung deutscher Städte durch die Westalliierten bei. Die deutsche Bevölkerung, die den Krieg bislang nur in der Wochenschau verfolgt hatte, bekam seine Auswirkungen nun unmittelbar zu spüren – wenngleich in ungleich geringerem Ausmaß als etwa die Menschen in der Sowjetunion, in Polen oder in Jugoslawien.

Es gehört zu den bis heute nur ungenau zu beantwortenden Fragen, warum dieser Krieg, dessen Ausgang im Sommer 1943 bereits so klar zu sein schien, noch beinahe zwei weitere Jahre dauerte, im Verlaufe derer mehr Menschen getötet wurden als in den vier Kriegsjahren bis dahin. Daß die deutsche Armee nicht zusammenbrach oder opponierte, läßt sich mit Hinweisen auf die Tradition, Disziplin und weitreichende Verquickung und Interessenidentität von Generalität und NS-Regime erklären, die erst am 20. Juli 1944 teilweise gelöst wurden. Daß aber der Widerstand der konservativen Militärs ebenso wie derjenige aus der Arbeiterschaft in der deutschen Bevölkerung ohne Resonanz blieb, daß weder Opposition noch jene Form der Kriegsmüdigkeit aufbrachen, die im letzten Jahr des Ersten Weltkrieges Streiks und ostentative Abwendung von der deutschen Führung nach sich gezogen hatten, hat vermutlich andere Gründe: die Angst war einer davon – die Angst vor dem in den beiden letzten Kriegsjahren eskalierenden Terror des NS-Regimes auch gegen die eigene Bevölkerung auf der einen, die Angst vor dem Ende des Krieges auf der anderen Seite. „Genießt den Krieg, der Frieden wird fürchterlich", hieß ein bekanntes Witzwort jener Jahre, das sich nicht nur auf die Lebensmittelversorgung bezog. Denn daß die Verbrechen der Deutschen gegen die Juden und gegen die Bevölkerung in den besetzten Gebieten des Ostens, von denen man wenigstens andeutungsweise gehört hatte, auf seiten der alliierten Sieger entsprechende Reaktionen nach sich ziehen würden, das ahnten doch viele. Hinzu kam eine sich ausbreitende Apathie, die wegen des bald nahezu täglichen Bombenalarms stetig zunahm. Man konzentrierte sich aufs eigene Leben und Überleben und hatte wenig Sinn fürs Allgemeine. Eine gravierende Entpolitisierung ging damit einher, die weit über die Kriegs- und Nachkriegsjahre hinauswirkte.[10]

Aber dennoch, die schier unaufhaltsame innen- und außenpolitische Erfolgsserie der Nationalsozialisten und ihres Führers in den ersten acht Jahren ihrer Herrschaft hatte tiefe Eindrücke in der Bevölkerung hinterlassen. Man traute ihnen auch im Jahre 1944 noch vieles zu – eine „Wunderwaffe" vielleicht, oder eine plötzliche Gegenoffensive. Viele Hoffnungen klammerten sich paradoxerweise an die erwartete Landung der Westalliierten an der Atlantikküste. Wenn man wie einst in Dünkirchen die westlichen Landungstruppen schlagen könnte und dann, wie es hieß, beide Arme für Rußland frei hätte ... Realitätsbezug besaßen solche Hoffnungen nicht, obwohl sie auch in der Regimeführung und sogar in der Wehrmacht-Spitze grassierten.

Die Faszination des Nationalsozialismus aber war an seine Erfolge gebunden; zumal die nationalsozialistische Ideologie das Starke, Erfolgreiche verherrlichte und das Schwache, Unterliegende zu verachten gelehrt hatte. Da sie nun selbst unterlagen, verflog auch der Nimbus der Nationalsozialisten schnell, selbst in den eigenen Reihen. Die NSDAP war in der zweiten Kriegshälfte und besonders in der letzten Kriegsphase denkbar unbeliebt; die Inkompetenz und das Imponiergehabe der Parteileiter etwa setzte sie heftiger Kritik aus. Hitler aber, der über allen Widerwärtigkeiten des Alltags zu schweben schien, blieb von solcher Kritik weitgehend unberührt – bis zum Ende des Krieges und darüber hinaus. Denn so wie der Hitler-Mythos bis 1945 Hitler und die Wirklichkeit seines Regimes trennte („Wenn das der Führer wüßte", war das Stichwort dafür), wirkte dieser Mythos nach 1945 in umgekehrter Richtung: Alle Kritik band sich an Hitler, eine Wirklichkeit unterhalb der Führerweisung schien es gar nicht gegeben zu haben.[11]

Wohl kein Ereignis in der Geschichte der Menschheit hat so umfassende und so furchtbare Auswirkungen nach sich gezogen wie der vom nationalsozialistischen Deutschland begonnene Zweite Weltkrieg. Die Zahl der Toten allein wird mittlerweile auf über fünfzig Millionen geschätzt, nachdem die russischen Archive die langgehüteten Geheimnisse über die wirklichen Verluste der Sowjetunion preisgegeben haben. Allein in der Sowjetunion kamen infolge des Krieges wahrscheinlich mehr als zwanzig Millionen Menschen ums Leben – eine unvorstellbare Zahl. Die Zahlen der Verkrüppelten und Langzeitverwundeten, der Kriegsgefangenen, der Verschleppten und Umgesiedelten, der Flüchtlinge und Vertriebenen, der obdachlos Gewordenen und derer, die ihre Familie verloren hatten, sind für die einzelnen Länder nicht einmal zu zählen. Weite Teile Mittel- und Osteuropas waren bei Kriegsende vollständig zerstört. Die mitteleuropäischen Staaten gerieten in der Folge des Krieges für vier Jahrzehnte unter den Herrschaftsbereich der sowjetischen Diktatur. Ein bipolares System zweier Großmächte mit ungeheuren militärischen Bedrohungspotentialen entstand, das bis in die frühen neunziger Jahre die politische Entwicklung in der Welt prägte: Die Schrecken des Zweiten Weltkrieges wirkten jahrzehntelang nach.

Die Deutschen hatten – im Vergleich etwa zur Sowjetunion, zu Polen oder auch zu Jugoslawien, zu schweigen von den europäischen Juden – weit geringere Verlustziffern zu tragen. Aber dennoch war dieser Krieg auch im direkten Sinne eine Katastrophe für die Deutschen: 7,2 Millionen Tote, davon 2,8 Millionen Zivilisten, die Zerstörung fast aller größeren Städte des Landes; die Abtrennung der Ostgebiete, die Flucht und Vertreibung von mehr als zehn Millionen Menschen; die Teilung Deutschlands, die Errichtung einer kommunistischen Diktatur in Ostdeutschland – darin drücken sich die meßbaren Verluste aus, die Deutschland durch diesen Krieg erlitten hat. Zumindest von den materiellen Schäden her hat sich Westdeutschland in erstaunlich kurzer Zeit erholen können – bereits etwa 1957 war hier das Wohlstandsniveau von 1937 wieder erreicht. Die rapide Modernisierung der Industrie im Verlauf der verstärkten Rüstungsanstrengungen während des Krieges hat zudem nach 1948 lang anhaltende positive Auswirkungen auf die sich entfaltende westdeutsche Wirtschaft mit sich gebracht – wobei man in Erinnerung rufen sollte, daß diese Rüstungsanstrengungen in hohem Maße auf den Arbeitsleistungen der Millionen ausländischer Zwangsarbeiter und auf der Ausbeutung der besetzten Länder aufbauten.

Auch die gesellschaftliche Modernisierung nach 1945/49 ist nicht zum wenigsten auf die während des Krieges geschaffenen Voraussetzungen gegründet: Die Vermischung der vorher so festgefügten sozialmoralischen Milieus und landsmannschaftlichen Bezüge; der Wegfall der einstigen ostdeutschen Gutsbesitzerklasse mit ihren antiliberalen und spätfeudalen Denk- und Lebensweisen; die in der Wehrmacht gemachten Aufstiegserfahrungen vieler, auch vieler Arbeiter; oder die Erfahrungen vieler Frauen mit Berufstätigkeit und größerer Selbständigkeit hatten erhebliche Auswirkungen auf die rasche Veränderung und die Dynamik der sozialen Beziehungen in der Bundesrepublik. Jedoch: Solche Entwicklungen hätte es während dieser Jahre – wie in anderen Ländern – in Deutschland auch ohne den Krieg gegeben; vermutlich langsamer und auf andere Weise. Festzuhalten bleibt aber, daß die Auswirkungen des Krieges gesellschaftliche Veränderungen in kurzer Zeit und in erheblichem Ausmaß nach sich zogen, die wesentlich dazu beitrugen, daß Westdeutschland in den fünfziger Jahren den Umbruch zu einem modernen Industriestaat westlicher Prägung beginnen konnte.

Anders als die meisten Länder in Mittel- und Osteuropa konnte jedenfalls der westliche Teil Deutschlands die materiellen Verwüstungen des Krieges relativ schnell ausgleichen. Eine andere Auswirkung aber ist bis heute spürbar: die tiefgreifende Beschädigung, ja Zerstörung des deutschen Ansehens in der Welt, hervorgerufen durch die Entfesselung des Krieges, den Völkermord an den Juden und die Ermordung von Millionen unschuldiger Zivilisten in den besetzten Ländern vor allem Osteuropas.

Der Zweite Weltkrieg hat den Fortschrittsoptimismus und die Zukunftshoffnungen der Menschheit jäh gebremst, ja widerlegt: Aufgrund der Erfahrungen, die während des Krieges gemacht wurden, hat sich die bis dahin angenommene, ja für gesichert gehaltene direkte, gewissermaßen automatische Verknüpfung von wirtschaftlichem und technischem Fortschritt einerseits und gesellschaftlicher Zivilisierung andererseits als falsch herausgestellt. Jenseits der unmittelbaren Ereignisse und Ergebnisse des Krieges liegt in historischer Perspektive darin womöglich die einschneidendste Bedeutung des Zweiten Weltkrieges.

Anmerkungen

1 A. Hillgruber, Hitlers Strategie. Politik und Kriegsführung 1940–1941, Frankfurt 1965; B.-J. Wendt, Großdeutschland. Außenpolitik und Kriegsvorbereitung des Hitlerregimes, München 1987; I. Kershaw, Hitlers Macht. Das Profil der NS-Herrschaft, München 1992.

2 T. W. Mason, Sozialpolitik im Dritten Reich. Arbeiterklasse und Volksgemeinschaft, Opladen 1978; M. L. Recker, Nationalsozialistische Sozialpolitik im Zweiten Weltkrieg, München 1985; U. Herbert, Arbeiterschaft im „Dritten Reich“, in: GG 15.1989, 320–60.

3 C. Madajczyk, Die Okkupationspolitik Nazideutschlands in Polen, Köln 1988.

4 G. Aly u. S. Heim, Vordenker der Vernichtung. Auschwitz und die deutschen Pläne für eine europäische Ordnung, Hamburg 1991.

5 Der Angriff auf die Sowjetunion (Das Deutsche Reich und der Zweite Weltkrieg, Hg. Militärgeschichtliches Forschungsamt, IV), Stuttgart 1983, 98 ff., 413 ff., 936 ff.; G. Ueberschär und W. Wette Hg., Der deutsche Überfall auf die Sowjetunion. „Unternehmen Barbarossa“ 1941, Frankfurt 1991.

6 H. Krausnick u. H.-H. Wilhelm, Die Truppen des Weltanschauungskrieges. Die Einsatzgruppen der Sicherheitspolizei und des SD 1938–1942, Stuttgart 1981.

7 C. Streit, Keine Kameraden. Die Wehrmacht und die sowjetischen Kriegsgefangenen, Stuttgart 1978/Bonn 1991[2].

8 W. Benz Hg., Dimension des Völkermords. Die Zahl der jüdischen Opfer des Nationalsozialismus, München 1991; R. Hilberg, Die Vernichtung der europäischen Juden. Die Gesamtgeschichte des Holocaust, Frankfurt 1990; W. Manoschek, „Serbien ist judenfrei“. Militärische Besatzungspolitik und Judenvernichtung in Serbien 1941/42, München 1993.

9 U. Herbert, Fremdarbeiter. Politik und Praxis des „Ausländer-Einsatzes“ in der Kriegswirtschaft des Dritten Reiches, Bonn 1985.

10 M.G. Steinert, Hitlers Krieg und die Deutschen. Stimmung und Haltung der deutschen Bevölkerung im Zweiten ‚Weltkrieg‘, Düsseldorf 1970; D. Peukert, Volksgenossen und Gemeinschaftsfremde, Köln 1982; J. Schmädeke und P. Steinbach Hg., Der Widerstand gegen den Nationalsozialismus. Die deutsche Gesellschaft und der Widerstand gegen Hitler, Zürich 1985.

11 I. Kershaw, Der Hitler-Mythos. Volksmeinung und Propaganda im Dritten Reich, Stuttgart 1980.

Auswahlbibliographie

Dülffer, J., Deutsche Geschichte 1933-1945. Führerglaube und Vernichtungskrieg, Stuttgart 1992.

Frei, N., Der Führerstaat. Nationalsozialistische Herrschaft 1933-1945, München 1989.

Graml, H., Reichskristallnacht. Antisemitismus und Judenverfolgung im Dritten Reich, München 1989.

Gruchmann, L., Totaler Krieg. Vom Blitzkrieg zur bedingungslosen Kapitulation, München 1991.

Michalka, W., Der Zweite Weltkrieg. Analysen, Grundprobleme, Forschungsbilanz, München 1989.

Militärgeschichtliches Forschungsamt Hg., Das Deutsche Reich und der Zweite Weltkrieg (10 Bde), bisher Bde. 1–6, Stuttgart 1979–1990.

Mommsen, H., Der Nationalsozialismus und die deutsche Gesellschaft, Reinbek 1991.

Thamer, H. U., Verführung und Gewalt. Deutschland 1933–1945, Berlin 1986.

Wendt, B.-J., Großdeutschland. Außenpolitik und Kriegsvorbereitung des Hitlerregimes, München 1987.

Dietrich Staritz

Die doppelte Staatsgründung 1949

Was aus Deutschland werden solle, wenn der Krieg zu Ende sei, darüber gab es in den Hauptstädten der Anti-Hitler-Allianz, jedenfalls seit Stalingrad, keine nennenswerten Meinungsverschiedenheiten mehr. Die Großen Drei waren darin einig, daß das Land so behandelt werden müsse, daß von ihm nie wieder ein Krieg ausgehen könne. Strittig war allein, wie dies am effektivsten zu regeln sei. Grundsätzlich hielten es die Alliierten für unerläßlich, Deutschland zu demilitarisieren, zu demokratisieren, wirtschaftlich zu schwächen und seine Führungsschichten durch eine sozial tiefgreifende Entnazifizierung zu entmachten. Zeitweilig schien es ihnen überdies geraten, das Land aufzuteilen und in zwei, drei oder fünf, unterschiedlich strukturierte territoriale Einheiten zu gliedern. Und einig war man sich schließlich auch darin, Preußen aufzulösen, jene ebenso glorifizierte wie mystifizierte Verkörperung des deutschen Militarismus und Expansionismus.

Die Dismemberment-Erwägungen waren noch nicht vom Tisch, als man Anfang 1944 daran ging, sich über den Zuschnitt der Besatzungszonen zu verständigen. Aufteilungspläne schienen zu diesem Zeitpunkt im Westen kaum aktuell – angesichts des raschen russischen Vormarschs im Osten. Er ließ speziell die Briten fürchten, die Rote Armee könne den Rhein erreichen, bevor die immer wieder verschobene Invasion in Frankreich begonnen habe. Deshalb schlugen sie vor, Deutschland beizeiten in Besatzungsgebiete mit präzisen Grenzen aufzugliedern, hinter die sich die jeweiligen Truppen bei Kriegsende zurückziehen sollten, konkret: die sowjetischen auf das ihnen zugewiesene Territorium. Wider Erwarten akzeptierte die Sowjetunion das Ansinnen anstandslos, und so mußten Briten und Amerikaner Anfang Juli 1945 die Teile der Sowjetischen Zone (etwa ein Drittel ihres Territoriums) räumen, die ihre Soldaten bis zur Kapitulation erobert hatten. Es entstand eine Grenze, die schließlich 1949 nach geringfügigen Korrekturen zur Trennlinie zwischen der Bundesrepublik Deutschland und der Deutschen Demokratischen Republik werden sollte.

Auch der legendäre Plan des amerikanischen Finanzministers Henry Morgenthau, der 1944 unter dem Eindruck dichterer Informationen über die deutsche Judenvernichtungspolitik formuliert worden war, sah eine Mehrstaatlichkeit in Deutschland vor. Von Roosevelt und Churchill vorübergehend akzeptiert, wurde erwogen, Deutschland in zwei Staaten aufzuteilen, einen im Norden, einen anderen im Süden, und beide durch das Schließen von Industriebetrieben und Zechen auf das Niveau von Agrarstaaten zurückzustutzen.

Im Februar 1945, in Jalta, war die Zerstückelung Deutschlands kein Thema mehr. Hier aber kam man überein, Frankreich an der Verwaltung des zu besetzenden Landes teilnehmen zu lassen. Damit stand das Staatsproblem in anderer Gestalt auf der Tagesordnung. Denn Frankreich tat künftig alles, um einen gesamtdeutschen Staat und damit eine schnelle Erholung des geschlagenen Aggressors zu verhindern. Überdies hing man noch der Hoffnung an, nicht nur das Saargebiet, sondern auch Teile des Rheinlandes dauerhaft unter französische Kontrolle stellen zu können. Auch mit Blick auf diese Option verweigerte die französische Regierung die Mitarbeit an konstruktiven Regelungen für ganz Deutschland.

Bereits die ersten offiziellen Äußerungen aus Paris zu den Zielen einer gemeinsamen Deutschlandpolitik, die Anfang August 1945 in Potsdam formuliert worden waren, machten diese Haltung deutlich. Eingeladen, am Kontrollmechanismus teilzuhaben, war man dazu nur bereit, wenn auf die Bildung der in Aussicht genommenen deutschen Staatssekretariate verzichtet werde, die unter der Aufsicht des Kontrollrats die Besatzungspolitik vollziehen sollten. Die Partner akzeptierten – und sie verzichteten damit auf ein Institutionengefüge, mit dessen Hilfe es vielleicht möglich gewesen wäre, Deutschland als wirtschaftliche Einheit zu behandeln und in allen Zonen etwa gleiche Lebensverhältnisse zu schaffen, wie es zugleich verabredet worden war. Verbindliche Leitlinien waren diese Absichtserklärungen freilich ohnehin nicht. Dies zeigte schon die Absprache über die von Deutschland zu leistenden Reparationen: Ohne sich über ihre Höhe verständigen zu können, war beschlossen worden, daß jede Siegermacht ihre Ansprüche aus der eigenen Besatzungszone befriedigen sollte. Zudem hatte man festgelegt, daß der Sowjetunion zusätzlich ein Viertel der industriellen Ausrüstungen aus den Westzonen zustehe, die dort als „für die deutsche Friedenswirtschaft unnötig" erachtet werden, teils – fünfzehn Prozent – gegen Lieferung von Nahrungsmitteln und Rohstoffen aus der SBZ, teils – zehn Prozent – ohne Gegenleistung. Strikt eingehalten wurde von diesen Regelungen freilich nur die, nach der jeder Sieger seine Ansprüche zunächst in seinem Gebiet zu realisieren habe, und indem das geschah, wurde das Postulat, das Land als wirtschaftliche Einheit zu behandeln, hinfällig. Auch die bereits Ende 1944 getroffene Übereinkunft, alle „Deutschland als Ganzes" betreffenden Fragen einstimmig im Kontrollrat zu entscheiden, blieb angesichts der Haltung Frankreichs weithin folgenlos. So kam vor allem die Klausel zum Zuge, nach der die Chefs der Militärregierungen für ihre Besatzungszone allein verantwortlich waren. Insofern ist Rolf Steininger zuzustimmen, wenn er – mit Blick auf die Potsdamer Proklamation – darauf verweist, daß nach Kriegsende zwar nicht mehr von Zerstückelung geredet wurde, ein einheitliches Deutschland aber für keine der Siegermächte einen sonderlich hohen Stellenwert hatte.[1]

Am ehesten wohl für Stalins Sowjetunion. Ihr war lange Zeit zumindest an einer gemeinsamen alliierten Verwaltung ganz Deutschlands gelegen. Diese wäre zum einen ihrem Sicherheitsbedürfnis entgegengekommen – sowohl Deutschland als auch den Partnern der Kriegskoalition gegenüber. Zum anderen hätte es ihr die Chance eröffnet, durch den Zugriff auf die westdeutsche Industrie mehr Wiedergutmachungsleistungen zu bekommen. Hinzu kam in sowjetischer Sicht, daß überzonale Einrichtungen bessere Möglichkeiten boten, auch auf die politisch-soziale Entwicklung im Westen Einfluß zu nehmen – mit Hilfe kommunistisch inspirierter Parteien und Gewerkschaften und mit dem Ziel, auch dort zu einer „antifaschistisch-demokratischen" Neuordnung zu kommen, wie sie im Osten gerade begonnen wurde. Zwar war zu bedenken, daß derlei zonenübergreifende Strukturen nicht nur – wie gewünscht – von Ost nach West wirken würden, sondern möglicherweise ebenfalls vom Westen in den Osten, also geeignet sein mochten, die auf den Weg gebrachte Umgestaltung der SBZ zu stören. Wollte man aber keine der ohnehin nicht zahlreichen Gelegenheiten vertun, auf die Westzonen einzuwirken, war dieses Risiko einzugehen, zugleich jedoch dafür zu sorgen, daß die Mitspracherechte der anderen Seite begrenzt blieben.

Daß die Stalinsche Deutschlandpolitik nach Kriegsende Erwägungen wie diesen folgte, scheinen auch Notizen zu belegen, die der KPD-Vorsitzende Wilhelm Pieck Anfang Juni 1945 nach dem Treffen einer KPD-Delegation mit dem sowjetischen Generalissimus in knappster Form niederschrieb. Folgt man diesen Kürzeln,[2] waren die deutschen Angelegenheiten für Stalin damals noch recht unübersichtlich. Jedenfalls notierte Pieck zum einen eine eher düstere Prognose: „Perspektive – es wird zwei Deutschlands geben, trotz aller Einheit der Verbündeten". Zum anderen aber hielt er fest: „Einheit sichern, durch einheitliche KPD, einheitliches ZK, einheitliche Partei der Werktätigen". Diese seit 1990 im ehemaligen SED-Archiv zugängliche Überlieferung ist nun verschiedentlich als Weisung des Sowjetführers an die deutschen Kommunisten interpretiert worden, Deutschland zu teilen. Für eine solche Deutung der Pieck-Notate besteht angesichts ihres Kontextes aber erheblicher Erklärungsbedarf. Sie eignen sich indes gut als Hintergrund für eine Diskussion der Frage, von welchem Bestand an Gemeinsamkeiten die Siegermächte nach Kriegsende noch ausgehen konnten, wie ihre Repräsentanten diesen Fundus mit Blick auf die Entwicklung der deutschen Dinge bewerteten, wie schließlich die Deutschen selbst ihre Lage sahen und sich zu ihr verhielten.

Wie beurteilten die Allianzmächte ihre Beziehungen zueinander? Hier zeigt sich, daß bereits unmittelbar nach dem Sieg bei allen Skepsis Einzug gehalten hatte. Sie galt insbesondere den künftigen Möglichkeiten einer Kooperation. Stalin hatte diese schon vor Potsdam eher negativ beurteilt. Kurz nach Potsdam merkte der damalige Botschaftsrat in der Moskauer US-Vertretung George F. Kennan an: „Die Idee, Deutschland gemeinsam mit den Russen regieren zu wollen, ist ein Wahn. Ein ebensolcher Wahn ist es zu glauben, die Russen und wir könnten uns eines schönen Tages zurückziehen und aus dem Vakuum werde ein friedliches, stabiles und freundliches Deutschland steigen". Tatsächlich habe, so Kennan weiter, Amerika keine „andere Wahl, als unseren Teil von Deutschland, den Teil, für den wir und die Briten die Verantwortung übernommen haben, zu einer Form von Unabhängigkeit zu führen, die so befriedigend, so gesichert, so überlegen ist, daß der Osten sie nicht gefährden kann".[3]

Zunächst war Kennans Sicht die eines Außenseiters. Insbesondere das amerikanische Außenministerium hielt wenigstens bis in den Sommer 1946 an der Überzeugung fest, daß mit der Sowjetunion zu Übereinkünften über Deutschland zu gelangen sei; und im Kontrollrat schien General Clay noch in dieser Zeit bereit, sich über die französische Verweigerungspolitik hinwegzusetzen und notfalls mit Großbritannien und der Sowjetunion allein Verabredungen zu treffen – etwa über die Bildung von gesamtdeutschen Parteien oder die Gründung einer überzonalen Zentralverwaltung für die deutsche Industrie.

In Großbritannien hatten anfangs nur die Militärs bezweifelt, daß das Bündnis über den Krieg hinaus Bestand haben werde. Sie waren schon kurz nach der deutschen Kapitulation für eine rasche Änderung der britischen Politik eingetreten. Bis Anfang 1946 aber hatten sowohl die Führer der seit dem Sommer 1945 oppositionellen Konservativen als auch die der nun regierenden Labour Party die Wende vollzogen. Unter dem Eindruck der sowjetischen Politik in Polen wie auf dem Balkan und angesichts der Verzögerung des Rückzuges sowjetischer Truppen aus dem nördlichen Iran war das alte britische Mißtrauen gegenüber der sowjetischen Politik vollends wiedererwacht. Das Kabinett Attlee, das noch unmittelbar nach Potsdam die „Erhaltung der alliierten Einheit“ ein Ziel von „äußerster Wichtigkeit“ genannt hatte, registrierte mit wachsendem Unbehagen die Sonderentwicklung in der sowjetischen Besatzungszone, die entschädigungslose Enteignung des Großgrundbesitzes etwa oder die Methoden der Entnazifizierung, vor allem aber die von den Sowjets forcierte Vereinigung von Kommunisten und Sozialdemokraten. Insbesondere sie wurde in London als Beginn einer Sowjetisierung Ostdeutschlands gedeutet. Hinzu kam die sowjetische Reparationspolitik. Sie drohte, nicht nur in britischer Sicht, die ostdeutsche Wirtschaftskraft zu überfordern; und dies mochte weitere britische Verpflichtungen nach sich ziehen.

Angesichts der eigenen wirtschaftlichen Schwierigkeiten – Großbritannien bewegte sich in diesen Jahren am Rande des Staatsbankrotts – war die Vorstellung bedrückend, künftig nicht nur die eigene Zone alimentieren zu müssen. Auch unter diesem Aspekt wurde jetzt die Frage diskutiert, ob es nicht besser sei, das britische Besatzungsgebiet mit den anderen westlichen zusammenzufassen und mit amerikanischer Hilfe zu sanieren. Das war das dominante britische Interesse an der Bizone. Zunächst wurde sie als eine für alle Zonen offene Wirtschaftsgemeinschaft ins Spiel gebracht. Tatsächlich aber war sie so konzipiert worden, daß sich für die Sowjetunion ein Mittun verbot. Sie hätte, so forderte es der Westen, auf ihre bisherige Reparationspolitik verzichten müssen. Da Frankreich zu einer Mitwirkung noch nicht zu überreden war und die Sowjetunion tatsächlich ablehnte, kam es vorerst nur zu einem Zweizonenabkommen. Den Ausschlag hatten die USA gegeben. Hier war seit dem Sommer 1946 die Überzeugung gewachsen – sie sollte bald darauf zum Konzept des Marshall-Planes führen –, daß der befürchteten kommunistischen Durchdringung Westeuropas mit einer Politik begegnet werden müsse, die eine wirtschaftlich-soziale Konsolidierung dieser Region einschließlich der westlichen Besatzungszonen begünstige.

Daß der wirtschaftliche Zusammenschluß der zwei Zonen – er wurde am 1. Dezember 1946 am Rande der New Yorker

Außenminister-Konferenz formell vollzogen – von einem administrativen begleitet sein müsse, der wiederum politische Daten setzen werde, war beiden Mächten bewußt. So wurde es auch von der Sowjetunion wahrgenommen. Molotow sprach von der wieder in „Mode" gekommenen „Zerstückelung" in „einzelne autonome Staaten" und wandte sich gegen die Lostrennung des Ruhrgebietes von Deutschland wie gegen die Föderalisierung des Landes.

So wenig konstruktiv die Verhandlungsposition der Westmächte war, so unkooperativ blieb aber auch die Sowjetunion. Deutlich aber war fortab ihr Bemühen, als Fürsprecherin der vermeintlich starken nationalen Gefühle der Deutschen zu erscheinen. Das war eine Position, die Stalin bald darauf, im Januar 1947, auch der SED-Führung empfahl, als er von den „ehrlichen patriotischen Elementen" sprach, die es im Westen Deutschlands zu fördern gelte und die man im Osten „vielleicht in einer Partei zusammenfassen" solle, „die zum Block gehört".[4] Die Weisung für den Westen führte zunächst zum „Volkskongreß für Einheit und gerechten Frieden", der sich der Agitation für ein einheitliches Deutschland nach sowjetischem Muster annahm. Aus der Anregung für den Osten wurde die „National-Demokratische Partei Deutschlands", mit der man hoffte, das bürgerliche Lager in der SBZ aufsplittern und das nationale Engagement früherer nomineller NSDAP-Mitglieder und ehemaliger Soldaten für den SED-Kurs mobilisieren zu können.

Daß Stalin seither zumindest rhetorisch auf die nationale Karte setzte, ist nicht erst seit der Öffnung des SED-Archivs bekannt. Dort ist nun aber auch nachzulesen, daß er die deutschen Kommunisten zugleich dazu aufforderte, beim Umbau der gesellschaftlichen Strukturen Ostdeutschlands nicht nachzulassen, also dessen politisch-soziale Sonderentwicklung weiterzutreiben – durchaus mit Blick auf die Systemtransformation im übrigen westlichen Vorfeld der Sowjetunion, doch ohne jeden Verweis auf diesen Zusammenhang. Mit Rücksicht auf den Westen verlangte er vielmehr eine Politik „ohne Geschrei", einen „Zickzack"-Kurs zum Sozialismus.

Und wenn die deutschen Parteiführer doch einmal öffentlich Tacheles redeten, etwa über ihren Weg zur Volksdemokratie, verglich er sie mit den „Teutonen", die, zwar mutig, doch unklug, dazu geneigt hätten, „mit offener Brust" zu kämpfen und deshalb verloren.[5] Deutlich wird so, daß es der Sowjetunion in dieser Zeit zum einen darauf ankam, ihre Besatzungszone politisch, wirtschaftlich und sozial nach dem Muster der östlichen Volksdemokratien zu organisieren, zum anderen aber die deutsche Frage der Form nach offenzuhalten, in Erwartung günstigerer Rahmenbedingungen für ihre Westpolitik, mit Blick auf ihre Wiedergutmachungsansprüche und im übrigen wohl auch daran interessiert, nicht als die Spalterin des Landes zu erscheinen.

Diesen Eindruck hatten zunächst auch die Westmächte zu vermeiden versucht. Sie wollten jedoch – angesichts der sich verhärtenden Ost-West-Beziehungen – den Zusammenschluß Westeuropas zügig voranbringen, und da mußten taktische Rücksichtnahmen zurückstehen. Das zeigte sich deutlich anläßlich der Moskauer Außenministerkonferenz, die vom 10. März bis zum 24. April 1947 tagte. Zwei Tage nach ihrer Eröffnung verkündete der amerikanische Präsident Harry S. Truman vor dem Kongreß eine neue außenpolitische Doktrin. Sie ging von expansiven Absichten der Sowjetunion aus (aktuell gegenüber der Türkei und Griechenland) und sagte allen Völkern amerikanische Hilfe zu, die ihre „freie Lebensweise" gegen „bewaffnete Minderheiten oder Druck von außen" schützen wollten. Einer konstruktiven Konferenz-Atmosphäre diente diese Erklärung des Kalten Krieges sicher nicht.

Ob es in und nach Moskau noch Chancen gab für eine Verständigung der Alliierten über Deutschland – darüber wird unter Historikern und Zeitgenossen wahrscheinlich noch lange gestritten werden. Vieles spricht bislang für die Richtigkeit der Annahme, daß die häufig fehlerhafte Wahrnehmung der Absichten und Taktiken der jeweils anderen Seite die Kompromißfähigkeit der Lager erheblich einschränkte. Insbesondere die Überschätzung der ideologischen Triebkräfte des Ostens und die Ideologisierung der materiellen Impulse des Westens schufen Interpretationsmuster, in denen die unmittelbaren, handlungsleitenden Interessen des Gegners leicht übersehen wurden.

Und gerade in diesen Jahren schien jede Seite die Vorurteile der anderen bestätigen zu wollen. So fügten sich die Anfang Juni 1947 vom amerikanischen Außenminister George Marshall verkündeten Leitlinien des später nach ihm benannten Planes in sowjetischer Sicht widerspruchslos in die eigene Imperialismus-Theorie. Die sowjetische Reaktion auf diese Herausforderung wiederum – die Gründung des Kominform im September desselben Jahres – schien in amerikanischer Wahrnehmung die weltrevolutionäre Linie der zwanziger Jahre wiederzubeleben. Die Beschleunigung des Umbruchs im Osten tat ihr übriges. Seit dem Februar 1948, nach der auch förmlichen Machtübernahme der Kommunisten in Prag, bedurfte das westliche Bild der Sowjetunion kaum noch der Ergänzung. Dort festigte sich derweil die Überzeugung, das noch gegebene Atomwaffenmonopol der USA werde den strukturell ohnehin „kriegslüsternen" Imperialismus nicht nur zur propagierten Eindämmung veranlassen, sondern zum Versuch einer Vernichtung der Sowjetunion verführen.

All das machte eine Verständigung nachgerade unmöglich. Doch schon vor der Eskalation des Kalten Krieges war den politischen Eliten in Deutschland bewußt geworden, daß die anfangs noch ganz selbstverständlich gedachte staatliche Einheit des Landes keineswegs mehr so selbstverständlich wiederzuerlangen war. Etliche deutsche Politiker hatten das schon früh so gesehen. So war Konrad Adenauer beim Blick auf die Nachkriegskarte Europas bereits im Oktober 1945 zu dem Schluß gelangt:[6] „Rußland hat in Händen: die östliche Hälfte Deutschlands, Polen, den Balkan, anscheinend Ungarn, einen Teil Österreichs. Rußland entzieht sich immer mehr der Zusammenarbeit mit den anderen Großmächten. ... In den von ihm beherrschten Ländern herrschen schon jetzt ganz andere wirtschaftliche und politische Grundsätze als in den übrigen Teilen Europas. Damit ist eine Trennung in Osteuropa, das russische Gebiet, und Westeuropa eine Tatsache."

Ein knappes Jahr später, im September 1946, hatte auch Wilhelm Pieck erkannt, daß Deutschland „faktisch gespalten" sei. An diese Aussage des SED-Chefs erinnerte sich viele Jahre später jedenfalls ein sowjetischer Offizier.[7] Er hielt darüber hinaus fest, daß Pieck damals angenommen habe, die Westmächte würden aus den Westzonen demnächst einen „kapitalistischen Staat zimmern" und dem Osten werde dann nichts anderes bleiben, als „darauf mit der Bildung eines eigenen deutschen Staates, eines Staates der Arbeiter und Bauern, zu antworten".

Deutungen wie diese waren in dieser Zeit noch nicht weit verbreitet. Seit dem Frühjahr 1947 aber – mit der Bildung der Bizone – gewann der Gedanke an eine deutsche Zweistaatlichkeit auch unter den deutschen politischen Akteuren schärfere Konturen. Die anfangs noch mögliche, wenn auch vor allem von Frankreich behinderte, zonenübergreifende Kooperation von Parteien und Gewerkschaften wurde mehr und mehr vom West-Ost-Gegensatz überschattet. Viele Christ- und Freidemokraten im Westen glaubten angesichts des taktischen Lavierens ihrer Schwesterparteien in der SBZ, daß manche von deren Führern die Sache des Ostens vertraten, eine enge Zusammenarbeit daher von Übel sei. Umgekehrt sah man in der SBZ in dieser Distanzierung ein Indiz für ein Abschreiben des Ostens. Formal harmonischer waren die Kontakte der Gewerkschaften. In mehreren Interzonenkonferenzen verständigten sie sich über den Rahmen einer gemeinsamen Programmatik. Doch blieb dies so allgemein, daß es das Auseinanderdriften der späteren DGB-Gewerkschaften und des zunehmend stärker von der SED kontrollierten FDGB nicht aufhalten konnte.

Hier wirkte die Empörung über die Methoden der Vereinigung von Kommunisten und Sozialdemokraten in der SBZ nach. Sie veranlaßte die SPD, die unter dem maßgebenden Einfluß Kurt Schumachers strikt national argumentierte, schließlich dazu, jeden Kontakt mit der SED zu vermeiden. Auch das blockierte alle Ansätze, über eine überzonale Kooperation zu gesamtdeutschen Willensäußerungen oder zu einer

„Nationalen Repräsentation" zu kommen, wie es ostdeutsche Liberal- und Christdemokraten vorschlugen. Diese Vorbehalte beeinflußten auch das Projekt einer Konferenz der zwölf deutschen Ministerpräsidenten, die im Juni 1947 in München tagen sollte. So wie die Ministerpräsidenten der französischen Zone von ihrer Besatzungsmacht, wurden die sieben der SPD angehörenden Länderchefs von ihrer Partei dazu angehalten, politische Themen explizit zu vermeiden und allein über die Fragen zu debattieren, zu deren Diskussion der bayerische Ministerpräsident Hans Ehard eingeladen hatte: über die Versorgungsprobleme angesichts des kommenden Winters. Ihre fünf ostdeutschen Kollegen indes hatten von der sowjetischen Militärregierung die Order, das Thema der „Bildung einer deutschen Zentralverwaltung durch Verständigung der demokratischen Parteien und Gewerkschaften zur Schaffung eines deutschen Einheitsstaates", mithin die Grundzüge der sowjetischen Vorschläge für Deutschland, als ersten Punkt auf die Tagesordnung zu bringen. Zwar rückten sie angesichts der westlichen Weigerung von dieser Forderung ab. Doch auch ihr Wunsch, eine Erklärung dieses Inhalts wenigstens verlesen zu dürfen, stieß auf den Widerstand der Westdeutschen. Damit war die Konferenz gescheitert, noch ehe sie begonnen hatte.

Ob eine andere Taktik des Westens den Trend zur Zweistaatlichkeit hätte aufhalten können, muß bezweifelt werden. Die deutschen Teilgesellschaften waren bereits tief in den Systemkonflikt einbezogen, und kräftig war hier wie dort die Orientierung an dem Zielhorizont der Vormächte. Das führte bei Christ- wie Sozialdemokraten zu der Vorstellung, daß nur die Bindung an die Wertegemeinschaft des Westens sowie wirtschaftliche und soziale Prosperität Chancen für die Einheit des Landes eröffnen würden. Wie ein „Magnet" werde der Westen den Osten dann anziehen. Von einer solchen Wirkung – allerdings der des Ostens auf den Westen – schien auch die SED auszugehen. Jedenfalls äußerte sich Walter Ulbricht seit Anfang 1948 als ein ebenso überzeugter Anhänger der „Magnettheorie" wie Kurt Schumacher oder Jakob Kaiser. Daß mit derlei Wirkungen allenfalls in einer ferneren Zukunft zu rechnen war, erwähnte niemand. Auf beiden Seiten stand vielmehr die Integration in die werdenden Bündnissysteme auf der Tagesordnung.

Für den Westen wurden die Weichen in London gestellt, für den Osten in Moskau. In der britischen Hauptstadt waren im März 1948 die stellvertretenden Außenminister der USA, Großbritanniens, Frankreichs und der Benelux-Länder zusammengekommen, um über die Modalitäten für die Verteilung der Marshall-Plan-Gelder und über die Einbeziehung des westlichen Besatzungsgebietes zu entscheiden. Die Sowjetunion hatte gegen eine Diskussion der Deutschlandfrage ohne ihre Mitwirkung Einspruch erhoben und, nachdem ihr Protest folgenlos geblieben war, damit begonnen, den Verkehr auf den Zufahrtswegen nach Berlin zu behindern. Doch die Westmächte ließen sich nicht beirren. Sie formulierten Anfang Juli „Empfehlungen", in denen unter anderem zum Erarbeiten einer Verfassung für eine westdeutsche Republik durch ein verfassunggebendes Gremium geraten und die Teilhabe dieses Staates am Europäischen Wiederaufbauprogramm angeboten wurde. Dieser Text wurde von den Chefs der westlichen Militärregierungen, die zuvor in London den Zusammenschluß ihrer Besatzungsgebiete zur Trizone vollzogen hatten, zu „Dokumenten" verdichtet und in Frankfurt den Ministerpräsidenten der Trizonen-Länder übergeben. Auch wenn diese mit den Entscheidungen der Westmächte grundsätzlich übereinstimmten, zögerten sie doch, den Auftrag zu übernehmen: Immerhin würde der in Aussicht genommene Staat ja nur einen Teil Deutschlands umfassen.

Groß war ihr Spielraum aber nicht. Zum einen stand bei einer Ablehnung die amerikanische Wirtschaftshilfe auf dem Spiel – eine Überlegung, die im übrigen die westdeutschen Gewerkschaften dazu veranlaßte, auf ihre Forderung nach Sozialisierung der Großindustrie zu verzichten. Zum anderen waren die Länderchefs wie die meisten Deutschen davon überzeugt, daß nur ein starker Konsens mit den Besatzungsmächten Schutz gegen den sowjetischen Expansionismus biete, dessen Virulenz sich gerade in diesen Monaten nachhaltig zu bestätigen schien. Tatsächlich erweckte die Blockade Westberlins, die seit dem Frühjahr 1948 schrittweise vollendet worden war, den Eindruck, als sei die Sowjetunion zu einer militärischen Auseinandersetzung entschlossen. Das gab dem Staatsgründungsprojekt die bislang fehlende Legitimation. Der Zweifel an der Zuträglichkeit des Unternehmens schien schließlich nur noch in der Entscheidung auf, beim Parlamentarischen Rat, der am 1. September 1948 zusammentrat, statt einer Verfassung ein Grundgesetz in Auftrag zu geben, um das Vorläufige, das Provisorische des Vorhabens zu unterstreichen. Doch das änderte nichts an der grundsätzlichen Entscheidung für eine zumindest vorläufige Zweistaatlichkeit in Deutschland.

Daß sich der Westen so verhalten würde, war von der SED zunächst durchaus sorgenvoll, dann aber – auch mit Blick auf die Machtlage in Ostdeutschland – unter dem Gesichtspunkt der eigenen politischen Taktik positiv diskutiert worden. Die Teilung der Welt bot die Chance, Ostdeutschland in den sowjetischen Bündniszusammenhang zu integrieren und so die Machtstrukturen zu erhalten sowie – und das glaubten etliche ostdeutsche Kommunisten wohl tatsächlich – den entstehenden Oststaat zu einem Gemeinwesen auszubauen, das ganz Deutschland ein Beispiel geben könne. Zu alledem war freilich die Zustimmung der Sowjetunion erforderlich, und die zögerte lange. Bei Begegnungen mit den Sowjetführern erfuhren die SED-Spitzen, zumeist von Stalin selbst, daß zunächst alles unternommen werden müsse, um die Staatsbildung im Westen zu verhindern, nach einem Scheitern solcher Anstrengungen die Gründung der Drei-Zonen-Republik abzuwarten und erst dann ein eigener Staat zu proklamieren sei.

Alle SED-Wünsche nach einer schnelleren Gangart wies Stalin ab: die Bitte, Mitglied des Kominform zu werden, ebenso wie das Ansinnen, auch in der SBZ wie in Osteuropa die „Volksdemokratie“, also den Beginn des „Sozialismus“, zu verkünden. Erst nachdem Ende Mai 1949 auch die Pariser Außenministerkonferenz gescheitert war und Mitte August die Wahlen zum ersten Bundestag eine Mehrheit für die Parteien ergeben hatten, die für den Weststaat und die Westintegration eintraten – die westdeutsche KPD hatte sich mit einem Stimmenanteil von 5.7 Prozent als Splitterpartei erwiesen –, erst nach der Konstituierung der Bundesrepublik und der Kanzlerwahl, gab Stalin grünes Licht für die Deutsche Demokratische Republik. Am 16. September 1949, tags zuvor hatte der Bundestag Konrad Adenauer zum Kanzler gewählt, traf eine SED-Delegation in Moskau ein und verhandelte mit Stalins Politbüro-Genossen. Sie mußte elf Tage warten, ehe der Generalissimus das Faktum und die Prozedur der DDR-Gründung förmlich abgesegnet hatte. Wieder daheim veranlaßten die SED-Führer den (aus der Volkskongreßbewegung hervorgegangenen) Deutschen Volksrat, sich am 7. Oktober 1949 als Provisorische Volkskammer zu konstituieren und einen von ihm bereits im Mai für ganz Deutschland verabschiedeten Verfassungstext für Ostdeutschland in Kraft zu setzen. Am 11. Oktober wählten die Volks- und eine schnell geschaffene Länderkammer Wilhelm Pieck zum Staatspräsidenten, einen Tag später das Parlament Otto Grotewohl zum Ministerpräsidenten der Deutschen Demokratischen Republik. Die Wahlen zu einem regulären Parlament verschob man in den Oktober 1950, und die SED stellte sicher, daß ihr aus ihnen kein Schaden erwachse: Sie setzte bei den Blockparteien eine Einheitsliste durch.

Zunächst schien es, als hätten die Verantwortlichen im Osten wie im Westen Deutschlands kein anderes Ziel, als die beiden deutschen Staaten rasch in einem gesamtdeutschen aufgehen zu lassen. So jedenfalls äußerten sie sich öffentlich. Intern aber herrschte auf beiden Seiten kaum ein Zweifel, daß das erst erwartet werden könne, wenn sich der weltpolitische Zusammenhang, in dem sie entstanden waren, entscheidend verändere, wenn die Weltmächte zur Kooperation fähig würden und mit dem Verschwinden der bipolaren Struktur für die meisten Staaten der Zwang entfalle, einem der Bündnissysteme anzugehören. Doch das dauerte vierzig Jahre – erheblich länger, als man im Westen befürchtet und viel kürzer, als man im Osten erhofft hatte.

Anmerkungen

1 Vgl. R. Steininger, Deutsche Geschichte 1945–1961. Darstellung und Dokumente in zwei Bänden, I, Frankfurt 1983, 61 ff.

2 Zit. nach D. Staritz, Die SED, Stalin und die Gründung der DDR. Aus den Akten des Zentralen Parteiarchivs, in: Aus Politik und Zeitgeschichte. Beilage zur Wochenzeitung Das Parlament, B 5/91 vom 25. Januar 1991, 4.

3 Zit. nach G.F. Kennan, Memoiren eines Diplomaten, I, München 1971, 264.

4 Vgl. D. Staritz, Einheits- und Machtkalküle der SED (1946-1948), in: E. Scherstjanoi Hg., „Provisorium für längstens ein Jahr". Protokoll des Kolloquiums „Die Gründung der DDR", Berlin 1993, 20 f.

5 Zit. nach Staritz, SED, 7.

6 Zit. nach K. Adenauer, Briefe 1945–1947. Bearb. H.-P. Mensing, Berlin 1983, Brief Nr. 127 a, 130.

7 Zit. nach: Zwei Begegnungen mit W. Pieck. Eine Dokumentation zum 35. Jahrestag der Gründung der Gesellschaft für Deutsch-Sowjetische Freundschaft, Hg. SED-Kreisleitung Quedlinburg, Quedlinburg 1982, 16.

Auswahlbibliographie

Benz, W., Die Gründung der Bundesrepublik. Von der Bizone zum souveränen Staat, München 1989[3].

Kleßmann, C., Die doppelte Staatsgründung. Deutsche Geschichte 1945–1955, Bonn 1991[5].

Loth, W., Die Teilung der Welt. Geschichte des Kalten Krieges 1941–1955, München 1990[8].

Loth, W., Stalins ungeliebtes Kind. Warum Moskau die DDR nicht wollte, Berlin 1994.

Schwarz, H.-P., Vom Reich zur Bundesrepublik. Deutschland im Widerstreit der außenpolitischen Konzeptionen in den Jahren der Besatzungsherrschaft 1945–1949, Stuttgart 1980[2].

Staritz, D., Die Gründung der DDR, München 1995[3].

Franz Josef Brüggemeier

Der Wiederaufbau und die Industrialisierung in beiden deutschen Staaten. Auswirkungen auf die soziale und natürliche Umwelt

Im Rückblick auf die letzten Jahre der DDR sagte der Schriftsteller Christoph Hein: „[In der DDR hatten wir es schwerer, weil] das ganze Volk am Abend geschlossen in den Westen ausreisen konnte – via Fernsehen. Das nahm den Druck weg. Das war der Unterschied zu Polen, zur Tschecheslowakei, zur Sowjetunion. Dort blieb der Druck erhalten und erzeugte Gegendruck ... Im Grunde war die hilfreiche Nähe zur BRD wenig hilfreich für die eigne Entwicklung."

Über diese These läßt sich streiten und etwa argumentieren, das Westfernsehen habe die DDR zunehmend geschwächt, da es unzensierte Informationen lieferte und den Vergleich mit dem anderen, bedeutend wohlhabenderen Deutschland ermöglichte. Interessant ist jedenfalls die große Bedeutung, die Hein diesem Medium zuspricht; auffällig ist darüber hinaus die enge Verbindung, die er zwischen den beiden deutschen Staaten herstellt, jenseits der oftmals vehementen Abgrenzung der offiziellen Politik. Und schließlich unterstreicht Heins Aussage, daß der Zusammenbruch der DDR zwar ein Ereignis von größter politischer Bedeutung war, daß zu dessen Erklärung politische Faktoren allein jedoch nicht genügen. Grundlegend waren ökonomische und soziale Entwicklungen, grundlegend waren Veränderungen und Blockierungen in der Gesellschaft und dem Alltag der Bevölkerung. Bei deren Erörterung ist ein Vergleich zwischen den beiden Teilen Deutschlands unverzichtbar, nicht nur wegen der langen gemeinsamen Vorgeschichte. Denn erst im Vergleich können wir erkennen, was zusammengehört und zusammenwachsen soll, wie eng die Entwicklung der beiden Staaten und ihrer Bevölkerung miteinander verknüpft war und wo Unterschiede oder Gemeinsamkeiten liegen.

Grundsätzliche Unterschiede, die für die weitere Entwicklung entscheidend waren, wurden schon bald nach Kriegsende deutlich. Die westlichen Zonen waren stärker industrialisiert und verfügten über bessere Rohstoffvorkommen, so daß die Ausgangsbedingungen hier günstiger waren. Wichtiger jedoch war die Zuordnung zu unterschiedlichen Wirtschafts- und Gesellschaftssystemen. Die UdSSR war durch den Krieg stark zerstört worden und deshalb auf umfangreiche Reparationen und Demontagen angewiesen, die bis in die fünfziger Jahre anhielten. Dazu kam es anfangs auch in den Westzonen, wo aber schon bald der Weg des Wiederaufbaus beschritten wurde. Das geschah nicht nur unter den Vorzeichen des Kalten Krieges, um die westlichen Zonen als starken Verbündeten zu gewinnen. Vielmehr hatte man – vor allem unter dem Einfluß von Keynes und der Amerikaner – aus den Folgen des Versailler Vertrages gelernt. Keynes hatte argumentiert, daß eine Politik der Demontage und Reparationen Deutschland zwar schwäche, England oder Frankreich jedoch nur scheinbar stärke. Auf Dauer könnten die angrenzenden Länder bedeutend mehr davon profitieren, wenn Deutschland ökonomisch erstarke und als gleichberechtigter Partner im westlichen Wirtschaftssystem akzeptiert werde. Der Handel mit einem aufblühenden Deutschland werde allen zum Vorteil gereichen und zugleich eine festere Integration in den Westen bewirken, als das lediglich mit Verträgen oder politischen Vereinbarungen möglich sei. Diese Überlegung sollte aufgehen. Sie bildete die Grundlage für einen bis dahin nicht gekannten wirtschaftlichen Aufschwung, in dessen Gefolge sich die Bundesrepublik grundlegend umgestaltete, und sie führte dazu, daß die beiden deutschen Staaten sich zunehmend auseinander entwickelten.

Die Wachstumsraten des Wirtschaftswunders sind beeindruckend. Sie lagen teilweise über zehn Prozent im Jahr, und zwischen 1950 und 1960 hat sich das Sozialprodukt mehr als verdoppelt. In den folgenden Jahren war der Zuwachs prozentual etwas geringer, hielt insgesamt jedoch an, und mittlerweile hat sich das Bruttosozialprodukt gegenüber 1950 nahezu verfünffacht. Hierfür gibt es zahlreiche Gründe. Zum einen war die Industrie durch den Krieg bei weitem nicht so geschädigt, wie nach dessen Ende und lange Zeit danach angenommen wurde. Hinzu kamen die Mittel des Marshallplanes, eine qualifizierte Bevölkerung, der Zustrom von Arbeitskräften durch Vertriebene und Flüchtlinge und nicht zuletzt eine wachsende Exportorientierung. Die Nationalsozialisten hatten eine Autarkiepolitik betrieben, und die Beziehungen zum Ausland waren – nicht nur als Folge des Krieges – weitgehend gekappt worden. Erst 1960 lag deshalb der Anteil der Exporte mit siebzehn Prozent wieder so hoch wie am Vorabend des Ersten Weltkrieges. In der Folgezeit stieg er weiter an, und heute wird etwa ein Drittel aller in Deutschland erzeugten Produkte exportiert.

Dieses Wachstum, insbesondere die Orientierung auf den Export hatte weitreichende Konsequenzen. Seit den 1950er Jahren bestand weitgehend Einigkeit in Politik und Wirtschaft, daß die internationale Wettbewerbsfähigkeit der Bundesrepublik gesichert werden müßte. Dazu mußten mehrere Voraussetzungen geschaffen werden: ein Ausgleich zwischen den Tarifparteien, der in der Mitbestimmung seinen wichtigsten Ausdruck fand; eine ausgleichende Rolle des Staates und eine ausgebaute soziale Sicherung sowie schließlich ein großer Grundkonsens und politische Mitsprache der wichtigen gesellschaftlichen Gruppen. Vor allem jedoch war damit die Notwendigkeit gegeben, sich fortwährend anzupassen und Wirtschaft, Gesellschaft und Staat immer wieder zu modernisieren. Das ist weitgehend gelungen, wie etwa die anhaltend hohen Exporte trotz mehrfacher Aufwertung der DM anzeigen. Insgesamt scheint es, daß es wohl in keiner Phase der neueren deutschen Geschichte in Wirtschaft und Gesellschaft so tiefgreifende Veränderungen gab wie während der letzten vierzig Jahre in der Bundesrepublik.

In den fünfziger Jahren waren diese Veränderungen vielfach noch nicht deutlich zu sehen. Im westlichen Teil Deutschlands

– wie in der DDR – galt es, die Folgen des Krieges zu überwinden, Vertriebene sowie Flüchtlinge zu integrieren, und bestimmend war der Wunsch, wieder „Normalität" herzustellen. Nicht zu Unrecht sprach Erich Kästner von der Zeit des motorisierten Biedermeier, doch die Änderungen waren unverkennbar: etwa der Übergang zur Massenmotorisierung, der zunehmende Konsum oder der allmähliche Gewinn an Freizeit. Für einzelne Bereiche wie die Landwirtschaft läßt sich sogar sagen, daß erst jetzt die Zeit der Moderne begann. Die Flurbereinigung, der weite Einsatz von Maschinen, das Vordringen des künstlichen Düngers und der Insektizide sowie vor allem der enorme Rückgang der dort Arbeitenden veränderten diesen Bereich grundlegend. Waren nach dem Krieg noch mehr als ein Viertel aller Erwerbstätigen in der Landwirtschaft beschäftigt, so liegt deren Anteil jetzt unter vier Prozent. Industrie und Handwerk behaupteten demgegenüber ihre Bedeutung, während der Dienstleistungssektor mittlerweile mehr als die Hälfte aller Beschäftigten zählt.

Im Gefolge dieser Veränderungen hat sich die Schichten- und Klassenstruktur allmählich aufgeweicht. Die für die fünfziger Jahre von Helmut Schelsky diagnostizierte „nivellierte Mittelstandgesellschaft" hat damals noch nicht bestanden, doch die These umschreibt eine für die folgenden Jahrzehnte charakteristische Entwicklung. In ihrem Verlauf wurden traditionelle Bindungen aufgeweicht und der Gegensatz von Stadt und Land weitgehend aufgehoben; der Einfluß der Kirchen ging zurück, ebenso die Kinderzahl sowie die Bevölkerung insgesamt, und der Bildungssektor wurde bedeutend ausgebaut, um nur einige Faktoren zu nennen. Im Bildungsbereich waren die Veränderungen besonders markant: Während 1950 lediglich etwas mehr als zehn Prozent der Jugendlichen zum Gymnasium gingen, liegt ihr Anteil heute bei etwa einem Drittel und ist damit genauso groß wie der Anteil der Hauptschüler. Da sich unter diesen zudem besonders viele Ausländer befinden, ist die tatsächliche Veränderung noch ausgeprägter.

Der Verweis auf die Ausländer zeigt, daß nicht alle Gruppen von diesen Veränderungen in gleicher Weise profitierten. Auch verliefen sie nicht alle in einer Richtung oder ohne gegenläufige Tendenzen. Als Beispiel sei auf die Arbeitslosigkeit verwiesen. Zu Beginn des Wirtschaftswunders betrug sie etwa acht Prozent, ein Wert, der damals und für lange Zeit als unakzeptabel hoch galt. Er ging in den nächsten Jahren rapide zurück, lag teilweise unter einem Prozent, doch seit mehr als zehn Jahren ist eine hohe Dauerarbeitslosigkeit zu verzeichnen. Von ihr sind vor allem Ungelernte, Ältere und Ausländer betroffen. Diese gehören zu den Gruppen, die mit dem hohen Tempo der Veränderung nur schwer mithalten können, und es besteht die Gefahr, daß sie ausgegrenzt werden. Diese Befürchtung hat zu der These geführt, daß etwa ein Drittel der Gesellschaft nicht in der Lage sei, sich zu behaupten, mit anderen Worten: daß wir in einer Zwei-Drittel-Gesellschaft leben. Die Zahlenangaben sind wohl zu hoch gegriffen, doch die zugrundeliegende Aussage verweist auf ein wichtiges Problem. So ist in den letzten Jahren der Anteil der Armen wieder gestiegen und liegt jetzt bei etwa elf Prozent, eine Verdoppelung gegenüber den siebziger Jahren. Dabei ist aber zu berücksichtigen, daß die heutige Armut nicht mehr mit der in den fünfziger Jahren und schon gar nicht mit der des 19. Jahrhunderts zu vergleichen ist. Die soziale Grundsicherung findet auf einem hohen Niveau statt, das in der Bundesrepublik höher liegt als in anderen Industriestaaten vergleichbarer Größenordnung.

Die Entwicklung in der DDR verlief vielfach parallel. Auch hier gab es trotz der schlechten Ausgangsbedingungen bis in die sechziger Jahre hinein ein beachtliches wirtschaftliches Wachstum, so daß die DDR zeitweilig zu den zehn größten Industrienationen der Welt gehörte und innerhalb des Ostblocks das höchste Lebenshaltungsniveau aufwies. Dieses Wachstum verlief jedoch weniger dynamisch, war weniger außenorientiert und hat die Gesellschaft weniger grundlegend verändert. Deutlich wurde das insbesondere nach dem Ölschock und dem erheblichen Anstieg der Energiepreise in den siebziger Jahren. Im westlichen Teil Deutschlands wurde dadurch die Exportorientierung noch einmal verstärkt, während die DDR im Gegensatz dazu zu einer Autarkiepolitik überging und z.B. die heimische Energiereserve, die Braunkohle, stärker nutzte. Das war mit enormen Kosten verbunden und trug zu der zunehmenden ökonomischen Krise bei, durch die die bauliche, wirtschaftliche und infrastrukturelle Substanz in den letzten Jahren weitgehend aufgezehrt wurde. Generell wurden die überkommenen industriellen sowie gesellschaftlichen Strukturen eher verfestigt als reformiert, und in mehrfacher Hinsicht blieb die DDR eine traditionelle Industriegesellschaft. Sie war gekennzeichnet durch einen hohen Anteil von Arbeitern, ein Übergewicht der Schwer- und Rohstoffindustrie, eine ausgeprägte und zunehmende Zentralisierung in Politik und Wirtschaft, eine erdrückende Bürokratie sowie – um nur ein weiteres Beispiel herauszugreifen – einen sehr geringen Anteil von Ausländern, der 1989 bei etwa einem Prozent lag gegenüber acht bis neun Prozent im Westen.

Auch in der DDR gab es tiefgreifende Veränderungen: etwa ein vergleichbarer Bedeutungsverlust der Landwirtschaft, die zunehmende Freizeit oder die Explosion im Bildungssektor, die zeitlich sogar vorausging und anfangs noch stärker ausgeprägt war. In den fünfziger und sechziger Jahren mußten nämlich wegen der Flüchtlinge, die überwiegend dem Bürgertum entstammten, zahlreiche Leitungsfunktionen neu besetzt werden; hinzu kam eine gezielte Förderung von Arbeitern und ihren Kindern, so daß es besonders gute Aufstiegschancen gab. Später hat sich dieser Trend wieder umgekehrt. Die Studienchancen für Arbeiterkinder waren in der Endphase der DDR deutlich schlechter als im Westen. Auch scheint es, daß die damals aufgestiegenen Gruppierungen eine besondere Loyalität gegenüber der DDR zeigten, dadurch jedoch so stark mit den bestehenden Verhältnissen verknüpft waren, daß sie in den siebziger und achtziger Jahren Veränderungen eher behinderten. Ohnehin waren die spezifischen Aufstiegsmöglichkeiten mit dem Bau der Mauer entfallen, während zugleich die Wirtschaft langsamer wuchs als im Westen. Generell läßt sich sagen, daß die ökonomischen und gesellschaftlichen Entwicklungen in beiden deutschen Staaten in die gleiche Richtung wiesen, in der DDR aber verlangsamt verliefen und weniger ausgeprägt waren. Gegenläufige Trends dagegen sind weitgehend ausgeblieben.

Hiervon gibt es vor allem zwei Ausnahmen. Zum einen die höhere Berufstätigkeit und bessere Qualifikation der Frauen. Dadurch war eine wichtige Grundlage für ihre Emanzipation gelegt, die jedoch durch anhaltende Doppelbelastung in Familie und Beruf konterkariert wurde. Daneben das Fehlen von Arbeitslosigkeit. Bis zu ihrem Ende war die DDR eine Gesellschaft der Vollbeschäftigung, ja, es herrschte ein Mangel an Arbeitskräften, der allerdings – von heute aus betrachtet – nicht nur ein Zeichen des Erfolges, sondern auch der Ausdruck einer bedeutend geringeren Produktivität war. Nach der Einigung führte das zu der bedrückend hohen Arbeitslosigkeit und großen sozialen Belastungen, unter denen vor allem die Frauen leiden, die einen Großteil ihrer Errungenschaften wieder verloren haben.

Die geringere Produktivität hilft auch, die großen Unterschiede in der Umweltpolitik zu erklären. Als Reaktion auf den Ölschock hatte die DDR die Nutzung der Braunkohle forciert und bei der Versorgung mit Primärenergie einen Autarkiegrad von nahezu achtzig Prozent erreicht. Das machte schon ökonomisch wenig Sinn und wuchs sich ökologisch zur Katastrophe aus. Dieser Brennstoff ist besonders schadstoffhaltig, so daß sich über die DDR ungeheure Mengen an Schwefeldioxid niedersenkten. Hinzu kam, daß der Energiepreis künstlich niedrig gehalten wurde und zu einer ausgeprägten Verschwendung führte: Nach den USA und Kanada lag der Pro-Kopf-Verbrauch von Energie in der DDR an dritter Stelle in der Welt. Andererseits hat die nachhinkende wirtschaftliche Entwicklung auch Vorteile für die Umwelt gebracht. So war in der DDR die Zersiedlung bedeutend geringer und das Straßennetz weniger ausgewuchert. Auch gab es ein umfassendes System zur Wiedergewinnung von Abfällen und Rohstoffen, doch generell haben die Ausschaltung des Marktes sowie fehlende Möglichkeiten, die Umweltprobleme öffentlich zu thematisieren, zu einem verschwenderischen Umgang mit Ressourcen und einer ausgeprägten Belastung geführt.

Es ist bekannt, daß Marktpreise nicht die tatsächlichen Kosten, insbesondere nicht die Auswirkungen auf die Umwelt erfassen, doch bei knappen Gütern können sie zumindest zu einer effektiveren Nutzung führen. So hat im Westen der deutliche Preisanstieg für Erdöl und andere Energieträger dazu beigetragen, daß ihr Verbrauch seit den siebziger Jahren nur geringfügig zugenommen hat. Diese Mechanismen, soviel ist mittlerweile klar, sind jedoch kein Ersatz für eine Umweltpolitik.

Erste Ansätze hierzu stammen in der Bundesrepublik aus den fünfziger Jahren, doch im Zeichen des Wirtschaftswunders konnten diese nicht viel bewirken. In den folgenden Jahren wurden die Debatten intensiver und die Klagen lauter, bis schließlich in den siebziger und achtziger Jahren eine Reihe von Gesetzen verabschiedet wurde. Sie zielten vordringlich darauf ab, die Emissionen, d.h. die Abgabe belastender Stoffe in Boden, Wasser und Luft, zu reduzieren, und hatten einen gewissen Erfolg. Bei zahlreichen Stoffen ist in den letzten Jahren ein erfreulicher Rückgang zu verzeichnen, doch damit sind die Probleme noch nicht gelöst.

Die bisherigen Maßnahmen lassen sich überwiegend als nachgeschaltete Umweltpolitik beschreiben. Diese zielt nicht so sehr darauf ab, die Entstehung von Schadstoffen zu verhindern, sondern greift am Ende des Produktionsprozesses ein und versucht, die entstandenen Stoffe durch Filter oder andere Reinigungstechniken zurückzuhalten. Das kann auf Dauer nicht genügen, denn die schädlichen Stoffe werden lediglich aufgefangen; sie verschwinden nicht und müssen deshalb verbrannt, deponiert, exportiert oder auf andere Weise behandelt werden. Es kommt deshalb darauf an, ihren Anfall möglichst zu reduzieren und die Produktion sowie vor allem die Produkte entsprechend zu verändern. Diese Unterscheidung zwischen Produktion und Produkten ist wichtig. Mit gewissen Einschränkungen läßt sich feststellen, daß es in den letzten Jahren weitgehend gelungen ist, die Produktionsprozesse selbst zu entschärfen und zu kontrollieren. An ihre Stelle sind zunehmend die Produkte als eigentliches Problem getreten, wie etwa die steigende Abfallmenge deutlich macht oder die Zunahme der Automobile. Es kommt darauf an, hier anzusetzen und neue, umweltverträglichere Lösungen zu finden. Das wird nicht einfach sein, denn diese werden stärker in den Alltag eingreifen und die Bevölkerung unmittelbarer belasten als bisher.

In der Umweltpolitik sind daher neue Maßnahmen erforderlich. Wie diese aussehen werden, ist noch unklar. Die bisherigen Gesetze, die auf Grenzwerten und detallierten Regelungen basieren, stoßen an ihre Grenzen. Hinzukommen müssen Instrumente, die die tatsächlichen Schäden und Kosten deutlich machen, sei es in Form von Ökosteuern oder Emissionsberechtigungen. Hier ist noch vieles zu klären, die Debatte steht erst am Anfang. Das gilt auch für die Diskussion über die weitere Entwicklung des Sozialstaates, die wegen der Kosten der deutschen Einheit eine neue Dringlichkeit erfahren hat. Wie immer der geforderte Solidarpakt im Einzelnen aussehen wird, es ist klar, daß damit Einschnitte und Kürzungen verbunden sein werden. Die Ausgangslage hierfür ist gut, wenn auch widersprüchlich.

An erster Stelle zu erwähnen ist der große gesellschaftliche Reichtum. Seit 1980 ist das Bruttosozialprodukt noch einmal um etwa vierzig Prozent gewachsen. Das klingt nicht so beeindruckend wie die Verdoppelung der fünfziger Jahre, doch die heutige Entwicklung findet auf einem bedeutend höheren Niveau statt: Ein Wachstum von lediglich zwei Prozent stellt mittlerweile genauso viel zusätzliche Güter zur Verteilung bereit wie zehn Prozent zu Beginn des Wirtschaftwunders. Oder anders ausgedrückt: Wenn wir auf dreißig Prozent unseres Reichstums verzichten, würde der Lebensstandard von 1980 erreicht, als die Bundesrepublik ja auch kein armer Staat war. Nun würde ein derartiger Verzicht zu zahlreichen Problemen führen und wäre in der Praxis allenfalls allmählich durchführbar, doch der Hinweis darauf erlaubt es, die Dimensionen der heutigen Probleme besser einzuordnen. So gesehen ist es ein Glücksfall, daß die Einigung erst 1990 stattfand, als der westliche Teil Deutschlands sein hohes materielles Niveau erreicht hatte.

Mit Blick auf die sozialen Strukturen ist dieser späte Zeitpunkt ambivalenter zu beurteilen. Auf der einen Seite haben die im Westen anhaltenden Veränderungen dazu geführt, daß die Kluft sich – zumal in den letzten zehn bis fünfzehn Jahren – fortwährend vergrößerte, so daß die Bevölkerung der früheren DDR sich vom Einigungsprozeß förmlich überfahren fühlt und schmerzhaft erleben muß, daß ihre Erfahrungen und Errungenschaften in der neuen Gesellschaft wenig zählen. Andererseits sind mit dem späten Zeitpunkt Vorzüge verbunden. In der Bundesrepublik hat sich mittlerweile eine breite Mittelstandsgesellschaft etabliert mit einem hohen Bildungs- und Qualifikationsniveau und einer Außenorientierung nicht nur der Wirtschaft, sondern auch in Freizeit und Kultur. Hier hat der nationale Rahmen seine Bedeutung weitgehend verloren. Das mag als „Amerikanisierung" beklagt werden, ist jedoch zum einen nicht aufzuhalten und zum anderen das wohl effektivste Gegengewicht gegen nationalistische Strömungen.

Die Mittelstandsgesellschaft ist nicht, wie seinerzeit vermutet, nivelliert, sondern in sich vielfach gegliedert und geschichtet. Auch gibt es weiterhin eine bedeutende soziale und ökonomische Ungleichheit. Zugleich jedoch haben sich die Zuordnungen von Beruf, Ausbildung, Einkommen, Status und Lebensstil verflüssigt. An die Stelle vormals recht starr gefügter Lebenswelten ist eine Individualisierung und Pluralität getreten, die den Einzelnen bedeutend mehr Freiheit und Spielraum gewähren. Der Rückfall in einen traditionellen Nationalismus würde hier keine Basis mehr finden und erscheint schon deshalb unwahrscheinlich, zumindest als allgemeines Phänomen. Bei einer Einigung in den fünfziger oder sechziger Jahren wäre diese Gefahr vermutlich viel größer gewesen.

Der Vielfalt der Lebensformen entsprechen die neuen sozialen Bewegungen, die deutlich machen, daß das traditionelle Parteiensystem nur noch bedingt die unterschiedlichen Gruppen und Interessenlagen repräsentieren kann. Dahinter verbirgt sich ein wichtiges Problem. Es scheint, daß der in den letzten Jahrzehnten etablierte Wohlfahrtsstaat nicht nur materiell, sondern auch in seinen Gestaltungsmöglichkeiten an

Grenzen angelangt ist. Die traditionellen Staatsaufgaben waren weitgehend darauf beschränkt, Rahmenbedingungen zu schaffen und Verstöße zu ahnden. Jetzt hingegen wird vom Staat gefordert, konkrete Ziele zu formulieren und umzusetzen, etwa die Emanzipation der Frauen, ein Recht auf Arbeit oder den Schutz der Umwelt. Problematisch hierbei ist, daß es zum einen sehr unterschiedliche Vorstellungen darüber gibt, was mit diesen Begriffen gemeint ist. Vor allem jedoch verfügt der Staat nur begrenzt über Möglichkeiten, diese Ziele durchzusetzen. Die Emanzipation der Frauen oder ein Recht auf Arbeit z.B. können durch Gesetz nicht erzwungen werden, und der Staat wird möglicherweise überfordert.

Andererseits legen es die Erfahrungen der letzten Jahre nahe, dem Staat weiterhin eine wichtige Aufgabe zuzuweisen. In der Umweltpolitik etwa haben marktwirtschaftliche Regelungen bisher wenig Erfolg gehabt, und die Entwicklung in den neuen Bundesländern unterstreicht, wie wichtig ein funktionierender Staatsapparat ist. Damit dieser jedoch leistungsfähig ist, muß in grundlegenden Fragen ein Konsens bestehen. Der Erfolg der Bundesrepublik nach dem Zweiten Weltkrieg erklärt sich nicht zuletzt aus dem gegenüber etwa Großbritannien oder Frankreich stärkeren Grundkonsens in Politik und Wirtschaft. Die soziale Ausdifferenzierung und Individualisierung der letzten Jahre könnten zu gegenläufigen Entwicklungen führen. Auf der einen Seite ist damit ein größeres Maß an Freiheit und demokratischer Gestaltungsmöglichkeit verbunden. Auf der anderen Seite kann die Vielfalt der Lebensstile dazu beitragen, daß wenig Gemeinsames bleibt, um die Basis neuer Kompromisse zu bilden. Diese sind nicht nur erforderlich, um die Probleme des Einigungsprozesses zu bewältigen. Hinzu kommt die schon genannte Gefahr, daß mehr und mehr Individuen und Gruppen aus der Gesellschaft ausgegrenzt werden und lediglich eine flexible Reserve für die abgesicherte Mehrheit bilden.

Diese Gefahr besteht, und die derzeitigen Konflikte um den Solidarpakt oder die nationalistischen Ausschreitungen wecken eher Befürchtungen. Insgesamt jedoch scheint es, daß die Vorraussetzungen gut stehen. Die Bundesrepublik der letzten Jahrzehnte kann zwar als eine „Gemeinschaft zur Förderung des wirtschaftlichen Wachstums und zur Mehrung des materiellen Wohlstandes“ (W. Abelshauser) definiert werden. Sie hat sich jedoch bei der Verfolgung dieser Ziele so grundsätzlich modernisiert und gewandelt, daß eine freiheitlichere und wohl auch belastungsfähigere Demokratie dabei herausgekommen ist.

Auswahlbibliographie

Conze, W., Lepsius, M.R. Hg., Sozialgeschichte der Bundesrepublik, Stuttgart 1983.

Doering-Manteuffel, A., Deutsche Zeitgeschichte nach 1945. Entwicklung und Problemlagen der historischen Forschung zur Nachkriegszeit, in: Vierteljahreshefte für Zeitgeschichte 41. 1993, 1–29.

Hettlage, R., Die Bundesrepublik, München 1990.

Löwenthal, R., Schwarz, H.-P., Die zweite Republik. 25 Jahre Bundesrepublik Deutschland, Stuttgart 1974.

Schildt, A., Sywottek, A. Hg., „Modernisierung“ im „Wiederaufbau“. Die westdeutsche Gesellschaft in den 50er Jahren, Bonn 1993.

Weidenfeld, W., Zimmermann, H. Hg., Deutschland-Handbuch. Eine doppelte Bilanz 1949–1989, Bonn 1989.

Jürgen Kocka

„Die Wende": Fakten, Probleme und Perspektiven

I.

Die Worte konnten nicht groß genug sein. Vom „Ende der Geschichte" sprach der Amerikaner Fukuyama im Hinblick auf das, was 1989/90 geschah. Von der „Zeitenwende in Europa" schrieb Lothar Rühl.[1] Viele halten am Begriff der „Revolution" fest, um die dramatischen Ereignisse und Erfahrungen dieser Zeit zu benennen. Nichts sei mehr wie es war, wird gern in bezug auf die deutschen Verhältnisse behauptet, die sich besonders grundlegend veränderten.

Daran ist viel übertrieben. Auch in tiefsten Zäsuren überlebt meist mehr von der Vergangenheit, als es die Mitlebenden meinen und die dramatisierende Publizistik will. Aber eine tiefe Zäsur war es schon, was da 89/90 geschah, die einschneidendste seit dem Zweiten Weltkrieg: ein Umbruch, eine Wende, das Ende einer Epoche in der Geschichte Deutschlands, Europas, ja der nördlichen Hemisphäre. In dreifacher Hinsicht:

1. 1989/90 endete der große Systemkonflikt, der die Welt seit der unmittelbaren Nachkriegszeit geprägt und sich im Kalten Krieg zugespitzt hatte. 1989/90 löste sich die von den Supermächten USA und Sowjetunion bestimmte Weltordnung auf, der Niedergang des sowjetischen Imperiums beschleunigte sich und die Grundzüge einer neuen Ordnung zeichneten sich ab, die aber bis heute keine feste Gestalt gefunden hat – mit der Folge, daß sich Befriedigung über den Zusammenbruch der alten Ordnung zunehmend mit Unsicherheit und Sorge über die Zukunft mischt.

2. In enger Verbindung damit stand der lange vorbereitete, aber nun plötzlich sichtbar werdende und sich in Form eines

rasanten Zusammenbruchs überschlagende Niedergang des diktatorischen Staatssozialismus, wie er sich seit 1917 in der Sowjetunion etabliert hatte und wie er nach 1945 durch die sowjetische Hegemonialmacht im östlichen Europa verbreitet und weltweit propagiert worden war. Mit dem Kommunismus brach nicht nur ein diktatorisches Politikmodell zusammen, über dessen Ende man nur befriedigt aufatmen kann. Mit ihm scheiterte auch ein welthistorisches Experiment, das seine Wurzeln in den sozialistischen Bewegungen des 19. Jahrhunderts hatte und im Namen einer großen Utopie nicht nur schreckliche Opfer gefordert, sondern auch leidenschaftliche Hoffnungen geweckt und generationenlang Anstrengungen motiviert hatte, deren Vergeblichkeit nun evident wurde. Die marktwirtschaftlich organisierten, vergleichsweise offenen Gesellschaften des Westens mit ihren tendenziell liberaldemokratischen Institutionen und wohlfahrtsstaatlichen Regelungen erwiesen sich als stärker. Unter dem Motto der „Zivilgesellschaft" wurden sie zum hoffnungsvoll erstrebten Gegenmodell zur niedergehenden „realsozialistischen" Diktatur. 1989/90 war ein großes Jahr in der Geschichte von Freiheit und Demokratie. Daran ist nicht zu rütteln, auch wenn man heute zunehmend weiß, daß es in der Geschichts nichts umsonst gibt und 1989/90 nicht nur alte Übel beseitigt, sondern auch neue möglich gemacht wurden. Der Sieg über die Diktatur raubte den westlichen Demokratien ihren großen Gegner, damit aber auch paradoxerweise eine Quelle eigener Kraft, Reformfähigkeit und Legitimation.

3. Die Wende in Deutschland war Teil dieses welthistorischen Umbruchs, von ihm sehr viel stärker bedingt als ihn ihrerseits bedingend. Sie bestand, das soll man gedanklich auseinanderhalten, aus zwei Teilen: dem Zusammenbruch der DDR und der „Wiedervereinigung". Diese ging zwar als Beitritt der zerfallenden DDR zur dadurch bestätigten Bundesrepublik vor sich, deren Ordnung damit nach Osten hin ausgedehnt wurde; doch in diesem Prozeß ändert sich auch die aufnehmende Mehrheitsgesellschaft, und das neue Deutschland ist keine bloße Fortsetzung der alten Bundesrepublik, die in gewisser

Hinsicht 1989/90 ebenfalls endete. Der bevorstehende Umzug von Parlament und Regierung von Bonn nach Berlin hat insofern symbolische Konsequenz.

Es liegt nahe, drei Phasen der Wende in Deutschland zu unterscheiden. Die erste reichte vom Beginn der Demonstrationen im September 1989 bis zum Fall der Berliner Mauer am 9. November, die zweite vom 10. November 1989 bis zur ersten und letzten freien Volkskammerwahl am 18. März 1990; und die dritte vom 19. März bis zum 3. Oktober 1990, als die DDR auch formell zu bestehen aufhörte und die völkerrechtliche Vereinigung gemäß Artikel 23 des fortbestehenden Grundgesetzes der Bundesrepublik Deutschland vollzogen wurde.

II.

Die erste Phase war durch das Zusammenspiel von Massenexodus und Massendemonstrationen gekennzeichnet. Als Gorbatschows Perestroika zeigte, daß es auch im „Realsozialismus" anders gehen konnte als in der sich abkapselnden, weithin erstarrten DDR, als sich die Verhältnisse und bald auch die Grenzbefestigungen in Ungarn und Polen zu lockern begannen, da drückte sich der wachsende Unmut vieler DDR-Bürger zunächst und vor allem in einer anschwellenden Welle der Massenflucht aus, die über die seit Anfang September geöffnete ungarisch-österreichische Grenze und über die dramatische Besetzung bundesdeutscher Botschaften in Warschau und Prag nach Westen drängte, in die allzeit aufnahmebereite Bundesrepublik. Dieser publizistisch stark beachtete Exodus wiederum war es, der die mangelnde Attraktivität des ostdeutschen Systems eindrucksvoll vorführte, es zusätzlich delegitimierte, bald auch die Schwäche der Ost-Berliner Regierung enthüllte, im Innern der DDR massive Reformforderungen auslöste und eindrucksvolle Massendemonstrationen auf die Straßen zu bringen half.

Die sich seit September zunächst noch im Schatten der Illegalität oder Halblegalität bildenden Oppositionsgruppierungen wie das „Neue Forum“, der „Demokratische Aufbruch“ und die „Sozialdemokratische Partei in der DDR“ wuchsen teilweise aus kleinen Zirkeln hervor, die sich zum Teil aus Umwelt- und Friedensinitiativen, zum Teil im unsicheren Schutzraum der protestantischen Kirche entwikelt hatten. Aber zum entscheidenden Motor der Ereignisse wurden die sich allmählich seit September formierenden, spontan-friedlichen Demonstrationen von Hunderttausenden, bald von Millionen, vor allem in Leipzig und dann in Berlin. Die Gefahr bestand, daß diese Massenaktionen nach chinesischem Vorbild blutig niedergeschlagen würden. In den dramatischen Stunden des 9. Oktober entschied sich, daß dies nicht geschah, vor allem wohl, weil die Sowjets zu einer solchen Gewaltlösung nicht bereit waren, die Gorbatschows innerer Reform- und äußerer Ausgleichspolitik widersprochen hätte.

„Reisefreiheit statt Massenflucht“, „Versammlungsfreiheit – Vereinigungsfreiheit“, so lauteten Transparente dieser frühen Demonstrationen, die nicht auf die Vereinigung mit der Bundesrepublik und die Abschaffung des Sozialismus sondern auf demokratische Reformen und bessere Lebensverhältnisse in einer weiterbestehenden DDR zielten. Aber durch seine massive Wucht und angesichts der starren Unbeweglichkeit der Staats- und Parteiführung entwickelte dieser an sich unrevolutionäre Protest systemsprengende Kraft, die Proteststimmung breitete sich aus, sie wirkte auch in die SED-Mitgliedschaft hinein, sie verunsicherte die Kader und bedrängte die Führung, die ohne die Möglichkeit des Rückgriffs auf sowjetische Bajonette unsicher und hilflos reagierte. Honeckers Sturz am 18. Oktober, die vergeblichen Stabilisierungsversuche seines Nachfolgers Krenz, der Rücktritt und die Neuwahl des Politbüros am 8. November und schließlich am 9. November die abrupte Öffnung der Mauer und die Gewährung praktisch unbegrenzter Reisemöglichkeiten nach Westen – das waren direkte Folgen der im Endeffekt doch revolutionären Massenbewegung und gleichzeitig bewegende Augenblicke im Leben der ganzen Nation.

III.

Am 10. November war klar, daß es mit der DDR nicht mehr so weitergehen würde wie bisher. Offen aber war oder schien, welchen Weg sie nun nehmen würde, den eines sich gründlich reformierenden, aber selbständig bleibenden Staats mit sozialistischer Wirtschafts- und Gesellschaftsordnung, oder den Weg zu irgendeiner Form von Vereinigung mit der Bundesrepublik und damit zur Abschaffung der DDR und ihres Sozialismus. Viele Varianten dieser beiden Alternativen waren denkbar, in den bewegten Tagen nach dem Mauerfall war keineswegs klar, welche innen- und außenpolitischen Spielräume sich öffnen und wohin die Dinge treiben würden. Sie entschieden sich – weitgehend – in der zweiten Phase der Wende vom 10. November 1989 bis zum 18. März 1990, und zwar in einem komplizierten Wechselspiel vieler sich gegenseitig beeinflussender Faktoren, Schritte und Abläufe in der DDR, zwischen den beiden deutschen Staaten und in der internationalen Politik.

1. Die Massendemonstrationen wurden radikaler. Der Haß gegen die Diktatur und ihre Akteure trat nun offen hervor. Gerüchte und Beschuldigungen inflationierten, nach den Privilegien der Herrschenden geriet die Stasi ins Zentrum des Volkszorns, bis hin zur Erstürmung des SD-Hauptgebäudes in der Normannenstraße am 15. Januar. Gleichzeitig ging die Massenabwanderung weiter, wirtschaftliche Schwierigkeiten kamen hinzu: eine durch und durch instabile Situation mit deutlichen Zeichen der Selbstauflösung.

Zwischen Mitte November und Mitte Januar änderte sich die Stoßrichtung des Massenprotestes auf den Straßen der DDR. Die bis dahin innenpolitisch und sozial orientierten Forderungen wurden durch nationalpolitische ergänzt, überwölbt, verdrängt. Aus „Wir sind das Volk“ wurde „Wir sind ein Volk“. Plakate und Fahnen, Versammlungen und Zeitungsartikel, bald auch Parteiprogramme und Meinungsumfragen zeigten, daß die Forderung nach Wiedervereinigung in der

DDR-Bevölkerung rasch an offener Unterstüzung gewann und bald von Mehrheiten getragen wurde. Aus der DDR-internen „Revolution“ wurde eine Bewegung für die nationale Einheit. Der Wunsch nach nationaler Einheit bündelte das Mißtrauen vieler DDR-Bürger gegenüber der Reformfähigkeit des eigenen Staates und ihre Sehnsucht nach rascher ökonomischer, sozialer und politischer Besserstellung, die man durch Anschluß an das vielleicht übermäßig bewunderte, aber in der Tat viel leistungskräftigere System der Bundesrepublik am schnellsten erreichen zu können meinte. Das war eine für die meisten zutreffende Erwartung, wie man auch aus der Rückschau feststellen kann.

2. Zwar hat die Bonner Politik diese nationale Wendung der DDR-Revolution nicht verursacht. Sie wurde von ihr vielmehr überrascht. Noch am 28. November kam die staatliche Einheit nur als fernes Zukunftsziel in Kohls Zehn-Punkte-Erklärung vor. Die nationale Wendung der DDR-Revolution resultierte aus dem Druck der DDR-Bevölkerung, die ihren Staat mehrheitlich aufgab, lange bevor er offiziell zu bestehen aufhörte. Hätte sich die Mehrheit der DDR-Bevölkerung für die Fortexistenz ihres Staates entschieden, reformiert aber selbständig, wäre es zur Wiedervereinigung nicht gekommen.

Andererseits spielte die Bundesrepublik in der Umwälzung der DDR von Anfang an eine große, wenngleich indirekte Rolle: Schon die den Umbruch auslösende Massenwanderung in den Westen wäre ohne die bundesdeutschen Medien und ihren Einfluß auf die DDR nicht möglich gewesen, auch nicht ohne die Deutschlandpolitik der Bundesrepublik und ihr Staatsbürgerschaftsrecht, das wie eine ständige Einladung wirkte. Die Bundesregierung hat auch die Ungarn gedrängt, ihre Grenzen und damit den Ostdeutschen das Tor zum Westen zu öffnen. Die Revolution in der DDR hätte wohl kaum ihre nationale Wendung genommen, wenn nicht bekannt gewesen wäre, daß die Bundesrepublik prinzipiell für die Wiedervereinigung eintrat.

Seit Anfang Dezember 1989 hat sich dann die Bundesregierung auf die Möglichkeit einer raschen Wiedervereinigung schrittweise eingestellt und diese tatkräftig vorangetrieben. Sie eilte damit der westdeutschen öffentlichen Meinung ein wenig voraus, entsprach aber dem Auftrag des Grundgesetzes und im Grunde auch der Überzeugung der großen Mehrheit der westdeutschen „politischen Klasse", über Parteigrenzen hinweg. Gestritten wurde ja mehr über die Modalitäten und das Tempo der Vereinigung, kaum über das „ob". Auch in der Bundesrepublik war genug nationales Zusammengehörigkeitsbewußtsein lebendig geblieben, so daß die staatliche Vereinigung bei dem Wegfall äußerer Hindernisse und angesichts des drängenden Wunsches der Ostdeutschen als etwas quasi Natürliches erschien – jedenfalls solange sie keine größeren Opfer verlangte, und über die wurde ja nicht gesprochen.

Jedenfalls beeinflußte nun die bundesdeutsche Politik zunehmend und direkt die DDR-Entwicklung: durch die Art, wie man mit der Ost-Berliner Regierung verhandelte, durch finanzielle Gewährung und Verweigerung, durch das spektakuläre Angebot einer baldigen Währungsunion, durch große Versprechen und massive Beeinflussung der DDR-Öffentlichkeit, durch Diplomatie auf dem internationalen Parkett.

3. Letztlich entschied sich das Schicksal Deutschlands auf dem Feld der internationalen Politik. So wie die Spaltung Deutschlands ein Ergebnis des Kalten Krieges war, so mußte dieser zu Ende gebracht werden, wenn die Vereinigung Deutschlands möglich sein sollte. Die auf innere Reformen und äußeren Ausgleich gerichtete Politik Gorbatschows, die, wie man erst rückblickend weiß, selbst das Zurückschneiden des sowjetischen Hegemonialbereichs zu akzeptieren bereit war und die sich ihrerseits aus den Grenzen der inneren Leistungsfähigkeit des Sowjetsystems im Wettbewerb mit dem Westen ergab, war die wichtigste Voraussetzung für die Reformen in Polen und Ungarn wie für den Beginn und das Fortschreiten der Wende in der DDR. Anders als 1981 in Polen, 1968 in Prag, 1956 in Ungarn und 1953 in der DDR standen 1989 sowjetische Truppen nicht zur Verfügung, um verbündete Regierungen und Diktaturen im Sattel zu halten, wenn sie von ihren Völkern in Frage gestellt wurden. Aber würden die

Sowjets jetzt endgültig bereit sein, ihren Herrschaftsbereich zwischen Elbe und Oder zu räumen? Für welchen Preis in bezug auf den Status Gesamtdeutschlands, dessen mögliche Wiedergeburt ja auch bei den westlichen Nachbarn Mißtrauen auslöste? Würde die Westbindung der Bundesrepublik als Opfer auf dem Altar der Vereinigung gefordert werden? Und was bedeutete die Einigung Deutschlands für die angestrebte Einigung Europas?

„Die Vereinigung Deutschlands und die Ausarbeitung der damit verbundenen internationalen Regelungen stellen den größten Triumph in der Diplomatie der Nachkriegszeit dar", schreibt der Politikwissenschaftler Karl Kaiser.[2] Unter resoluter Führung der USA wurden die Weichen zwischen dem amerikanisch-sowjetischen Gipfeltreffen von Malta – Anfang Dezember 1989 – und der Einrichtung des Zwei-Plus-Vier-Konsultationsmechanismus Mitte Februar 1990 in Ottawa gestellt. Die Bonner Diplomatie unter der Leitung von Kohl und Genscher hatte erheblichen Anteil daran. Möglich wurde dieser Erfolg aber nur, weil die Diplomaten und Staatsmänner an lange Phasen vorangehender Vertrauensbildung anknüpfen konnten: an die dichte, jahrzehntelange Kooperation zwischen den westlichen Partnern, aber eben auch an Ansätze zur Kooperation mit der Sowjetunion mindestens seit Helsinki 1975. Die Entspannungspolitik trug jetzt ihre Früchte.

4. Eingezwängt zwischen einer immer eindeutiger auf die Wiedervereinigung zielenden Volksbewegung, wirtschaftlichen Schwierigkeiten, fortgesetzer Abwanderung, den zunehmenden Einflüssen aus Bonn und dem sich abzeichnenden Arrangement der großen Mächte besaß die Ost-Berliner Politik wenig – und abnehmenden – Spielraum. Die von der Volkskammer vier Tage nach der Maueröffnung neugewählte Modrow-Regierung hatte die Macht bald mit dem „Runden Tisch" zu teilen, diesem basisdemokratischen Produkt der Revolution, das außer den alten auch die neuentstehenden Parteien, die Kirchen und andere gesellschaftliche Gruppen versammelte, mit dem Ziel des Dialogs, der Öffentlichkeitsherstellung, der Regierungskontrolle und der Gestaltung der Übergangszeit.

Vorsichtige Verfassungsreformen wurden eingeleitet. Die SED begann mit begrenzter Selbstreform, gab sich ein neues Programm, eine neue Führung, einen neuen Namen – und verlor die Mehrheit ihrer Mitglieder. Die Blockparteien streiften ihre Abhängigkeit von der SED ab, allerdings meist nur, um in das Schlepptau ihrer westdeutschen Schwesterparteien zu geraten, die ihren Einzugsbereich in die DDR hinein erweiterten. Westdeutsche Politiker dominierten den Volkskammerwahlkampf, in dem die Frage der Wiedervereinigung eine zentrale Rolle spielte.

An der Wahl am 18. März 1990 nahmen dreiundneunzig Prozent der Wahlberechtigten teil. Es ergab sich eine satte Mehrheit für die Parteien, die für eine rasche Wiedervereinigung nach dem westdeutschen Modell eintraten. Eine tiefe Niederlage erlitten nicht nur die Kommunisten, sondern auch die Bürgerrechtler und Reformer, die die Revolution in der ersten Phase geführt hatten und weiterhin für eine demokratisierte, aber sozialistische und selbständige DDR – für einen „dritten Weg" zwischen kapitalistischer Bundesrepublik und gescheitertem Staatssozialismus – eintraten. Mit deutlicher Mehrheit wählte das DDR-Volk seinen Staat ab – die Selbstaufgabe der DDR.

IV.

Damit waren die Weichen für die innere Entwicklung im Grunde gestellt. Die Bundesregierung und die neue Ost-Berliner Regierung unter de Maizière handelten in wenigen Monaten zwei große Vertragswerke aus – den Vertrag über die Schaffung einer Währungs-, Wirtschafts- und Sozialunion und den Einigungsvertrag – , die in den Parlamenten in West und Ost die nötigen Zweidrittelmehrheiten fanden und zum 1. Juli bzw. zum 3. Oktober 1990 in Kraft traten. Sie regelten die Vereinigung als Beitritt der DDR zur Bundesrepublik nach Art. 23 des Grundgesetzes. Die vorangehenden Monate hatten zur Selbstaufgabe der DDR geführt, zugleich die Leistungskraft der Bundesrepublik bestätigt und ihr Selbstbewußtsein bekräftigt. Kein Wunder also, daß die Wiedervereinigung weitestgehend als Übertragung des fortbestehenden westdeutschen Systems auf die neuen Länder im Osten angelegt wurde. Die auf der Linken favorisierte Alternative, in der neuen historischen Situation eine neue Verfassung für ganz Deutschland auszuhandeln und sie in einer Volksabstimmung legitimieren zu lassen, hatte keine Chance. Diese Lösung hätte das neue Deutschland weniger klar in der Tradition der alten Bundesrepublik verankert und vielleicht die Möglichkeit geboten, das „Erbe“ der DDR in stärkerem Maß zu bewahren. Eben deshalb lehnten viele diese nach Art. 146 des Grundgesetzes durchaus mögliche Lösung ab, die lange Zeit benötigt, auch die außenpolitische Stellung Deutschlands neu zur Disposition gestellt und damit den recht unüberschaubaren Prozeß der Wiedervereinigung noch riskanter gemacht hätte.

Doch die relativ umstandslose Überstülpung der bundesrepublikanischen Ordnung auf das beitretende Gebiet mit seinen so andersartigen Prägungen und Kräften hat umgekehrt zu erheblichen Problemen geführt, die uns noch lange beschäftigen werden. Die rasche und totale Vereinigung geschah unter dem Primat der Politik, zum Teil gegen die Warnungen von Ökonomen. An den Folgen trägt das vereinigte Deutschland schwer. Und die Regierung versäumte es, die Bevölkerung auf die Opfer und Schwierigkeiten aufmerksam zu machen, die die Vereinigung für die Ostdeutschen zumal, aber auch für die Westdeutschen mit sich bringen würde. Stand eine Täuschung – eine Selbsttäuschung – am Anfang?

Die Art der inneren Vereinigung hat jedoch ihre außenpolitische Absicherung sehr erleichtert. Hätte man die Vereinigung nach Art. 146 des Grundgesetzes durchgeführt oder sie aus anderen Gründen über mehrere Jahre hin schrittweise vollzogen, hätte das die außenpolitischen Risiken ganz erheblich erhöht. Die außenpolitische Durchsetzung der Wiedervereinigung war keineswegs selbstverständlich. Sie gelang endgültig erst im Sommer 1990. Vermutlich war sie nur in jener kurzen Zeitspanne möglich, in der die Sowjetunion ihre alte Kraft bereits verloren hatte, ohne doch schon in ein Stadium inneren Zerfalls eingetreten zu sein, das sie zu großzügiger Neuordnungspolitik à la Gorbatschow unfähig gemacht hätte.

Deutschland wurde zum voll-souveränen Staat, dem auch das Recht zusteht, selbst über seine Bündniszugehörigkeit zu entscheiden. Damit akzeptierten die Sowjets, für viele überraschend, die NATO-Mitgliedschaft Gesamt-Deutschlands. Der zukünftigen Westorientierung der Deutschen wurde kein Riegel vorgeschoben. Die Vier-Mächte-Vorbehaltsrechte, die noch von 1945 übrig geblieben waren, wurden aufgehoben. Deutschland akzeptierte die Reduzierung seiner Truppen auf eine Stärke von maximal 370000 Mann und bekräftigte seinen Verzicht auf ABC-Waffen. Es erkannte seine Ostgrenzen – nach erneutem Zögern – als definitiv an. Deutschland sagte der Sowjetunion erhebliche ökonomische und finanzielle Hilfen zu, vor allem im Zusammenhang mit dem Abzug der russischen Truppen. Die NATO sprach eine Nichtangriffs-Verpflichtung aus, reichte der Sowjetunion und den anderen osteuropäischen Staaten „die Hand zu Freundschaft und Zusammenarbeit" und versprach eine Revision ihrer Strategie in einer der Sowjetunion entgegenkommenden Weise. Zugleich wurden Ansätze entwickelt und in der Charta von Paris im November 1990 bekräftigt, die die gesamteuropäischen Strukturen stärken sollten und sicherheitspolitisch den Kalten Krieg überwanden. Die Einigung Deutschlands ging mit Fortschritten in der Einigung Europas Hand in Hand, so jedenfalls wurde es 1990 geplant.

Dieses Paket enthielt vieles und etwas für jeden. Es machte die Vereinigung Deutschlands international akzeptabel und damit erst möglich. Es zu schnüren erforderte sehr viel Geschick und Einigungsfähigkeit. Man versuchte, aus der Geschichte zu lernen und etwa die Fehler von Versailles nicht zu wiederholen. Die Wiedervereinigung Deutschlands hat – nach kurzem Zögern – die Zustimmung der Nachbarn gefunden. Sie ist friedlich zustandegekommen. Dadurch unterschied sie sich von der ersten Reichsgründung, für die Bismarck drei Kriege führte. Ähnlich tiefgreifend unterscheidet sich die neue Bundesrepublik Deutschland – nach Ausdehnung, innerer Struktur und außenpolitischer Stellung – von dem Deutschen Reich, das 1871 entstanden war.

V.

Die Wende in der DDR war Teil des umfassenden Umbruchs in Ost- und Mitteleuropa, der letztlich auf die sich herausstellende Unterlegenheit des „realsozialistischen“ Lagers im westöstlichen Systemkonflikt und auf den Niedergang der Macht der Sowjetunion zurückzuführen ist. Doch weil die DDR einen anderen, stärkeren Staat gleicher Nationalität neben sich hatte, einer von zwei deutschen Staaten war, verlief die Überwindung des Kommunismus in der DDR anders als bei ihren östlichen und südöstlichen Nachbarn. Anders als diese verlor sie im Umbruch ihre selbständige Existenz. Die Überwindung des Kommunismus erfolgte hier in der Form der Vereinigung, die zum Hauptinhalt der zweiten und dritten Phase der DDR-Revolution wurde. Aus der Rückschau glaubt man zu erkennen, daß es dazu keine Alternative gab. Doch die Bedeutung dieser Wende in der Wende ist bis heute umstritten.

Der Umbruch der Verhältnisse in der ehemaligen DDR war mit dem 3. Oktober 1990 keineswegs zu Ende. Die ökonomische und soziale Revolutionierung fing seither erst richtig an, als Folge der forcierten Einpassung Ostdeutschlands in das nach Osten erweiterte Gefüge der Bundesrepublik. In der ehemaligen DDR sind der Umstellungszwang, die Entwurzelung, der Identitätsbruch viel gründlicher und verbreiteter als in den östlichen Nachbarstaaten, eben weil hier die Überwindung des alten Regimes als Wiedervereinigung vor sich geht.

Beide deutsche Staaten waren zutiefst durch die internationale Konstellation geprägt, aus der heraus sie entstanden. Diese hat sich radikal verändert. Schon deshalb kann das neue Gesamtdeutschland keine bloße Fortsetzung der alten Bundesrepublik sein, so sehr es auch in deren Tradition verankert wurde. Die Zukunft ist offen, jedenfalls unvoraussagbar. Die historischen Wendepunkte, die einem am nächsten sind, sind am schwierigsten zu deuten.

Anmerkungen

1 F. Fukuyama, Das Ende der Geschichte. Wo stehen wir? München 1992; L. Rühl, Zeitenwende in Europa. Der Wandel der Staatenwelt der Bündnisse, Stuttgart 1990.

2 K. Kaiser, Deutschlands Vereinigung. Die internationalen Aspekte, Bergisch Gladbach 1991, 16.

Auswahlbibliographie

Garton Ash, G., Im Namen Europas. Deutschland und der geteilte Kontinent, München 1993.

Gransow, V., Jarausch, K. H. Hg., Die deutsche Vereinigung. Dokumente zu Bürgerbewegung, Annäherung und Beitritt, Köln 1991.

Jarausch, K. H., Die unverhoffte Einheit 1989–1990, Frankfurt 1995.

Kocka, J., Vereinigungskrise. Zur Geschichte der Gegenwart, Göttingen 1995.

Weidenfeld, W., Korte, K.-R. Hg., Handwörterbuch zur deutschen Einheit, Frankfurt 1992.

Wengst, U. Hg., Historiker betrachten Deutschland. Beiträge zum Vereinigungsprozeß und zur Hauptstadtdiskussion, Bonn 1992.

Zwahr, H., Ende einer Selbstzerstörung. Leipzig und die Revolution in der DDR, Göttingen 1993.

Personenregister

Die Autoren

Werner Abelshauser, geb. 1944, ist Professor für Allgemeine Geschichte an der Universität Bielefeld

Franz-Josef-Brüggemeier, geb. 1951, ist Professor für Neuere Geschichte an der Universität Hannover

Johannes Burkhardt, geb. 1943, ist Professor für Geschichte der Frühen Neuzeit an der Universität Augsburg

Ulrich Herbert, geb. 1951, ist Professor für Neuere und Neueste Geschichte an der Albert-Ludwigs-Universität Freiburg

Jürgen Kocka, geb. 1941, hat seit 1988 eine Stiftungsprofessur für die Geschichte der industriellen Welt an der Freien Universität Berlin

Dieter Langewiesche, geb. 1943, ist Professor für Mittlere und Neuere Geschichte an der Universität Tübingen

Gunther Mai, geb. 1949, ist Professor für Neuere und Zeitgeschichte an der Pädagogischen Hochschule Erfurt/Mühlhausen

Joachim Radkau, geb. 1943, ist Professor für Neuere Geschichte an der Universität Bielefeld

Heinz Reif, geb. 1941, ist Professor für Neuere Geschichte an der Technischen Universität Berlin

Gerhard A. Ritter, geb. 1929, ist emeritierter Professor für Neuere und Neueste Geschichte an der Ludwig-Maximilians-Universität München

Heinz Schilling, geb. 1942, ist Professor für Geschichte der Frühen Neuzeit an der Humboldt-Universität zu Berlin

Winfried Schulze, geb. 1942, ist Universitätsprofessor für Neuere Geschichte an der Ludwig-Maximilians-Universität München

Wolfram Siemann, geb. 1946, ist ordentlicher Professor für Neuere Geschichte an der Universität Trier

Bernd Sösemann, geb. 1944, ist Professor für Geschichte der öffentlichen Kommunikation an der Freien Universität Berlin

Dietrich Staritz, geb. 1934, ist geschäftsführender Leiter des Arbeitsbereichs DDR-Geschichte im Mannheimer Zentrum für Europäische Sozialforschung

Rudolf von Thadden, geb. 1932, ist Professor für Neuere Geschichte an der Universität Göttingen

Hans-Ulrich Wehler, geb. 1931, ist Professor für Allgemeine Geschichte an der Universität Bielefeld

Bernd Weisbrod, geb. 1946, ist Professor für Mittlere und Neuere Geschichte an der Universität Göttingen